版权声明

Authorized translation from the English language edition, entitled ASSESSING AND GUIDING YOUNG CHILDREN'S DEVELOPMENT AND LEARNING, 6th Edition by MCAFEE, ORALIE; LEONG, DEBORAH J.; BODROVA, ELENA, published by Pearson Education, Inc., Copyright © 2016 by Pearson Education, Inc.

All rights reserved. No part of this book may be reproduced or transmitted in any form or by any means, electronic or mechanical, including photocopying, recording or by any information storage retrieval system, without permission from Pearson Education, Inc.

CHINESE SIMPLIFIED language edition published by CHINA LIGHT INDUSTRY PRESS LTD., Copyright © 2020.

保留所有权利。非经中国轻工业出版社"万千教育"书面授权，任何人不得以任何方式（包括但不限于电子、机械、手工或其他尚未被发明或应用的技术手段）复印、拍照、扫描、录音、朗读、存储、发表本书中任何部分或本书全部内容（包括但不限于光盘、音频、视频等）。中国轻工业出版社"万千教育"未授权任何机构提供源自本书内容的电子文件阅览、收听或下载服务。如有此类非法行为，查实必究。

Assessing and Guiding Young Children's Development and Learning
(Sixth Edition)

怎样评价幼儿才有效
评价和指导幼儿发展与学习的策略

[美] Oralie McAfee，Deborah J. Leong，Elena Bodrova　著

李冰伊　霍力岩　译
杜宝杰　谷　虹　校

中国轻工业出版社

图书在版编目（CIP）数据

怎样评价幼儿才有效：评价和指导幼儿发展与学习的策略/（美）奥拉莉·麦卡菲（Oralie McAfee），（美）德博拉·J. 梁（Deborah J. Leong），（美）埃琳娜·博德罗瓦（Elena Bodrova）著；李冰伊，霍力岩译．—北京：中国轻工业出版社，2020.8（2024.2重印）

ISBN 978-7-5184-2930-1

Ⅰ. ①怎⋯　Ⅱ. ①奥⋯ ②德⋯ ③埃⋯ ④李⋯ ⑤霍⋯
Ⅲ. ①学前教育－教育评估　Ⅳ. ①G610

中国版本图书馆CIP数据核字（2020）第042166号

责任编辑：吴　红　牟　聪　　责任终审：杜文勇
策划编辑：吴　红　　　　　　责任校对：刘志颖　　责任监印：吴维斌

出版发行：中国轻工业出版社（北京鲁谷东街5号，邮编：100040）
印　　刷：三河市鑫金马印装有限公司
经　　销：各地新华书店
版　　次：2024年2月第1版第5次印刷
开　　本：787×1092　1/16　印张：22.25
字　　数：250千字
书　　号：ISBN 978-7-5184-2930-1　定价：68.00元
读者热线：010-65181109
发行电话：010-85119832　　010-85119912
网　　址：http://www.chlip.com.cn　http://www.wqedu.com
电子信箱：1012305542@qq.com
版权所有　侵权必究
如发现图书残缺请拨打读者热线联系调换
240082Y1C105ZYW

译 者 序

在"实现幼有所育"和"办好学前教育"的新时代背景下,推动学前教育实现"普及普惠安全优质"的发展目标,是广大幼教同行者的共同追求。其中,对3—6岁幼儿学习与发展的评价,是判断学前教育质量有与无、高与低的重要途径和手段,而基于评价的进一步指导来开展工作,则是提升学前教育质量的必由之路。中共中央国务院《关于学前教育深化改革规范发展的若干意见》(以下简称《意见》)在第八项"提高幼儿园保教质量"中明确指出,要"健全质量评估监测体系"[1]。与此同时,能够"有效运用评价结果,指导下一步教育活动的开展"[2]是幼儿园教师必须具备的专业能力和工作的重要组成部分。其他国家也十分重视教师对幼儿展开基于评价的指导的能力。全美幼教协会(NAEYC,1993)在其发布的《幼儿教师专业发展的概念框架》中要求教师能评价幼儿的行为,并根据评价为课程计划提供思路,个性化地支持和指导幼儿的发展[3]。美国国家测量协会指出,教师应该履行教育评价的专业义务[4]。澳大利亚教育部在《澳大利亚教师专业标准》中要求教师具备评价和反馈儿童学习成就的专业素养[5]。

"三人行,必有我师焉。择其善者而从之,其不善者而改之。"通过对国外相关政策文件的了解和学习,反观我国目前的学前教育评价,可以发现其中存在的一些问题——"目标不明、内容泛化、方法单一、收效甚微"。这些问题具体表现为:为了评价而评价,不能正确认识评价的目的,不能基于对评价结果的分析与解释来调整和改进指导;评价内容较随性零散,不能系统地掌握评价指标体系;评价缺少章法,多为单一的非正式评价;评价结果的应用流于表面化、简单

---

[1] 中华人民共和国国务院. 中共中央国务院关于学前教育深化改革规范发展的若干意见[EB/OL]. 2019-09-17.
[2] 中华人民共和国教育部. 幼儿园教师专业标准[EB/OL]. 2019-09-17.
[3] NAEYC. A Conceptual Framework Early Childhood Professional Development[EB/OL]. 2019-09-17.
[4] Code of Professional Responsibilities in Educational Measurement[EB/OL]. 2019-09-17.
[5] Australian Professional Standards for Teachers[EB/OL]. 2019-09-17.

化，乃至消极化，不能作为指引下一步教学行动的有力依据。在"三人行必有我师，学人善，改己过"传统观念的影响和推动下，我们探寻到这本系统研究幼儿发展与学习的评价和指导的教材，在深度研读的基础上，决定将此书译介给我们国家学前教育学习共同体、发展共同体和命运共同体中每一位志同道合的朋友。《怎样评价幼儿才有效》（Assessing and Guiding Young Children's Development and Learning）一书是奥拉莉·麦卡菲（Oralie McAfee）教授、德博拉·J. 梁（Deborah J. Leong）教授和埃琳娜·博德罗瓦（Elena Bodrova）教授三人共同的研究成果，也是兼具理论前瞻性与实操指引性的专业书籍。我们真切地盼望通过对此书的译介，能够在一定程度上引发广大读者的行动与思考。

本书的基本结构与主要内容

本书围绕"幼儿发展与学习的评价和指导"展开论述，全书共十一章，主要分为三大部分。第一部分主要是指向"幼儿发展与学习评价"的做有准备教师的理论阐述；第二部分主要是详细描述"幼儿发展与学习评价"过程的基本步骤并带领教师亲身经历评价流程；第三部分主要是延伸"幼儿发展与学习评价"至课外形成合力并共促幼儿发展。

指向"幼儿发展与学习评价"的做有准备教师的理论阐述

本部分主要是使教师做好准备以便较为专业地接触和进行幼儿发展与学习评价，具体包括本书的第一至二章，详细内容如下。

第一章的内容主要围绕"幼儿教育评价基本理论"这一主题展开论述，具体包括：①幼儿教育评价的本质和分类；②专业组织、政策制定者、管理者、家长、公众和其他专业教育工作者对作为幼儿学习评价者的幼儿教师的期待；③当今评价实践的重要影响因素；④幼儿教师所承担的专业责任。本章的目的是帮助幼儿教师在全面理解幼儿教育评价基本理论的基础上，为理解和掌握全书奠定扎实的基础，进而促进幼儿教师主动将评价和教学整合到支持与回应幼儿需求的连续性课程中，从而实现幼儿的发展与学习。

第二章的内容主要围绕"幼儿教师在教育评价中应履行的责任"这一主题展

开论述,具体包括:①与评价相关的联邦、州和地方的要求;②确保评价信息准确和可靠的三大常用要素;③公平地评价所有幼儿的六大重要影响因素;④幼儿教师应遵循的三个专业和道德指导原则;⑤使用评价结果的两种适宜方式。本章的目的是帮助幼儿教师在知晓幼儿教育评价重要性的基础上,明确自己在教育评价中应履行的法律、道德和专业责任,进而实现将评价与教学相结合、相促进,从而科学有效地使评价结果"为我所用",助力幼儿的发展与学习。

描述"幼儿发展与学习评价"过程的基本步骤并亲身经历

本部分主要是为教师详细描述了幼儿发展与学习评价过程的基本步骤并带领教师经历评价流程,具体包括本书的第三至九章,详细内容如下。

第三章的内容主要围绕"幼儿教育评价的目的、内容和时间"这一主题展开论述,具体包括:①评价循环中的七大重要决定;②评价的四个目的;③评价的五个内容;④幼儿教师应灵活掌握的七个关键的评价时间节点。本章的目的是帮助幼儿教师在熟悉评价决策循环图的基础上,具体了解并掌握评价的目的、评价的内容和评价的时间,从而在实际的教育和教学中关注并使用所掌握的知识,以助力幼儿的发展与学习。

第四章的内容主要围绕"评价信息的收集"这一主题展开论述,具体包括:①评价"窗口"的内涵及多个"窗口"存在的必要性;②三类不同的信息来源;③四种收集信息的方法;④选择评价环境应关注的两大因素;⑤如何选择合适的评价窗口。本章的目的是帮助幼儿教师了解收集信息和记录信息的区别,明确多种评价"窗口"存在的必要性,以及在考虑评价环境的前提下,掌握常用的四种非正式的信息收集方式,并在实际的教育和教学活动中选择适宜的评价窗口。

第五章的内容主要围绕"评价信息的记录"这一主题展开论述,具体包括:①记录程序的描述和具体实例;②影响选择适宜的记录程序的因素。本章的目的是通过了解对于教师来说可操作的基本记录工具,鼓励教师对记录工具进行改造以达到记录需求,真正实现"所学即所用",助力幼儿的发展与学习,促进教师的专业成长。

第六章的内容主要围绕"评价信息的汇编与总结"这一主题展开论述,具体包括:①成长档案袋的基本理论知识;②小组档案和个人档案的内涵与目的。本章的目的是加深教师对成长档案袋的理解和认识，帮助教师解决在实际教育教学活动中存在的关于档案袋评价的困惑，通过节省教师在评价期间的时间和精力，满足幼儿的差异化需求，满足幼儿、家长及教师自身发展的不同要求。

第七章的内容主要围绕"解读评价信息"这一主题展开论述，具体包括：①确保数据真实和可信的方法；②理解评价信息的含义的方式。作为对收集到的评价信息的分析、解读和理解的集中说明，本章旨在帮助幼儿教师通过客观信息与敏感判断做出真实的评价。同时，评价信息解读的结果能够为帮助教师决定如何促进幼儿发展和学习提供重要的线索和依据。

第八章的内容主要围绕"课堂评价信息使用策略及实例"这一主题展开论述，具体包括：①课堂评价信息的使用策略；②课堂评价信息在游戏计划、小肌肉/精细动作技能发展、早期读写能力发展情境中的使用实例。本章旨在帮助幼儿教师妥善应对并有效利用评价信息，处理好评价与教学的关系，在提升自身评价素养与专业能力的同时，帮助每一名幼儿在教师支架下获得最大程度的发展。

第九章的内容主要围绕"评价与教学整合的一般支持策略与具体支持策略"这一主题展开论述，具体包括：①将课堂评价整合至教学的一般支持策略；②将课堂评价整合至教学的两个具体支持策略。本章旨在帮助幼儿教师接受将评价与教学整合的理念，掌握将课堂评价融入教学的一般与具体的方式和方法，理性地设计评价目的、内容及时间，科学整理评价资料，将评价作为教学改进的工具和手段，进而做到教学反哺评价，更新评价的目标与内容。

延伸"幼儿发展与学习评价"至课外形成合力并共促幼儿发展

本部分是将幼儿发展与学习评价延伸至课堂之外——在当今社会中幼儿教师需要知道的关于标准化测验的内容，以及与家长、其他专业人士和更大范围内的社区如何就幼儿发展与学习的评价进行交流和合作，具体包括本书的第十至十一章，详细内容如下。

第十章的内容主要围绕"标准化测验的基本理论"这一主题展开论述，具体包括：①标准化测验与具有标准化程序的评价之间的差异；②标准化测验的局限和不足；③标准化测验的类型；④幼儿教师在标准化测验中的角色；⑤用于测量学习机会的标准化工具。本章旨在帮助幼儿教师掌握标准化测验的基本理论问题

(即定义、类型、局限与不足、工具),并妥善处理其在标准化测验中的角色问题,从而在课堂评价的过程中,合理使用标准化测验,发挥其最大的价值。

第十一章的内容主要围绕"评价过程与结果交流合作的对象及方式"这一主题展开论述,具体包括:①与幼儿交流;②与家长交流;③与其他专业人士交流与合作;④专业和个人发展与学习。本章旨在帮助幼儿教师在明晰评价过程和结果交流合作的对象为幼儿、家长、其他专业人士的基础上,了解与其交流合作的内容,掌握与其交流合作的方式,顺利并有效地与其交流,实现评价结果顺利且有效地传递,以及基于评价结果共同助力幼儿的发展与学习。

本书的主要启示与我们未来的工作

"见贤思齐焉,见不贤而内自省也。"本书中的多处内容令译者陷入深思和反省并获得教育启迪。本书是一本专业性强、针对性强、指导有力的专业读本,书中的一些具有典型性、可操作性和具体化的理念、做法和案例更是给译者留下了深刻的印象,并且可以为我们的教育和教学工作提供重要的启发。具体说来,有以下几个方面的启发。

进一步明确和细化幼儿学习与发展的评价指标

"工欲善其事,必先利其器。"明确和具体的幼儿学习与发展评价指标是实现幼儿学习与发展的"方向标"和"发动机"。第一,实现幼儿的学习与发展需要在理解学习与发展关键领域内容的基础上有针对性地进行(比如,书中多次强调幼儿的大肌肉发展、小肌肉发展、知识基础、认知发展、思维、语言发展、个人—社会发展等领域)。第二,明确和具体的幼儿学习与发展评价指标是对关键领域内容的系统转化(比如,本书的"附录A"就是基于幼儿的大肌肉发展、小肌肉发展、知识基础、认知发展、语言发展、个人—社会发展等关键领域内容进行的转化,并明确和具化了指标的不同等级和发展水平)。第三,明确和具体的幼儿学习与发展评价指标是对预期目标的"再梳理""再回归"和"再强调"。评价中出现"目标不明、收效甚微"等现象,一个重要的原因就是缺乏明确和具体的幼儿学习与发展的评价指标。俗话说"人无头不走,鸟无头不飞",表达的就是这个道理。因此在实际的教育和教学中,我们迫切地需要明确和具体的幼儿学习与发展的评价指标。

进一步将具体的幼儿学习与发展指标转化成教育和教学的系统场景

"人间四月芳菲尽,山寺桃花始盛开。"对于具体的幼儿学习与发展指标的转化要考虑实际的教育和教学系统的真场景、真水平和真需求。第一,具体的幼儿学习与发展指标是幼儿被预期了解的知识和具备的技能条目(比如,本书就围绕幼儿的大肌肉发展、小肌肉发展、知识基础、认知发展、语言发展、个人—社会发展等领域的"发展成就"和"发展连续体"进行了系统化的梳理与分析)。第二,教育和教学的系统场景是指教育和教学活动中每一环节、每一步骤、每帧画面环环相扣、节节高升、一以贯之的切实展现。第三,只有将具体的幼儿学习与发展指标作为教育和教学场景的总目标以及每一个活动环节的分目标,才能真正实现"有准备的教师"支架下的幼儿有效且有益的学习与发展,并为幼儿的后期学习与终身发展奠定良好的素质基础。

进一步重视真情境中对幼儿学习与发展的真评价

"见善如不及,见不善如探汤。"基于真实情境对幼儿的学习与发展进行的评价一定是为了识别和改善幼儿"不及"之状和"探汤"之况的真评价。第一,对幼儿学习与发展的真评价,就是用幼儿现有的实际发展水平对标幼儿应然的发展水平,也就是说,将收集到的有关幼儿特定行为、概念、技能的评价信息对标本书提供的幼儿发展连续表,通过具体的指标系统,在收集和总结的数据与教育和教学之间架起桥梁,从而帮助幼儿教师有效识别并进一步指导幼儿的学习与发展。第二,幼儿学习与发展的真情境,就是能够真实地反映幼儿学习与发展的教育和教学活动,正如本书中所说"幼儿的发展和学习是持续进行的课堂生活和幼儿典型活动的自然组成部分,故而课堂评价是了解并追踪幼儿发展和学习的重要方法"和"环境是确定幼儿会如何表现的重要因素(Bodrova & Leong, 2007)"。这些真情境可以是本书中提到的每日常规、户外、表演游戏、活动区、课堂会议或大组会议,以及合作性小组活动。第三,我们今后可以将在教育和教学活动的真情境中收集到的幼儿学习与发展的评价信息对标本书"附录 A"中的评价与分析指南,即利用真情境的真评价去调整与改善真情境,从而实现幼儿的真学习与真发展。

进一步重视指向预期成果的幼儿学习与发展的过程性评价

"见人善,即思齐,纵去远,以渐跻;见人恶,即内省,有则改,无加警。"幼儿学习与发展的过程性决定了要重视过程性评价。随着幼儿的课堂需求日益多样化、个性化发展越来越多地被强调,以及作为教学方法的支架式教学越来越多地被使用,今天的教师比以往任何时候都更加需要在充分意识到幼儿典型发展特征的同时,更多地对幼儿发展水平所处位置做出判断并对幼儿的发展需求做出回应。由于幼儿的学习与发展不是一蹴而就的,而是不断地发展和变化的过程,因此,需要重视指向预期成果的幼儿学习与发展的过程性评价。第一,指向预期成果的幼儿学习与发展的评价是"移步换景步步高"的过程(从大肌肉发展、小肌肉发展、知识基础、认知发展、语言发展到个人—社会发展展现了发展连续体的横向拓展)。第二,指向预期成果的幼儿学习与发展的评价是"芝麻开花节节高"的过程(从大肌肉发展中的走、跑、跳、蹦、踢、投再到接物则展现了发展连续体在某一领域中的纵向深入)。第三,指向预期成果的幼儿学习与发展的评价是"保证质量共发展"的过程。幼儿学习与发展的评价不再是"走马观花",也不再是"蜻蜓点水",更不是"昙花一现",而是在指向预期成果的真情境、真内容(关键领域)、真过程的真评价中实现真发展和真提升。

对幼儿的指导与支持应该成为幼儿教师的岗位胜任能力

"投我以木桃,报之以琼瑶。"教师在促进幼儿学习与发展的同时实现着自身的成长与发展。如果说幼儿的学习与发展是幼儿教育的"发动机"和"方向标",那么对幼儿的指导与支持就应该成为幼儿教师的岗位胜任能力。第一,"幼儿评价与指导"是当今幼儿教师应当承担的专业责任之评价责任和教学责任的结合,即基于评价结果(评价责任)指导幼儿(教学责任)。本书旨在帮助幼儿教师主动将评价与教学整合到连续且支持与回应幼儿需求的课程中,以促进并支持幼儿的发展与学习,同时巩固和增强幼儿教师对自身教育判断力和教育智慧的信心,提升岗位胜任能力。第二,"幼儿研究与支持"是幼儿教师应该具备的重要能力,即在研究幼儿的基础上支持幼儿。但受二元对立世界观的影响,传统教学论认为师幼是一种主客体的关系,认为教师的主体性是活动的出发点和条件,幼儿作为客体是主体活动指向的对象和终点,导致现实的教学实践中普遍存在以教师为中心而忽视幼儿学习的现象[1]。而本书中关注的"幼儿评价与指导"可以作为突破传统教学论中二元对立观影响的关键抓手和实践指南。第三,"幼儿评价与指导"是"幼儿研究与支持"的重要组成部分。研究幼儿并按照其学习特点和规律进行教育被视为幼儿教师的重要能力,而基于评价结果调整"幼儿评价与指导"不仅有助于提升幼儿教师的岗位胜任力,而且有利于幼儿的学习与发展,同时将其作为"幼儿研究与支持"的重要组成部分,更加丰富了幼儿教育和教师能力的相关研究。

"横看成岭侧成峰,远近高低各不同。"虽然本书中的部分观点和教育方法有助于我们全面且客观地了解幼儿的发展、改进幼儿园的课程与教学、深化教师对幼儿的认识与理解、丰富交流内容、改善家园关系、加强家园合作,并启示我们要进一步明确和细化幼儿学习与发展的评价指标、进一步将具体的幼儿学习与发展指标转化成教育和教学的系统场景、进一步重视真情境中对幼儿学习与发展的真评价、进一步重视指向预期成果的幼儿学习与发展的过程性评价,但我们仍要以审慎和辩证的思维去阅读、评论和借鉴此书中的观点和做法。另外,需要说明的是,译者在每章的章首都增加了两页"译者导读",并通过图表的形式对整章的内容进行了梳理,以方便读者更好地理解和应用本书中的内容。

"竹外桃花三两枝,春江水暖鸭先知。"愿每位读者都能贴合实际,基于我国时代和文化的调整,结合园所、幼儿和自身的需要,充分学习和借鉴并发挥学习本书的意义和价值。

译者
2020 年 5 月 9 日

---

[1] 霍力岩,孙蔷蔷. 论幼儿园课程实施过程中的主体间性对话——基于哲学解释学的主体间性理论[J]. 福建教育,2015(24):29–31.

作者简介

奥拉莉·麦卡菲（Oralie McAfee）是一名退休教授。退休前她任教于丹佛大都会州立学院幼儿教育专业。她是许多书籍、研究报告、论文、课程与教师培训资源和出版物的作者。她的著述都与幼儿教育工作者在教室里和家庭中与幼儿及其家长一起进行的工作息息相关。同时，她曾就上述内容在全美各地进行演讲。她对"开端计划"的评价实践和需求有过研究，也对选择性州资助幼儿园项目的评价实践和需求有过研究。麦卡菲博士是《评价基础：幼儿教育工作者入门指南》（Basics of Assessment: A Primer for Early Childhood Educators）一书的作者之一（德博拉·J.梁和埃琳娜·博德罗瓦同为该书作者）（NAEYC，2004）。

德博拉·J.梁（Deborah J. Leong）是一名退休教授。退休前她任教于丹佛大都会州立学院心理学专业。她是"思想的工具"——一项基于维果茨基教育思想的幼儿教师培训项目的联合创始人和执行董事。她还是美国幼儿教育研究院（National Institute for Early Education Research，NIEER）的研究员。她与麦卡菲博士和博德罗瓦博士一同撰写了《评价基础：幼儿教育工作者入门指南》一书（NAEYC，2004）。她和博德罗瓦博士一同出版了《思想的工具：维果茨基的幼儿教育法》（Tools of the Mind: The Vygotskian Approach to Early Childhood Education，2nd edition）（Pearson，2007）一书和四部教育录像（Davidson Films）。她还和博德罗瓦博士一起撰写了很多关于幼儿评价、游戏、早期读写和自律方面的文章。

埃琳娜·博德罗瓦（Elena Bodrova）是"思想的工具"项目的联合创始人和研发负责人。她与梁博士一同开发了该项目，并出版了大量关于维果茨基学习法、自律的发展、执行功能的发展和游戏的发展的书籍、文章和教育录像。博德罗瓦博士是美国幼儿教育研究院的研究员。她在莫斯科国立大学取得文学学士和文学硕士学位，并在莫斯科教育科学研究院取得博士学位。在任职于"思想的工具"这一项目之前，博德罗瓦博士在丹佛大都会州立学院担任客座教授，也是美国中部教育与学习研究组织（Mid-continent Research for Education and Learning，McREL）的首席研究员。

前　言

在熟悉的课堂环境中完成的真实性评价是幼儿教育项目中教与学的核心。只有了解幼儿当前的能力，我们才能为他们提供基于其发展优势的经验，并支持他们后续的发展和学习。本书的目的是说明如何进行基于课堂的真实性评价，如何解读与使用基于课堂的真实性评价信息，以及规划回应并支持幼儿学习的课程。书中的特定章节描述了教师在评价中的法律责任、道德责任和专业责任，描述了如何组织终结性评价和形成性评价、如何理解标准化测验以及如何与家长进行交流等。书末有特别编排的附录，其给出的建议观察行为可以帮助教师对幼儿的所有发展领域进行评价，附录中还有这些发展领域的发展连续体列表，它可以帮助教师确定幼儿下一步的学习和发展。本书经过了修订和更新。本版本反映了近年来快速发展的一些相关概念（如适宜性评价、预期教育成果、幼儿发展和学习的方式、真实性评价过程与各州强制进行的正式评价相联系的方式、幼儿教师在评价中的责任）。

本版新增内容

- 本书已经被转换为电子格式。在培生电子书中，你可以在每章中找到以下评价内容：
    - 检查你的理解。与各章主要话题相关的、可以检查你的理解的问题和反馈已经被加入书中；在你选择最佳答案后，正确和错误的答案都会得到解释。
    - 媒体链接。对各章的主要概念给出案例的媒体链接，你在浏览视频时应该思考的问题也被加入书中。对这些应该思考的问题做出回应，然后你会得到对上述回应的专业性反馈。
- 在培生电子书中，专业词汇表中的术语可以通过点击显示其定义。
- 以前在网上可以找到并购买的单页评价表格已经被替换为在线参考资料。

你可以找到这些网站，获得最新版的、完整的评价资料。
- 在所有关于州标准和当地标准的讨论中加入了关于美国各州共同核心学习标准的信息。
- 本版加入了能够反映每章主题的"学习成果"。

基本主题

无论是在幼儿教育取向方面，还是在评价水平方面，本书的基本主题都与国家的相关趋势相符合。

评价是一项"正在前进中的工作"

本书把评价视为教与学的不断发展的一个方面。在本书中，我们展示了形成性评价是如何促进幼儿学习的，也解释了形成性评价与更为传统的终结性评价之间的关系。本书中关于"标准""基准"和其他相关词汇的部分，对这些概念和词汇与评价之间的关系进行了定义和描述。本书中的指南和实例展示了教师如何在快速变化的社会中对语言、社会、文化和个人多样性保持敏感。本书还对与评价相关的法律框架进行了概述，并讨论了这一法律框架对于教师意味着什么。当今关于幼儿评价与支持的最有价值的一些思考、观点和术语贯穿本书始终。

评价是基于课堂且具有情境性的

本书的焦点是课堂评价——因为幼儿的发展和学习是持续进行的课堂生活和幼儿典型活动的自然组成部分，故而课堂评价是了解并追踪幼儿发展和学习的重要方法，在不同幼儿教育项目中工作的幼儿教师均可使用。本书用了很大的篇幅来介绍成长档案袋，这反映了成长档案袋在教师、幼儿和家长中的普遍接受程度。在本书中，我们还从课堂教师的角度看待并讨论了标准化测验。

评价是一个过程

本书所呈现的评价是一个灵活且实际的过程，这使读者能够明确他们作为教师需要学习的知识和需要做的事情。作为一个过程，评价始于"为何评价、评价什么和何时评价";之后,是进行数据收集和记录;再后,是进行汇编、解读及使用评价结果。本书呈现了大量来自不同发展领域和课程的实例,展示了幼儿发展与学习评价的每一步是如何在幼儿中开展的。

评价是一项专业活动

教师应该将评价看作一项高度专业的活动,而不是随意、偶然地完成的活动,也不应是仅仅因为需要完成评价而被动地完成评价。本书旨在帮助教师奠定"评价概念上和程序上的基础"(Hiebert & Calfee,1989,p. 50)。书中有关于提高评价信度、效度和公平性的建议,也有关于承担评价的道德责任和法律责任的建议,还有关于教师与他人交流评价结果的建议。最为重要的是,我们在书中强调,通过解读和使用评价结果来帮助所有幼儿学习和发展是幼儿教师的专业责任。本书中所呈现的评价概念和评价程序建立在多个相关学科的概念和科学基础上。这些评价概念和评价程序也遵循由主要专业组织建构的适宜性课堂评价指南。提供适宜性课堂评价指南的专业组织有全美幼教协会、美国特殊儿童委员会和美国教育部早期儿童专家协会。

我们承认,要学习对幼儿进行评价以及使用评价信息指导课堂决策并不容易。它要求教师学习新的概念并对其进行细微的区分(如分辨收集信息和记录信息之间的区别)。它意味着教师要有意识地控制自己与幼儿互动的方式,以便幼儿能够提出问题、给出建议,并为他们提供既能回应其需求,又能支持其学习的任务。

幼儿评价及其与幼儿发展和学习的联系

幼儿学习与发展评价中最困难的方面并不是收集和总结数据,而是理解如何使用这些数据为教学提供有价值的信息。为了做到使收集和总结的数据服务于教师的教育和教学,教师必须理解幼儿特定的行为、概念或技能是如何发生与发展的。为了帮助教师在收集和总结的数据与教育和教学之间架起桥梁,本书提供了一套幼儿发展连续表,这套发展连续表可以帮助教师识别幼儿特定的行为、概念或技能的连续发展,以及应该向单独游戏的幼儿或与教师一起工作的幼儿团体提供怎样的支架和支持。

哲学定位

本书所呈现的评价过程可以与任何幼儿教育方法一起使用，而且本书中的各种实例充分反映了我们对幼儿成长的坚定信心。我们将发展和学习看作一个综合的过程，这一过程能够将普遍且多样的人类发展过程与幼儿个体同社会和文化世界的接触相融合。我们将在幼儿发展和学习过程中出现的成人和其他幼儿看作积极的参与者——这些积极的参与者以具有发展适宜性的方式对幼儿的发展与学习进行评价、教学、回应、示范、指导、协助和支架。当幼儿在一个具支持性和回应性的环境中学习时，我们将幼儿学习的"过程"和"结果"看得同等重要。

基本结构

本书的主要话题和章节结构为读者提供了最大限度的灵活性，以满足读者不同的学习需求。各章节内容可以按顺序阅读：第一部分（第一、二章）主要是使教师做好准备以便较为专业地接触和进行幼儿发展与学习评价；第二部分（第三至九章）主要是为教师详细描述了幼儿发展与学习评价过程的基本步骤并带领教师完成评价流程；第三部分（第十、十一章）则将幼儿发展与学习评价延伸至课堂之外——在当今社会中幼儿教师需要知道的关于标准化测验的内容，还讨论了如何与家长、其他专业人士和更大范围内的社区就幼儿发展与学习的评价进行交流和合作。上述三个部分中的每一部分和每一章节也可以独立阅读，以便读者在阅读时选择适合个人需求的话题。

主要特色

当今社会对教师的期待

教育评价的重点已经发生变化——从对幼儿进行分类和排名到帮助幼儿学习——并且贯穿全书。教师在工作中需要大量地使用评价，而且社会对幼儿教师的期待越来越高。一个多样性的社会对教育应该面向所有幼儿的承诺对幼儿发展与学习评价的影响已得到强调，并为幼儿教师提供了实践性指导。

法律、道德和专业责任

本书重视对幼儿发展与学习进行评价的社会背景、人口背景、法律责任、道德责任和专业责任，并对上述方面进行了概括性阐述。同时，本书重视收集和使用幼儿发展与学习评价信息的可信性、有效性和公平性，并对教师所使用的具体方法进行了特别强调。

对评价进行评价

本书关于标准化测验和其他评价工具的章节，将幼儿发展与学习评价这个老生常谈的话题认定为当今幼儿教师胜任角色和担当责任所需要知道的内容。

评价和分析指南

"附录 A"中的易于参考的评价与分析指南向我们展现了幼儿在发展和学习方面的成就，还提供了幼儿发展和学习的主要领域和课程方面的连续表。读者可以在解读评价信息和根据评价信息制订课程计划时直接使用"附录 A"中的评价与分析指南。

"红旗项"

"附录 B"列出了幼儿发展与学习的"红旗项"，这些"红旗项"提醒教师注意需要更仔细地观察和评价的行为模式。

自查问题、反思及学习与讨论的提示

每章中的"自我反思""进一步学习与讨论"部分将教师又一次带入应该进一步思考的概念中。"进一步学习与讨论"的提示能够促进教师对评价概念的使用，以及对幼儿教育课堂原则进行更为复杂和深入的思考。

总结与推荐阅读

每章都有总结部分，这一部分特别强调了每章中的要点。同时，每章均有与该章主题相关的推荐读物，这一部分向读者展示了在哪里能找到与该章主题相关的更进一步的阅读信息。

专业词汇表

书中的专业词汇表以清晰、非技术性的语言对与评价、测验和课程相关的术语进行了定义。

例子和应用

书中有大量的图片、表格和插图，这些使得我们所讨论的内容更加清晰，同时将书中讨论的主题与真实世界中的幼儿和学校建立了联系。教师在课堂上进行数据收集的例子和幼儿作品的例子来自很多幼儿教育项目，这些例子向我们展现了幼儿发展与学习评价是如何在各个水平上开展的。

教师学习资源

当本书的读者由学生成长为教师后，他们需要更加便捷的参考信息。基于这种考虑，本书就功能来说，既是教科书，也是资源书。教师可以参考本书中的幼儿发展连续表和学习进程，还可以参考本书中的"红旗项"、记录表以及多种评价、分析与计划的指南。

本书的写作基于我们自身的教学经历，包括对幼儿进行教学及与来自各种社会经济阶层和多种文化及语言背景的家长一同工作。本书面向入职前和在职的幼儿教育相关人员，我们在多种情境下对教学和学习进行扩展，以帮助他们学习评价和课程的相关内容，以及创建对幼儿有所回应的课堂。我们所分享的例子和图表都是真实的，但名字和地点均为杜撰。为了使指代幼儿和教师的代词的性别更加中立，我们交替使用了"他"和"她"，因为幼儿和教师均来自这两种性别。为了认识到多样的家庭结构，书中出现的"父母""家长""监护人"等词语均可相互替换。

致　　谢

很多人丰富了我们的工作，他们包括：幼儿、大学生以及我们既教过也从其身上获益良多的一线教师；来自全国的同事，他们亲自或通过研究、报告和出版物与我们分享了他们的想法；来自全国的家长、幼儿园和小学教师、行政人员、学区机构人员，他们允许我们与大家分享真实世界中的评价实践。我们无法将上述所有人和组织完整列出，但十分感激他们对我们工作的贡献，并在此向他们表示感谢。

我们感激在本书所有版本的筹备及出版过程中提供支持和鼓励的个人及组织。感谢同事史蒂夫·巴尼特、休·布里德坎普、米里娅姆·考尔德伦、卡罗尔·科普尔、埃伦·弗雷德、马里奥·希森、杰奎琳·琼斯和鲁比·高梨。同样感谢安杰拉·阿尔维斯、米歇尔·贝克曼、卡罗琳·博伊尔斯、克里斯特尔·戴-赫斯、安·德契科、卡罗琳·埃哈特、达尼埃尔·埃里克森、露丝·亨森、埃米·赫纳斯科、埃米·霍恩贝克、克里斯·尤特斯、杰西卡·彼得斯、朱厄妮塔·雷格尔、芭芭拉·怀尔特-史密斯和金·威尔逊，以及所有参与"思想的工具"项目的教员、教练、教师和行政人员（他们提供了对课堂中存在的评价问题的见解）。

特别感谢莱斯莉和布赖恩·福弗、杰里米·莱茨、安德鲁和埃米莉·麦卡菲及安德烈·谢苗诺夫，他们让我们看到了他们眼中的世界。

除了要感谢对本书前几个版本的手稿进行审阅并给出对我们有所帮助的建议的同事，我们还要感谢本书第六版的审稿人：希瑟·巴彻尔德（中佛罗里达大学），加里·宾厄姆（佐治亚州立大学），帕特里夏·马丁（奥农达加社区学院），金·赖尔登（明尼苏达大学杜鲁斯分校），英格丽德·韦尔（南缅因社区学院），莉萨·怀特（阿森斯职业技术学院）。

目 录

译者序 ··· I
作者简介 ·· IX
前言 ·· XI
致谢 ·· XVII

第一部分　专业化评价 / 1

第一章　幼儿教育评价：一项正在前进中的工作 ·············· 3
  与评价相关的词汇 ·· 7
  对幼儿教师的期待 ·· 8
  影响当今评价实践的因素 ···································· 10
  专业责任 ··· 15
  总结 ·· 16
  自我反思 ··· 16
  进一步学习与讨论 ··· 17
  推荐阅读 ··· 17

第二章　评价中的法律、道德和专业责任 ····················· 19
  了解与评价相关的联邦、州和地方要求 ···················· 23
  确保评价信息准确和可靠 ···································· 27
  公平地评价所有幼儿 ··· 32
  遵循专业和道德指导原则 ···································· 40
  以适宜的方式使用评价结果 ································· 42
  总结 ·· 43
  自我反思 ··· 44
  进一步学习与讨论 ··· 45
  推荐阅读 ··· 45

第二部分　评价和教学 / 47

第三章　为何评价，评价什么，何时评价 …………………… 49
　　评价决定 ………………………………………………………… 52
　　为何评价? ……………………………………………………… 53
　　评价什么? ……………………………………………………… 56
　　何时评价? ……………………………………………………… 65
　　总结 ……………………………………………………………… 70
　　自我反思 ………………………………………………………… 71
　　进一步学习与讨论 ……………………………………………… 71
　　推荐阅读 ………………………………………………………… 71

第四章　收集信息 …………………………………………………… 73
　　多个窗口 ………………………………………………………… 77
　　信息来源 ………………………………………………………… 78
　　收集信息的方法 ………………………………………………… 81
　　评价环境 ………………………………………………………… 95
　　选择合适的评价窗口 …………………………………………… 99
　　总结 ……………………………………………………………… 103
　　自我反思 ………………………………………………………… 104
　　进一步学习与讨论 ……………………………………………… 104
　　推荐阅读 ………………………………………………………… 105

第五章　记录信息 …………………………………………………… 107
　　记录程序的描述和具体实例 …………………………………… 111
　　选择适宜的记录程序 …………………………………………… 124
　　总结 ……………………………………………………………… 128
　　自我反思 ………………………………………………………… 128
　　进一步学习与讨论 ……………………………………………… 129
　　推荐阅读 ………………………………………………………… 129

第六章　汇编并总结信息 …………………………………………… 131
　　成长档案袋 ……………………………………………………… 134

　　　　小组和个人档案⋯⋯⋯⋯⋯⋯⋯⋯⋯⋯⋯⋯⋯⋯⋯⋯⋯⋯149
　　　　总结⋯⋯⋯⋯⋯⋯⋯⋯⋯⋯⋯⋯⋯⋯⋯⋯⋯⋯⋯⋯⋯⋯⋯156
　　　　自我反思⋯⋯⋯⋯⋯⋯⋯⋯⋯⋯⋯⋯⋯⋯⋯⋯⋯⋯⋯⋯⋯157
　　　　进一步学习与讨论⋯⋯⋯⋯⋯⋯⋯⋯⋯⋯⋯⋯⋯⋯⋯⋯⋯157
　　　　推荐阅读⋯⋯⋯⋯⋯⋯⋯⋯⋯⋯⋯⋯⋯⋯⋯⋯⋯⋯⋯⋯⋯158

第七章　解读评价信息⋯⋯⋯⋯⋯⋯⋯⋯⋯⋯⋯⋯⋯⋯⋯⋯⋯159
　　　　确保数据真实和可信⋯⋯⋯⋯⋯⋯⋯⋯⋯⋯⋯⋯⋯⋯⋯⋯162
　　　　理解评价信息的含义⋯⋯⋯⋯⋯⋯⋯⋯⋯⋯⋯⋯⋯⋯⋯⋯164
　　　　总结⋯⋯⋯⋯⋯⋯⋯⋯⋯⋯⋯⋯⋯⋯⋯⋯⋯⋯⋯⋯⋯⋯⋯179
　　　　自我反思⋯⋯⋯⋯⋯⋯⋯⋯⋯⋯⋯⋯⋯⋯⋯⋯⋯⋯⋯⋯⋯179
　　　　进一步学习与讨论⋯⋯⋯⋯⋯⋯⋯⋯⋯⋯⋯⋯⋯⋯⋯⋯⋯180
　　　　推荐阅读⋯⋯⋯⋯⋯⋯⋯⋯⋯⋯⋯⋯⋯⋯⋯⋯⋯⋯⋯⋯⋯180

第八章　使用评价信息⋯⋯⋯⋯⋯⋯⋯⋯⋯⋯⋯⋯⋯⋯⋯⋯⋯183
　　　　计划策略⋯⋯⋯⋯⋯⋯⋯⋯⋯⋯⋯⋯⋯⋯⋯⋯⋯⋯⋯⋯⋯187
　　　　个人和小组策略⋯⋯⋯⋯⋯⋯⋯⋯⋯⋯⋯⋯⋯⋯⋯⋯⋯⋯190
　　　　课程和课堂调整策略⋯⋯⋯⋯⋯⋯⋯⋯⋯⋯⋯⋯⋯⋯⋯⋯195
　　　　使用评价信息以指导教学的例子⋯⋯⋯⋯⋯⋯⋯⋯⋯⋯⋯200
　　　　总结⋯⋯⋯⋯⋯⋯⋯⋯⋯⋯⋯⋯⋯⋯⋯⋯⋯⋯⋯⋯⋯⋯⋯206
　　　　自我反思⋯⋯⋯⋯⋯⋯⋯⋯⋯⋯⋯⋯⋯⋯⋯⋯⋯⋯⋯⋯⋯207
　　　　进一步学习与讨论⋯⋯⋯⋯⋯⋯⋯⋯⋯⋯⋯⋯⋯⋯⋯⋯⋯207
　　　　推荐阅读⋯⋯⋯⋯⋯⋯⋯⋯⋯⋯⋯⋯⋯⋯⋯⋯⋯⋯⋯⋯⋯208

第九章　为评价进行整理⋯⋯⋯⋯⋯⋯⋯⋯⋯⋯⋯⋯⋯⋯⋯⋯209
　　　　整合评价与教学⋯⋯⋯⋯⋯⋯⋯⋯⋯⋯⋯⋯⋯⋯⋯⋯⋯⋯212
　　　　研发评价计划⋯⋯⋯⋯⋯⋯⋯⋯⋯⋯⋯⋯⋯⋯⋯⋯⋯⋯⋯215
　　　　整理文档和表格⋯⋯⋯⋯⋯⋯⋯⋯⋯⋯⋯⋯⋯⋯⋯⋯⋯⋯220
　　　　总结⋯⋯⋯⋯⋯⋯⋯⋯⋯⋯⋯⋯⋯⋯⋯⋯⋯⋯⋯⋯⋯⋯⋯233
　　　　进一步学习与讨论⋯⋯⋯⋯⋯⋯⋯⋯⋯⋯⋯⋯⋯⋯⋯⋯⋯233
　　　　推荐阅读⋯⋯⋯⋯⋯⋯⋯⋯⋯⋯⋯⋯⋯⋯⋯⋯⋯⋯⋯⋯⋯234

第三部分　课堂内外 / 235

第十章　标准化测验：幼儿教师应该了解的内容 …………… 237

　　具有标准化程序的评价和标准化测验之间的差异 ………… 240

　　标准化测验的局限和不足 …………………………………… 242

　　标准化测验的类型 …………………………………………… 246

　　幼儿教师在标准化测验中的角色 …………………………… 248

　　用于测量学习机会的标准化工具 …………………………… 259

　　总结 …………………………………………………………… 260

　　自我反思 ……………………………………………………… 261

　　进一步学习与讨论 …………………………………………… 261

　　推荐阅读 ……………………………………………………… 262

第十一章　使用评价过程和结果进行交流与合作 …………… 263

　　与幼儿交流 …………………………………………………… 266

　　与家长交流 …………………………………………………… 267

　　与其他专业人士交流与合作 ………………………………… 276

　　专业和个人发展与学习 ……………………………………… 282

　　总结 …………………………………………………………… 283

　　自我反思 ……………………………………………………… 284

　　进一步学习与讨论 …………………………………………… 284

　　推荐阅读 ……………………………………………………… 284

附录 A　评价与分析指南 ………………………………………… 287

附录 B　3—5 岁幼儿的发展红旗项 ……………………………… 311

专业词汇表 ………………………………………………………… 323

参考文献 …………………………………………………………… 329

第一部分

专业化评价

第 一 章

幼儿教育评价：一项正在前进中的工作

（拍摄者：Amy Hornbec）

译者导读

著名教育家斯塔夫尔比姆（Stufflebeam, D. L.）指出，"教育评价不应局限于评判决策者所确定的教育目标所达到预期效果的程度，而应该是收集有关教育方案实施全过程及其成果的资料，并为决策提供信息的过程"[1]。幼儿教育评价是一项持续进行的全面工作，是教师在实际教育教学活动中理解评价理念、实施评价过程和运用评价结果的专业性行为。

在你开始阅读本章内容之前，请先思考以下四个问题：与评价相关的词汇有什么？社会对作为幼儿学习评价者的幼儿教师有什么期待？影响当今评价实践的因素有哪些？幼儿教师需要承担哪些专业责任？

在幼儿园的教育教学活动中，评价对幼儿的学习与发展具有承上启下的重要意义。本章内容主要围绕"幼儿教育评价基本理论"这一主题展开论述，全章主要内容共分为四节。

- 第一节主要是关于幼儿教育评价的**本质**（在本书中，"评价"这一术语关注的是幼儿的课堂评价，即幼儿教师如何收集、记录自己需要的信息，以便识别班上幼儿的强项、需要和进步，从而帮助这些幼儿进行学习）和**分类**（替代性评价、表现性评价、真实性评价、形成性评价、终结性评价、基于课程的评价和嵌入课程的评价）的论述。
- 第二节主要论述专业组织、政策制定者、管理者、家长、公众和其他专业教育工作者**对作为幼儿学习评价者的幼儿教师的期待**。
- 第三节具体讨论当今评价实践的重要**影响因素**（必需的测验和评价、幼儿和家庭的多样化、幼儿发展和学习的概念、评价在教和学中的地位、标准化测验的局限和不足）。
- 第四节分析幼儿教师所承担的**专业责任**（评价责任和教学责任）。

---

[1] Stufflebeam, D. L. (1966). A depth study of the evaluation requirement. *Theory Into Practice*, 5(3), 121–133. ——译者注

本章的目的是帮助幼儿教师在全面理解幼儿教育评价基本理论的基础上，为理解和掌握全书奠定扎实的基础，进而促进幼儿教师主动将评价和教学整合到支持与回应幼儿需求的连续性课程中，从而实现幼儿的发展与学习（参见表1.1和图1.1）。

表1.1 幼儿教育评价基本理论

幼儿教育评价：一项正在前进中的工作			
幼儿教育评价的本质和分类	对幼儿教师的期待	影响评价实践的重要因素	专业责任
本质：课堂评价； 分类：替代性评价、表现性评价、真实性评价、形成性评价、终结性评价、基于课程的评价和嵌入课程的评价	专业组织； 政策制定者、管理者、家长、公众； 其他专业教育工作者	必需的测验和评价； 幼儿和家庭的多样化； 幼儿发展和学习的概念； 评价在教和学中的地位； 标准化测验的局限和不足	评价责任； 教学责任
帮助幼儿教师在全面理解幼儿教育评价基本理论的基础上，为理解和掌握全书奠定扎实的基础，进而促进幼儿教师主动将评价和教学整合到支持与回应幼儿需求的连续性课程中，从而实现幼儿的发展与学习。			

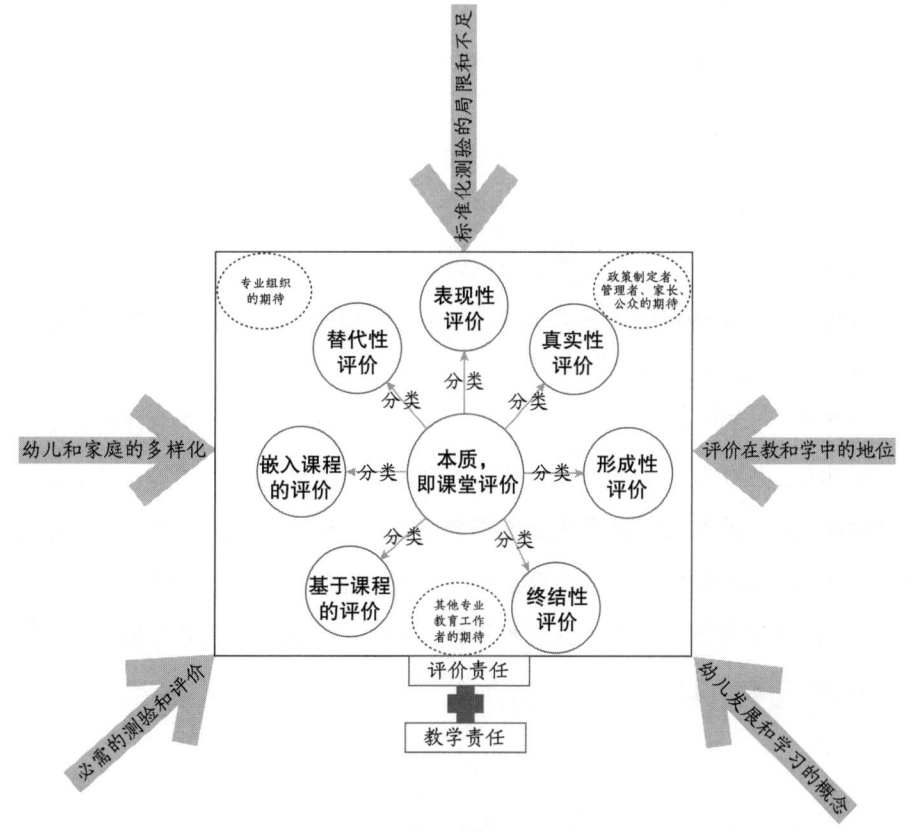

图1.1 幼儿教育评价基本理论框架

> ☑ **学习成果**
>
> 1. 定义幼儿教育中的各种评价方式及其相关术语。
> 2. 解释幼儿教师在幼教机构中开展评价时的角色。
> 3. 指出影响当今评价实践的主要因素。
> 4. 描述幼儿教师在进行评价时的责任。

在美国，所有幼儿教师都会在教室里对幼儿的发展与学习进行研究与评价。幼儿教师会对幼儿的工作和游戏进行观察，并将他们观察到的信息记录下来。幼儿教师会收集和分析幼儿的作品，建立幼儿成长档案袋并将幼儿的作品收录其中，以此展现幼儿的能力。幼儿教师会请幼儿解释并描述他们的思维过程。幼儿教师也许会使用自己掌握的自编测验或公开发表的测验，也许会按照学校和项目的要求对每个幼儿的一般性发展进行评价。幼儿教师会在数学或读写方面对幼儿的强项和需要进行测验，还会通过检核表、量表、叙述、照片、记录或其他方式记录幼儿的学习。

幼儿教师会协助由于残疾而需要特殊服务的幼儿，与幼儿的家长一起努力，并帮助其理解幼儿的发展；同时，他们会与其他教师和专家分享相关信息与知识。幼儿教师会利用当地开发的量表或公开出版的量表对课堂和他们为幼儿提供的经验进行评价，将得到的所有信息进行汇总和研究，努力理解这些信息对某一个幼儿或某一组幼儿意味着什么。

上述所有活动，以及未提及的其他活动，都是幼儿发展与学习评价的组成部分。并非每一所学校或托儿中心都要求或期待幼儿教师进行上述每一项活动。幼儿教师应该做的事情会因诸多因素的影响而有所不同，这些影响因素包括幼儿的年龄、年级、学校的赞助方（公立或私立学校、专门幼儿园[1]），以及相关方面对学校或托儿中心的要求。不论在何种教育机构中，有效的幼儿教育都包括对幼儿发展和学习的适宜性评价。

---

[1] 原文此处为"prekindergarten"，该词在美国指为3—5岁儿童所设立的幼儿园。——译者注

与评价相关的词汇

"评价"这一术语指的是几乎任何形式的对幼儿所知所会的测量和评估，包括来自已知资源和其他途径的测验、观察、访谈和报告。"评价"这一术语被频繁用于代表某一种评估或某一种测量，或者被用于避免"测验""考试"这类词汇所带来的负面暗示。例如，一项"基本技能测验"可以被称作"基本技能评价"，而"对幼儿与他人互动能力的评估"也可以被称作"互动能力评价"。在一些文献中，"测验"或"测量"与"评价"是可以互相替换使用的（No Child Left Behind Act，2002；Popham，2000）。

"评价"这一术语也可以用来特指"通过多种形式收集关于幼儿的信息，并对这些信息进行整理和说明的过程"（McAfee，Leong，& Bodrova，2004）。在这种用法中，评价涉及不同时间、不同情境下收集信息的多种信息源，然后这些从多个信息源获得的信息会由理解幼儿发展和学习的人记录、整合并进行说明（Russell & Airasian，2011）。

在本书中，"评价"这一术语关注的是对幼儿的课堂评价——幼儿教师如何收集、记录自己需要的信息，以便识别班上幼儿的强项、需要和进步，从而帮助幼儿进行学习。但是，幼儿教师也会经常进行其他类型的评价，例如：协助进行幼儿发展筛查，进行各种类型的标准化测验，为每名幼儿填写正式的发展报告，填写教师课堂环境和课堂实践检核表和报告。本书也包括帮助教师完成前述这些种类的评价的信息。

关于各种课堂评价方法的术语可能会令我们感到困惑。测量专家能够对这些经常互相取代的术语进行细微的区分。替代性评价指的是几乎所有有别于传统标准化测验和类似发展检核表、成就测验的评价。有时，这种替代性评价也被称为非正式评价，即与使用标准化和其他已公开发表的工具的正式评价相反的评价方式。表现性评价指的是一种特别的评价类型。在表现性评价中，幼儿表现出一种技能或创作出一件作品来展示他们的学习成果（Chappuis，Stiggins，Chappuis，& Arter，2011）。如果运动协调能力是评价的内容，教师就会请幼儿表现出某种适宜的动作。如果写作能力是评价的内容，教师则会请幼儿进行写作。真实性评价指的是评价在幼儿的生活与学习情境中持续进行。教室、运动场、走廊、午餐室以及其他典型的学校与幼儿园环境都属于这类情境。在真实性评价中,幼儿需要完成的任务要尽可能地贴近"真实的实践与智力挑战"(Finn,1991,p.10)。例如,这种评价不是将在一幅图片下方画线、把泡泡放入圆圈中作为幼儿能够对真实的物体进行配对、分组和分类的证据,而是将幼儿能够对幼儿园学习中真实的物体或信息进行配对、分组和分类作为幼儿完成学校任务的证据。在这种评价中,幼儿是为了解决课堂中的问题或自己想出的问题而进行计算,而不是翻开一页书来数一共有多少个点和多少张图片。

形成性评价指的是收集信息以形成某一教学项目并不断改进某一教学项目。形成性评价是为了幼儿学习而进行的评价,也是对于幼儿学习而进行的评价(Stiggins,2008)。大多数的课堂评价都是为了达成形成性评价的上述目标。终结性评价在一整段时间的末尾进行,例如学年末或学期末。终结性评价是为了确定并记录幼儿学到了多少知识或教师的教学计划是否有效而进行的评价。分数和绩效测验或绩效评估即为终结性评价。

评价应该与学校的课程及预期的教学成果相一致,也就是说,评价应该与教师教授的内容和教师希望幼儿学习的内容相一致。基于课程的评价意味着幼儿接受的评价是基于教师教授内容的评价。嵌入课程的评价指的是评价应该与教和学的体验相整合,这种评价与让幼儿按测验要求进行表现的测验方式截然不同。上述这些与评价相关的术语及其他术语在书后的专业词汇表中均有详细的定义且在后文中会进行详细的探讨。

对幼儿教师的期待

专业组织、政策制定者、管理者、家长、公众和其他专业教育工作者都对作为幼儿学习评价者的幼儿教师有着很高的期待。

专业组织

一些专业组织专注于幼儿的看护、发展和教育。这些组织的领导者期待幼儿教师能胜任对幼儿进行评价,并将对幼儿进行评价视为教学中不可缺少的组成部分。全美幼教协会(NAEYC,2009)在关于幼儿教师专业准备的立场声明中,概述了准备成为幼儿教师的人在进行有效评价方面所应具有的知识和所应具备的能力。

美国教育协会（National Education Association）、美国教育测量委员会（National Council on Measurement in Education）与美国教师联盟（American Federation of Teachers）（1990）联合发布了一份声明。这份声明更加详细地阐述了教师的教育评价能力。例如，这些专业组织期待有胜任力的教师能够达到说明评价过程所有步骤的七项标准——从选择合适的测量工具到与各种不同的受众交流评价结果。

政策制定者、管理者、家长和公众

联邦政策制定者、州政策制定者、地方政策制定者、幼儿家长和公众都将幼儿与学校相关的成就归结为学校和教师的责任。在"学业问责制"这一术语下，人们普遍期待教育工作者就教育过程和教育结果进行报告。大规模的学业问责制报告在很大程度上要靠标准化测验的分数完成，例如，联邦法律法规、各州法律法规以及许多大型学区要求的大规模学业问责制报告均是如此。即使在不向三年级以下的儿童提供学业问责制测验的情况下——最专业的组织建议如此——对这些年幼的儿童的评价实践也很有可能会受到学业问责制的影响。学校人员对于儿童在学业问责制测验中的表现十分敏感。教师要对儿童进行测验或将其他评价结果进行汇总，从而追踪儿童的进步，并将这些结果向其他人进行解释。管理者将学生评价结果作为证据来源，并根据这些结果做出教学或人事上的决定。家长和公众都能够获得学业问责制测验的结果，而且这些结果一经报告便经常被高度曝光。

其他专业教育工作者

其他专业教育工作者期待幼儿教师能够理解并提供关于幼儿发展和学习的评价信息，并在员工会议和工作协商中运用这些信息，同时将这些评价信息贡献给学校。例如，如果幼儿教师准备为评价有特殊需要的幼儿并提出建议的团队做出贡献，他们就必须有一份记录完整且即时可用的信息。再如，如果幼儿教师要寻求专家的帮助或其他教师的指导，那么他们也必须能够提供详细的案例。幼儿教师经常会写一些简短的笔记来提醒自己，这种笔记对于那些并不熟悉任务、情境或幼儿的人可能并不充分（Valencia，Hiebert，& Afflerbach，2014）。其他专业教育工作者也期待幼儿教师能够理解他人使用的评价术语。

很多家庭会频繁地搬家。幼儿教师需要理解并使用幼儿带来的评价信息，同时要将这些评价信息交予离开的幼儿，从而帮助接下来的那名幼儿教师为该幼儿制订合理的课程计划。当幼儿从幼儿园升到学前班，再升到一、二年级时，幼儿教师关于幼儿的记录应该能够帮助接收该幼儿的教师了解其强项和需要。

影响当今评价实践的因素

政治、人口、社会和教育趋势等因素都会对评价实践有所影响。这些因素具体包括：

- 必需的测验和评价；
- 幼儿和家庭的多样化；
- 幼儿发展和学习的概念；
- 评价在教和学中的地位；
- 标准化测验的局限和不足。

必需的测验和评价

专业组织和各州的教育标准的研发与对幼儿在这些教育标准指引下的发展的强制性评价是同时进行的。美国各州都为K—12教育和强制性评价研发了标准，这些标准大多以测验的方式进行。儿童在设定的年级水平上接受测验，以判断其是否达到标准。很多州已经在语言艺术和数学科目上采取了共同核心学习标准，并已经在一些年级水平上开始使用与这些标准相符的评价。尽管适用于幼儿园的共同核心学习标准还没有出现，但这些标准会对各州早期学习指南和相关评价的修订产生影响。联邦政府层面的测验和报告要求也会对各州和地方的测验和报告要求及预期产生影响。不论是学前班教师，还是附属于小学的幼儿园教师，都感受到了大规模、高风险的学业问责制测验所带来的与日俱增的压力和潜在的威胁。各州与当地学区有自己的测验和评价要求。基于测验的结果，学校会让儿童留在他们当前的年级或建议他们参加暑期学校。学校、学区和不同人口群体的测验成绩都会被公布并被相互比较。联邦、州和学区要求的测验几乎令所有的教师和幼儿都感到惧怕，这种测验也被评价专家认为会对儿童造成误导，而且是不适宜的。但是，这些测验受到政策制定者的赞赏，他们认为，为了学业问责而进行的测验是改进教育的核心。

幼儿和家庭的多样化

幼儿教育项目中的幼儿是更大范围的社会多样性的真实写照。几乎在所有方面，幼儿都是各不相同的，这些方面包括：人种、种族、文化、家庭语言，家庭收入和家庭结构，父母的受教育程度，家庭位于城市、郊区或乡村，家庭迁移的频繁程度。来自世界各国持续增加的移民和不同群体之间不同的生育率表明多样性还会持续增加（Castra, Garcia, & Markos, 2013; Editorial Projects in Education Research Center, 2009）。这样一来，评价便极其重要，因为评价能够勾画出来自不同背景的幼儿知道哪些知识和能做哪些事情的真实情况（Bowman, 1992; Bowman & Ray, 2012; Snow & Van Hemel, 2008）。

语言的差异是一项特殊的挑战。2011年，非英语使用者为5010万人，其中，家庭语言为西班牙语的5岁以上的幼儿达到了3760万名（Motel & Patten, 2013）。这些数以百万计的幼儿目前正在学习使用一种新的语言进行理解、交谈、阅读和写作。在美国，有大约75%的双语学习者或英语学习者使用西班牙语。此外，多达一百余种的各国语言更是增加了语言的多样性（Editorial Projects in Education Research Center, 2009）。这些语言包括越南语、俄语、汉语、乌尔都语、他加禄语[1]、阿拉伯语、纳瓦霍语[2]、印地语，以及其他来自世界各地的语言。

幼儿先前已经接受过的教育在类型与数量上都不尽相同。有些即将进入学前班或一年级的幼儿可能在婴儿时期进入过托儿所，有过与一群幼儿共处的经历；而对于其他幼儿，学前班或一年级可能是他们第一次与一群幼儿在一起。有些幼

---

[1] 原文为"Tagalog"，即他加禄语，又译作他加洛语、塔加洛语或塔加路语，主要在菲律宾吕宋岛使用。——译者注
[2] 原文为"Navajo"，即纳瓦霍语，主要通用于美国西南部的纳瓦霍族原住民。——译者注

儿已经参加过各种"课外班"——游泳课、足球队、科学研习班和音乐课，而其他幼儿则完全没有这些参加课外班的经历。

融入了残疾幼儿的全纳教育也增加了幼儿教育课堂中的多样性。对于这些残疾幼儿的强项和需求进行评价需要更为灵活的评价实践，这种实践需要涵盖幼儿在日常生活中的各种行为（Gargiulo & Kilgo，2013）。在美国，家庭间和幼儿间的多样性正在不断增加，而不是不断减少；而多样性对评价实践的影响也正在不断增加，而不是不断减少。

幼儿发展和学习的概念

人们期望幼儿能够在早期尽可能多地学习，而不是等到他们年龄渐长才开始学习。各州都有一份或几份文件来说明各州期待幼儿在从学前班到高中的各个阶段能够学到什么，这些文件被称为州学习标准或州必备学习技能。每个为幼儿园项目提供资金支持的州都在该州的幼儿教育标准中详细说明了幼儿在这些项目中应该能够学到什么。开端计划项目[1]是一个为低收入家庭幼儿设立的联邦幼儿教育项目，该项目的幼儿发展成果声明中阐述了政府对幼儿在该项目中的发展成果的预期，相关内容在开端计划项目网站上的《儿童发展与早期学习框架（修订版）》中有所列举。

一些重要的综合性研究成果对幼儿发展和学习的相关知识进行了概要说明。同时，这些研究成果敦促人们不仅要关注幼儿认知能力的发展，还要更多地关注幼儿非认知能力的发展（Bowman, Donovan, & Burns, 2001; Cross, Woods, & Schweingruber, 2009; Kendziora, Weissberg, Ji, & Dusenbury, 2011; National Institute for Literacy, 2008; Shonkoff & Phillips, 2000; Snow, Burns, & Griffin, 1998）。国家政策制定者和州政策制定者都强调要提早关注与入学准备和学校学业成就相关的一些学术技能。例如，关于防止阅读困难的研究表明，一些特定的技能和知识能够帮助幼儿克服阅读困难，这些技能和知识涵盖音韵理解、印刷概念、词汇、字母名称和字母发音等方面。掌握上述特定技能和知识也

---

[1] 原文为"Head Start"，即开端计划项目，为美国联邦政府于1965年开创的为低收入家庭及幼儿提供学前教育、健康、营养及父母参与等方面支持的项目。——译者注

是幼儿教育的预期成果，并且是很多幼儿园和学前班项目课程中的一部分。

对于幼儿是如何学习的，我们也掌握了比以前更多的信息。幼儿在社会环境中积极地建构知识，而这种社会环境会影响他们学习的内容和方式。幼儿不会独立地获得知识和技能，而是在成长过程中自动地发展出更为复杂的技能、思想和理解力。幼儿也不会简单习得教师教授或"强化"的那些内容——这正是曾经占有主导地位的行为主义心理学理论的主要观点。学和教都是非常复杂的工程，在这一复杂工程中，幼儿、成人、幼儿工作和游戏的内容、语言互动和幼儿生活的所有方面（包括学校内外）会不断地相互作用，从而对幼儿的学习产生影响（Bodrova & Leong，2007）。幼儿并非简单地学习越来越多的零散事实和技能，相反，幼儿会努力组织信息、发展理论、理解人际关系并"发展自己特有的认知地图，将事实与概念相互联系"（Shepard，1989）。评价实践应反映出复杂、动态和全面的儿童发展和学习观所隐含的积极的学习过程。

评价在教和学中的地位

在历史上，教师评价儿童的发展和学习主要是为了进行比较、给予分数、将学生分为"强组"或"弱组"，或者决定哪些学生"通过了测验"和哪些学生"不及格"。不幸的是，很多幼儿在学前班和幼儿园阶段就开始不及格。在美国这个复杂的技术社会中，儿童早期的这些失败会将他们置于严重的不利局面。解决这一令人担忧的问题的一种途径是，幼儿教师和学校需要对幼儿为了通过大规模测验而进行的学习负起责任，正如前面"必需的测验和评价"部分所述。另一种途径是，幼儿教师将评价作为帮助自己决定幼儿需要学习什么内容，以及自己应该如何指导和支持幼儿学习这些内容并获得进步的方法。这一关于评价如何促进学生学习的概念有多种表达，如为了学习的评价、为教学服务的评价、形成性评价，以及其他蕴含我们在本书中始终强调的评价观念和思维模式转变的一些术语。来自正在进行中的课堂评价的信息会用于旨在帮助幼儿学习的有意图的教学。这一评价观念的转变可能涉及很多改变，如教学策略、课堂组织、课程重点、成人与幼儿的互动或其他影响幼儿学习的变量的改变。来自形成性评价的信息可以为幼儿制造学习的机会。这种评价不是测验，不是检核表，也不是量表，而是通过评价识别幼儿所具备的知识和技能，并将其与预期成果相联系的过程。

同时，如果需要的话，在上述过程中幼儿教师也要对幼儿的学习经验进行调整以帮助幼儿学习（McMillan，2008；Popham，2009；Shepard，2008）。第八章会对幼儿教师如何进行这些必需的教学调整进行集中说明。

形成性评价与终结性评价之间最本质的区别在于评价信息的用途。终结性评价通常是"对于学习的评价"。它用来在某一给定的时间点比照教学项目的预期成果对幼儿的进步进行评价。这种评价通常在报告卡、交予资助机构的报告或人员配置决策中使用。终结性评价通常比较正式，即使教师在课堂上以打分为目的进行的终结性评价也是如此。小学教师会将他们得到的用来帮助儿童改正和引导儿童学习的信息（形成性评价）与他们为了给报告卡打分而收集的信息（终结性评价）进行区分。没有什么能够说明评价信息不能用来帮助幼儿进行学习，但是，目前评价信息的主要用途还是为了进行总结和报告。测验结果，特别是大规模测验的结果，通常是在幼儿需要帮助之后很久才能收到的反馈，而且反馈的形式也很难与儿童的课堂学习产生联系。

形成性评价和终结性评价都是当今学校和幼儿园需要的评价形式。我们更为重视用于识别"为了帮助幼儿发展和学习，我们还需要做些什么"的评价（为了学习的评价），因为这样的评价为儿童获得更好的成绩带来了希望，而这正是教师在评价时要记录和报告的内容（对于学习的评价）。

标准化测验的局限和不足

标准化测验是很多批评测验和评价的观点的焦点所在。标准化测验的进行、计分和说明都以标准的方式进行。标准化测验包括儿童发展清单、幼儿园发展筛选测验、阅读测验与清单、入学准备测验、特殊需要诊断工具、小组能力和成就测验，以及几乎涵盖了每一个发展或课程领域的其他测验。这些测验通常由商业化的出版商研发、出版和发布。人们对这些商业化测验时有批评，这些批评涉及政治决策者、教育决策者和社会给予他们的权力，对于测验和测验结果的过度使用和不当使用，以及测验质量的相关问题。例如，测验中的某些条目可能结构性差、用词模糊，而且有多种解释，却只有一个"正确"答案。这些大规模测验的打分、分析和结果报告通常很容易出现错误。人们对标准化测验还有其他担忧，这些担忧包括：标准化测验对于文化和语言多样化幼儿的不适宜性，以及测验对幼儿学习会产生的不当影响（Snow & Van Hemel，2008）。幼儿教师需要了解标准化测验——这些测验是如何建构和计分的，如何对这些测验进行评价，如何帮助幼儿做好测验准备，以及如何向他人解释测验结果和分数。

专业责任

幼儿教师在承担评价责任的同时，也要承担作为教师的教学责任。幼儿教师的专业责任对他们的投入时间和自身专业知识的要求可能会很高。例如：幼儿教师需要花费时间和精力去发展自己的知识和技能，以便更好地进行幼儿发展和学习评价；他们需要花费时间和精力将合理的评价实践与教学进行整合；他们还需要利用评价结果帮助幼儿进行学习。当为了其他目的而进行的测验和评价也成为幼儿教师的现有专业责任时，他们的评价工作可能就显得繁重不堪。即使认识到学业问责制测验和评价有时会产生相反的作用，但我们现在也没有简单的办法能让这种问责制测验和评价消失。在这个意义上，教育工作者必须平衡好两种不同的评价需求，即平衡好大众了解教育项目成果的评价需求与教师在课堂决策中使用各种信息的评价需求。

与前述类似，我们目前没有简单的测验或评价技术能够告诉教师进行好的教学决策所需要的所有信息，但是，有很多方法能够增加教师所拥有的关于幼儿信息的数量与质量。经常使用课堂评价来引导教育决策能够帮助教育工作者和家长重拾对自身教育判断力和教育智慧的信心，也能够帮助他们更有信心、更好地评价、理解并协助幼儿的发展和学习。一些研究者提出，在教育领域工作的人必须要抵抗对任何一种技术形式或评价工具的依赖，并且必须坚持经过深思熟虑选择的、包括多种评价方式的一套评价体系。

本书的目的是帮助幼儿教师了解不同类型、不同组合的评价。我们希望幼儿教师能够主动将评价与教学整合到连续且支持与回应幼儿需求的课程中，从而促进并支持幼儿的发展与学习。

总　结

在全美各地的学校和幼儿园里，教师使用多种多样的方式对幼儿的发展与学习进行评价，并将所获得的评价信息用于不同的目的。人们已经研发出一份评价词汇表，并将其用于描述和区分各种评价方式。本书聚焦于真实的课堂评价，即找出幼儿的所知所会，发现他们的态度、兴趣和学习品质，从而引导并协助幼儿的成长、发展和学习——而不是简单地为了给幼儿打分、排名、分类或分组。

人们期待幼儿教师能够胜任评价工作。一些专业组织为教师的评价素养和专业实践设立了很高的标准。公众和政策制定者也期待教师能够在他们的幼儿教育工作中负起责任，为大规模评价提供所需信息，也为课堂评价提供所需信息。与其他专业人士的交流要求教师能够记录并解释评价结果。

影响当今评价实践的主要因素包括：必需的测验和评价、幼儿教育所服务的幼儿和家庭的多样化、幼儿发展和学习的概念、评价在教和学中的地位以及标准化测验的局限和不足。

幼儿教师负有专业责任，他们应该了解并认真选择适合教学对象（即幼儿）及其家庭的评价策略，而且在之后利用评价信息引导并支持幼儿的发展和学习。

自 我 反 思

1. 反思你对"教师与教学"概念的理解。在哪些方面它与"对幼儿教师的期待"中"教师作为幼儿学习和发展的评价者"这一期待相一致？在哪些方面它们并不相符？这些内容对你有什么启发？
2. 你刚刚接受了一份湖岸学区一年级教师的工作，这份工作是你的第一选择。在开学前的会议上，你得知学校董事会通过了一项决议，决议要求所有没有通过学年末进行的新的水平测验的一年级学生参加暑期学校。你会对此做何反应？

进一步学习与讨论

1. 人口、社会、教育和政治力量会影响评价实践。在你所处的社区内，这些力量是怎样影响评价实践的？以来自报纸、广播、电视新闻、学校报刊或你的个人经历的证据证明你的结论。
2. 对一名幼儿园教师进行一次关于幼儿园入学政策的访谈。政策中是否提及使用任何正式或非正式测验来确定幼儿入学准备的程度？如果有，列出此类测验。还有什么被用来考量"入学准备"的程度？这些政策是怎样与当前关于入学与留级的研究和建议相符合或相违背的？
3. 探究你所在的州、城镇或社区中幼儿的多样性。如果需要，你可以参观一些教室，并解释你的发现。
4. 一项关于教师评价实践的研究表明，评价的主要目的是"通过打分对学生的成绩进行判断"（Stiggins & Conklin，1992，p. 47）。结合当前关于评价目的的观点，讨论这一研究发现。

推荐阅读

Bodrova, E., & Leong, D. J. (2007). *Tools of the mind: The Vygotskian approach to early childhood education* (2nd ed.). Englewood Cliffs, NJ: Pearson Education/Merrill.

Bredekamp, S., & Rosegrant, T. (Eds.). (1992). *Reaching potentials: Appropriate curriculum and assessment for young children* (Vol. 1). Washington, DC: National Association for the Education of Young Children.

Bredekamp, S., & Rosegrant, T. (Eds.). (1995). *Reaching potentials: Appropriate curriculum and assessment for young children* (Vol. 2). Washington, DC: National Association for the Education of Young Children.

Dwyer, C. A. (Ed.). (2008). *The future of assessment: Shaping teaching and learning*. New York: Erlbaum.

Kamii, C. (Ed.). (1990). *Achievement testing in the early grades: The games grown-ups play*. Washington, DC: National Association for the Education of Young Children.

Lane, S. (2012). Performance assessment. In J. H. McMillan (Ed.), *SAGE Handbook of Research on Classroom Assessment* (pp. 313–330). Thousand Oaks, CA: Sage. McLennan, D. P. (2011). Meeting standards in the changing landscape of today's kindergarden. *Young Children*, 66(4),

106–111.

McMillan, J. H. (Ed.). (2007). *Formative assessment: Theory into practice*.New York: Teachers College.

National Association for the Education of Young Children & National Association of Early Childhood Specialists in State Departments of Education. (2003). *Early childhood curriculum, assessment, and program evaluation*. Washington, DC: Author.

Russell, M. K., & Airasian, P. W. (2011). *Classroom assessment: Concepts and applications* (7th ed.). Boston: McGraw-Hill.

Shepard, L. A., Kagan, S. L., & Wurtz, E. (Eds.). (1998). *Principles and recommendations for early childhood assessments*. Washington, DC: National Educational Goals Panel.

Snow, C. E., & Van Hemel, S. B. (Eds.). (2008). *Early childhood assessment: Why, what, and how*. Washington, DC: National Research Council.

Tierney, R. D. (2012). Fairness in classroom assessment. In J. H. McMillan (Ed.), *SAGE Handbook of Research on Classroom Assessment* (pp. 125–144). Thousand Oaks, CA: Sage.

Yates, T., Ostrosky, M. M., Cheatham, G. A., Fettig, A., Shaffer, L., & Santos, R. M. (2008). Research synthesis on screening and assessing social-emotional competence. The Center on the Social and Emotional Foundations for Early Learning.

第二章

评价中的法律、道德和专业责任

（拍摄者：Robert Kneschke/Shutterstock）

译者导读

教育评价在学校和社会中具有重要地位。在教育评价中，人们关注评价过程的公正性，重视评价结果的可靠性。为了达到所有有关人士的权利在评价过程中都得到重视和保障，而且评价结果公正、尊重事实的要求，教师在教育评价中必须履行相关的法律、道德和专业责任。

开始阅读本章内容之前，请先思考以下五个问题：联邦政府、州政府等对教师评价幼儿的过程有什么具体要求？如何确保评价信息的准确、可靠？如何才能做到公平地评价所有幼儿？在评价过程中需要遵循哪些专业和道德指导原则？如何以适宜的方式使用评价结果？

评价活动包括制订评价计划、收集评价信息、向家长传递评价结果及其含义等。评价是幼儿教师工作的重要组成部分，为此，所有教师必须知道在评价中专业且道德的行为意味着什么并遵照执行。本章内容主要围绕"幼儿教师在教育评价中应履行的责任"这一主题展开论述，全章主要内容共分为五节。

- 第一节主要陈述与评价相关的联邦、州和地方的**要求**（联邦要求主要分为两大类——第一类是联邦授权进行的以学业问责制为目的的大规模评价，第二类是与有特殊需要的幼儿相关的联邦要求。州和地方的要求更具地域性和差异性）。
- 第二节主要呈现确保评价信息准确和可靠的三大常用**要素**（信度、效度和公平）。
- 第三节具体讨论公平地评价所有幼儿的六大重要**影响因素**（残疾幼儿，需要挑战的幼儿，语言、社会、文化背景与主流文化不同的幼儿，可能会影响评价的文化与语言差异，评价的含义和双语学习者/英语学习者）。
- 第四节客观地分析了幼儿教师应遵循的三个专业和道德**指导原则**（尽可能地客观、避免分类和贴标签以及确保保密性）。
- 第五节重点强调了使用评价结果的两种**适宜方式**（了解每一种评价方法的局限并防止过度依赖、为预期目的使用评价结果）。

本章的目的是帮助幼儿教师在知晓幼儿教育评价重要性的基础上，明确自己在教育评价中应履行的法律、道德和专业责任，进而实现将评价与教学相结合、相促进，从而科学有效地使评价结果"为我所用"，助力幼儿的发展与学习（参见表 2.1 和图 2.1）。

表 2.1　幼儿教师在教育评价中应履行的责任

评价中的法律、道德和专业责任				
了解与评价相关的联邦、州和地方要求	确保评价信息准确和可靠	公平地评价所有幼儿	遵循专业和道德指导原则	以适宜的方式使用评价结果
学业问责制； 与有特殊需要的幼儿相关的联邦要求	信度； 效度； 公平	残疾幼儿； 需要挑战的幼儿； 语言、社会、文化背景与主流文化不同的幼儿； 可能会影响评价的文化与语言差异； 评价的含义； 双语学习者/英语学习者	尽可能地客观； 避免分类和贴标签； 确保保密性	了解每一种评价方法的局限并防止过度依赖； 为预期目的使用评价结果
帮助幼儿教师在知晓幼儿教育评价重要性的基础上，明确自己在教育评价中应履行的法律、道德和专业责任，进而实现将评价与教学相结合、相促进，从而科学有效地使评价结果"为我所用"，助力幼儿的发展与学习。				

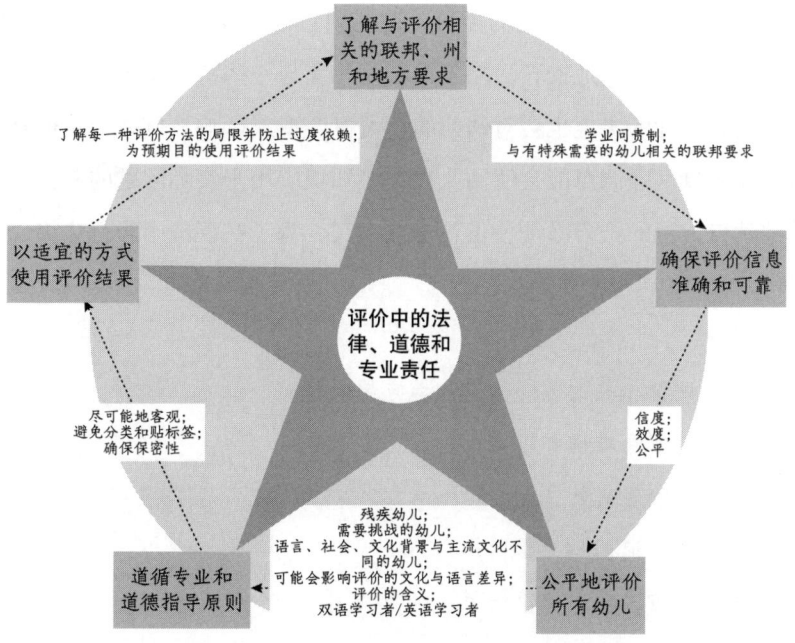

图 2.1　幼儿教师在教育评价中应履行的责任

> ☑ **学习成果**
>
> 1. 列出教师在评价幼儿的过程中必须牢记的各种要求。
> 2. 定义信度、效度和公平,并描述如何使评价更加可信、有效和公平。
> 3. 描述导致当前课堂评价中的偏见的因素,并解释如何避免这些偏见。
> 4. 解释为何在参与学生评价时教师要客观并保密。
> 5. 指出与不当使用评价结果相关的潜在伦理问题。

教师必须倡导评价的公平性,即所有相关人士的权利在评价过程中都能得到重视和保障。评价的公平性主要指在评价活动中表现出专业且道德的行为。评价活动包括制订评价计划、收集评价信息、向家长传递评价结果及其含义等。所有教师必须知道在评价中专业且道德的行为意味着什么并遵照执行。教师每天都要收集并记录关于幼儿的重要、敏感的信息。在某种程度上,教师基于这些信息所做出的决定和给出的建议会影响幼儿所得到的学习机会。也正是因此,人们认为这些信息是具有"高风险"的。教师可能会推荐幼儿参与为有天赋的学习者设立的项目、为有学习障碍的幼儿设立的特殊帮助项目,或者为小学低年级学生留级、升级或参加暑期学校设立的项目,这些项目都与儿童的学习机会息息相关,因此教师必须小心翼翼地推荐。除了推荐幼儿参与一些特别安排的项目,教师关于教学方法和目标的决定也会对幼儿的学习机会造成影响。例如,对重复性训练和学习时间的过度强调可能会使幼儿丧失将知识应用于实际问题的机会。给予家长和其他学校人员的报告必须公正且尊重事实。为了在评价中履行法律、道德和专业责任,教师必须做到:

- 了解与评价相关的联邦、州和地方要求;
- 确保评价信息准确和可靠;
- 公平地评价所有幼儿;
- 遵循专业和道德指导原则;
- 以适宜的方式使用评价结果。

因为本章的话题非常重要，故本章的内容会较为繁复，这也反映了教育评价在学校和社会中的重要性。

了解与评价相关的联邦、州和地方要求

很多联邦和州的法律、法规、法院裁决和政策都会对评价造成影响。上述这些法律、法规、法院裁决和政策随着时间的流逝均有所改变，而且这种改变还在继续。这些改变不仅反映了社会、人口和政治方面的变化，而且反映了人们对教育需求的理解、经济现状和其他很多因素。

联邦法律优先于州和地方法律与政策。因为联邦法律是"适用于整片大陆的法律"。在教育领域这意味着，如果一所学校或一所托儿中心在某种程度上是由联邦政府出资支持的，那么这所学校或托儿中心也要接受伴随着资金而来的联邦法规和要求。

联邦要求

关于学生评价的联邦法律可以归为两大类。第一类是联邦授权进行的以学业问责制为目的的大规模评价。这些评价的设立是为了确定幼儿是否接受了他们应该接受的服务，以及是否学到了他们在所在年级应该学到的知识。第二类主要与有特殊需要的幼儿相关，这些特殊需要可能源于身体、精神和行为方面的残疾，或者文化和语言上的差异。这些法律对面向所有幼儿进行的评价有较大的影响。

为学业问责制而进行的评价。对于接受联邦资助的学校来说，联邦关于学业问责制的要求能够在《初等和中等教育法案》(*Elementary and Secondary Education Act*)的授权及基于这些法律的规定中找到。如何应用这些联邦要求的细节是由各州与美国教育部协议决定的。教育工作者要对这些协议的修订和法律法规的变更有所准备。例如，有些州会定期对每个幼儿进行评价和追踪，而不是通过每年进行测验来了解有多少百分比的幼儿达到了特定水平。如需最新的相关信息，可以查询美国教育部网站。如需查阅关于遵从上述要求的州协议，可以查询各个州的教育部门网站。

虽然学业问责制的一些特定要求可能会随着法律的变化而变化，但是学业问

责制法律的一些特定方面很可能会继续影响幼儿教育评价和幼儿教育：

- 为了得到《初等和中等教育法案》中所规定的联邦资金，所有州、公立学校和学区都需要遵守联邦法规。
- 每个州都要对实施学业问责制的方法进行协商。
- 所有学生的进步都必须得以呈现。
- 重点将放在阅读和数学上。
- 家长和大众要能够方便地获取最大限度的结果性数据。
- 幼儿教育工作者在为幼儿做学业问责制评估的准备时会面临压力。不论是怎样的评估，幼儿教育工作者都会面临压力。

像开端计划项目和一号标题项目[1]等接受联邦资金资助的项目或接受联邦、州和当地政府资金资助的项目都有自己的学业问责制措施。项目、各州政策和项目类型不同，这些措施也不尽相同。

与有特殊需要的幼儿相关的联邦要求。联邦法律、法律修正案、修订后的法规和法院裁决都与幼儿、家庭和教育评价程序相关，均以所有公民的基本人权为基础，即所有公民均享有在法律下被同等对待、遵循正当法律程序和保护隐私的基本权利。

- 幼儿园和学龄阶段的幼儿有权在最不受限的环境下享受免费的公立教育。对幼儿的评价应该以他们最熟悉的语言进行。
- 在任何分类、计划或安置措施实施前，必须通知家长并得到家长的同意。家长可以要求对孩子进行评估，也可以要求对孩子进行再次评估，或者可以要求对他们的孩子进行独立评估。另外，家长也可以要求使用孩子最熟悉的语言对孩子进行评估。
- 家长可以质疑并挑战学校采取的与孩子的教育相关的行动。他们可以查阅

---

[1] 一号标题项目（Title I）是美国联邦政府向公立学校提供支持的最大型项目。该项目向低收入学生占比高的公立学校提供资金支持，以帮助这些学生获得成功。——译者注

关于孩子的记录、获取记录的副本、质疑其中有问题的信息，也可以撤销这些有问题的信息。学校在发布任何学生档案中的信息之前必须要征得家长的书面同意。

- 用于识别幼儿、对幼儿进行分类和安置幼儿的方法必须为达成其最初的设计目的而使用。这些用于识别、分类和安置的方法应该能够帮助教师确定幼儿在学习、发展和功能方面的教育需求信息。评价时应该使用多种具有文化公平性和语言公平性的评价工具和评价策略。没有任何一种评价程序可以成为单一的评价标准。

- 来自各种原始资料的信息都必须被记录下来并被认真、谨慎地采用。来自各种原始资料的信息既包括由家长提供的信息，也包括教师基于课堂评价和观察所获得的信息，还包括其他相关服务提供者通过观察所提供的信息。

- 对于那些参加州和学区评价项目的残疾幼儿，应该使用专门为他们调整过的评价方式和为他们设计的替代性评价方式。

- 每一名残疾幼儿都必须有一份针对个人的个体教育计划（individual educational plan，IEP）。这份计划的制订是一项团队工作，这个团队包括一位一般教育工作者，一位特殊教育工作者，一位了解评价和评价结果对课堂实践、家长和其他相关人士所带来的影响的人。这个由普通教育、特殊教育和教育评价三方面人士组成的教育团队为每一名残疾幼儿量身打造教育计划。这个教育团队不仅负责研发个体教育计划，也负责评价、提供具体指令说明和监测幼儿的进展［PL94-142（1975）The Education for all Handicapped Children Act；PL99-457（1986）；PL101-576（1990，1997，2004）Individuals with Disabilities Education Act（IDEA）；PL93-380（1974）Family Education Rights and Privacy Act］。

类似上述的国家要求不仅改变了教师评价工作的性质，而且增加了教师评价的工作量。下面有两个例子可以说明这个情况。其中一个是全纳教育的例子，另一个是对干预的反应的例子。

全纳教育指的是在教育和社区生活的所有方面——"在尽可能不受限制的环

境内"——尽可能地将所有有特殊需要的青少年包含在内。以往有特殊需要的幼儿通常会被带离普通教室，并被置于独立的"为特殊人群设立"的教室里。普通教室里的教师对这些幼儿的教育并不负责。全纳性教室会尽可能地包含所有幼儿，而且教师是对教学（包括评价在内）负责的教育团队的一部分。

对干预的反应（有时称作对教育的反应）是为了区分有学习困难的学生和有学习障碍的学生所采用的一种策略。这一策略通常被认为是一种"转介[1]前干预策略"，意味着这一策略的实施先于将幼儿转介至特殊教育机构中进行评估。在对干预的反应这一策略的实施过程中，高质量的语言、读写和数学教学是在一个核心课程下展开的，而该核心课程的教学是为不同学习程度、具有不同学习品质的所有幼儿提供的。使用这一策略的前提是如果幼儿接受了针对他们的评价和评价认为他们需要得到的指导，那么绝大多数幼儿就都能够学习这一核心课程，而那些仍然无法学习这一核心课程的幼儿就可能是需要特殊服务的幼儿。法律和法规要求对幼儿开展"有合理间隔的、基于数据的、重复性成就评价"（International Reading Association，2009）。从这个意义上来说，经常性的、基于课堂的、与教学相关（即引领学生进步）的评价是必不可少的。对干预的反应是一个框架，它能够帮助教师和学校为幼儿提供在语言和文学方面的有效指导，并且这些指导是基于评价所反映的学习者的需求进行的。通过这一过程，在普通学校里取得成功的幼儿应该会有所增加，而那些对特殊服务有需求的幼儿也会及时得到其需要的服务。

州和地方要求

各州对于学业问责制都有不同的办法。很多州都研发了本土的与州标准和州目标相符的测验题目和大规模测验项目。有些州还在使用现有的标准化成绩测验。上述这些种类的测验都达到了联邦测验标准。对于由州资助的幼儿园项目中的评价，各州标准也不尽相同。有些州并没有上述的由州资助的幼儿园项目。有些州对幼儿教育项目的要求十分严格（涉及师生比、教室面积、设备和提供给幼

---

[1] 转介（Referral）过程可以被定义为一名教师、医生或相关专业人士在没有充足资源（技能、器械、药物）的情况下寻求其他有更好或不同资源的人或机构的协助或接管。——译者注

儿的活动），但没有对幼儿的发展与学习进行评价的要求。有些州要求对幼儿的发展和学习进行报告，但对如何报告并没有规定，而是将其留给当地项目决定。还有些州要求所有由州资助的幼儿教育项目都使用一种特定的工具和过程对幼儿的发展和学习进行评价，例如要求使用作品取样系统（Meisels，Dichtelmiller，Jablon，Dorfman，& Marsden，2001），以便能够将所有幼儿教育项目的结果进行整合和分析。

关于评价方式、保存记录和评价报告的各种政策在各个学区和幼儿园之间也并不相同。教师需要了解在所积累文件、个人文件和健康记录中都存放了什么内容，也需要了解都有什么人为了怎样的目的查看这些文件。教师还需要了解关于教师和幼儿在幼儿成长档案袋中存放什么内容的政策，以及关于将幼儿转介以进行进一步评价的政策（包括转介前干预策略）。同时，教师必须清楚地了解当地对记录和报告关于幼儿和家庭的必需信息的步骤和程序，例如要记录和报告涉嫌虐待和忽视幼儿的情况的步骤和程序，要记录和报告幼儿从一家幼儿园或机构转学到另一家时所携带的信息的步骤和程序，以及这些信息的转移方式（如当小学生升入中年级时，那些读写样本和记录是否应该随他们一起升学）。所有相关政策都由地方决定，而地方性政策不像联邦法律和法院裁决一样能够应用于全国范围。

确保评价信息准确和可靠

评价应该是有效、可信和公平的。这三项标准能够帮助幼儿教师基于所得信息对评价和判断进行评估。

教师在课堂评价中所拥有的自由伴随着确保信息准确、可信、公平且不受偏见影响的专业责任（Cambourne & Turbill，1990；Mcmillan，2008；Popham，2013）。信度和效度是最常与测验题目或测验项目的建构和发展联系在一起的两个概念，而这两个概念也适用于课堂评价。标准化成绩测验和筛选测验要达到严格的标准才能被认为是有效和可信的。测验中与信度和效度相关的统计信息也要发布，以便潜在用户对其进行评价。更多关于标准化测验的信度与效度的信息请参见本书的第十章。如上述标准化测验一般的严苛的信度和效度标准对于获取持绩性评价信息并非必需的（Shepard，2000），但是，课堂评价仍有必要对信度和效度进行核查，以确保结果能够代表幼儿所掌握的知识以及他（她）所具备的技能。到目前为止，对于是否公正或有无偏见的统计测验还没有出现，但这并不能减轻这类测验在多元化社会中评价幼儿的学习过程时的重要性。

对于评价信息可靠性的评估是整体评价过程的一部分。该评估应该在信息收集和记录、信息概述、分析和用于决定，以及撰写报告的过程中不间断地进行。人们很容易做出这样的假设，即因为教师是直接对某项内容进行测量，所以他们对这项内容的评价是可信、有效和公平的。但是，事实并不是这样。本书中列举了很多提高信息准确性和可靠性的方法。现在，我们先就这一点来看一些具有普遍意义的指导意见和注意事项。

信度

评价的结果应该是可信、连贯和可靠的。它们应该是可重现的，也就是说，评价者应该能够在另一时间和地点获得关于同一评价对象和同一评价内容的相似表现。信度是指任何评价技术都能得出准确且经得起时间检验的具有连贯性的结果的程度。为了提高评价的信度，我们可以：

- 将评价情境设置为不具威胁性且具支持性的情境；
- 在非正式评价中设计清晰且易于理解的问题和要求；
- 在使用已出版的评价项目时严格遵守该评价项目的使用说明；
- 特别注意环境中会令幼儿分心的事物，因为它们会影响幼儿在评价中的表现；
- 核查评价结果是否与幼儿的整体能力相符——幼儿的心理或身体状态、他（她）的"感觉"以及其他因素都会影响幼儿的表现；
- 不只进行一次评价。

直接、持续的问话会让幼儿感到不自在，从而导致幼儿的表现无法反映他们的真实能力。所有幼儿皆是如此，而那些在家里并不常参与反复对话的幼儿更是如此。成人并不知道在不熟悉的环境下用孩子不熟悉的方式说话甚至会导致最爱说话的幼儿一言不发!

准确遵守已发布的评价或标准化测验中的说明。这些测验的信度取决于能否复制原始条件(见第十章)。在非正式课堂评价中,模糊或令人困惑的问题和要求会得出不可信的结果,因为这些问题能够在不同时间以多种形式得到阐释。

环境中令人分心的事物会导致不可信的结果,这包括房间另一边吵闹的小组讨论、其他幼儿的干扰或某种奇怪的情况(Maeroff,1991;McMillan,2008)。一只逃跑的仓鼠、计划外的集合或火警演习等意外事件也会影响幼儿的应答,继而影响评价的信度。

幼儿感觉如何也会影响信度,这包括他们的精神状态、患病状况、疲劳状态、缺乏兴趣、焦虑或当天"不顺心"。家中、校车或运动场上的争吵也会导致当天进行的幼儿评价不可信。幼儿教师要注意幼儿的异常行为或其与平时不一致的表现。在一个情境下获取的信息应该能够与在其他情境下获取的信息相比较,也应该与在其他时间由其他来源和方式获取的信息相一致(Sattler,2008)。例如,麦克拉伦老师在评价一组幼儿的社交互动。她在回顾对幼儿间互动的记录时,发现何塞几乎整个早晨都是一个人度过的。她想:"这根本不像何塞。他通常会提出各种各样的建议。"她推断对于何塞社交互动的这次记录并不是一个可信的样本,因为它并没有捕捉到何塞的正常行为。在另外一天,他可能会自如地和他人互动。幼儿表现的差异表明,此次评价并不可信。

我们需要对同样的行为进行不止一次的评价,以提高信度。如果你认为来源于某次评价的信息不可信,那就不要使用这些信息。如果你怀疑来源于某次评价的信息可能不可信,那就将它标记下来,然后再让被评价的幼儿重复用于评价的活动,或让幼儿在不同情境下再次展示用于评价的行为。非正式评价的一大优点就是,幼儿可以有多于一次的机会来展示他们的能力。

效度

效度是指任何评价技术实现其预期目的的程度。它不仅与评价自身相关,也与基于已收集信息进行的解读、总结或推断相关(Cronbach,1990;Popham,2013)。有效的评价会实现该评价的设计初衷,也就是说,它们能够为评价项目提供准确的信息。对于已收集信息进行的解读和总结也应是合理、公平的

（Woolfolk，2012）。

此外，幼儿教师也应该就"评价内容是什么"对效度进行思考（Herman，Aschbacher，& Winters，1992）。评价内容是否值得注意且重要呢？评价内容是否与幼儿的预期成果相符——幼儿有机会或将有机会学到什么？评价内容对你、对幼儿、对其他与幼儿的学习和发展相关的人是否有意义？想要提高效度，你可以：

- 提供足够的样本以涵盖或能够代表一种行为；
- 确保样本的"均衡"——不要过于强调某一种行为或环境；
- 检查以不同方式获取的信息能否汇于一点；
- 确认评价的内容是否与你的本意相符。

所有的评价都是样本评价，因为我们在实际操作中无法对所有可能发生的行为事件做出评价（Sattler，2008）。有效的评价必须有能够代表整个行为的充足的样本。关于需要多少信息才能涵盖或能够代表一种行为并没有固定不变的规定（Cronbach，1990），这在一定程度上取决于所评价的行为。对于具体行为（例如使用量尺或双臂展开表示水平），只需要几个评价项目就能够得出结果。对于复杂的大型领域中的发展（例如认知或社交发展），则需要很多信息才能够得出有效的结论。

为了保持效度，典型样本必须是均衡的（Cohen，Swerdlik，& Sturman，2012；Kaplan & Saccuzzo，2012；Miller，Lovlar，& McIntire，2012）。评价不应过度强调一类信息或对一个情境过度采样。例如，不能仅仅基于一名幼儿的写作作品来评价其识别字母的能力，指着字母或说出字母的名称也应该被包含在内。为了对一名幼儿的分享行为进行有效评价，教师必须在多种情境下（如户外游戏、点心时间、小组合作性学习等）对幼儿进行观察。通过多个来源、方法和情境对同一事物进行的测量应该能够汇于一点（Cronbach，1990）。

一项有效的评价能够为应该得到评价的内容提供证据，而不是呈现其他无关的内容。假如一名教师对幼儿在扮演游戏中承担角色的数量感兴趣，他已经布置好一辆公共汽车并邀请一些幼儿来进行游戏。在评价过程中，一名幼儿主动承担了公共汽车司机的角色,并坚持让其他幼儿扮演乘车的幼儿。当其他幼儿提议扮演除了幼儿以外的角色时,"公共汽车司机"就会大声喝止他们。在这段时间里,幼儿人均扮演了一个角色,尽管有些幼儿试图更改他们所扮演的角色,但并没有得到允许。这次评价并没有测量幼儿承担角色的数量,而是测量了一名幼儿主导小组时间中的社交互动。教师必须设计另一种评价来对幼儿角色承担和角色变化的行为进行测量。

一种检验效度的方法是将那些表现好和表现不好的幼儿进行对比,然后鉴别导致表现差异的原因。如果导致表现差异的原因是试图测量的行为,那么这一测量很有可能是有效的;如果导致表现差异的是其他原因,那么这一测量则是无效的。例如,阿普托斯老师设计了一项艺术活动——将小种子用胶水粘在纸上,她希望以此测量幼儿的图形建构能力。在对已创作出图案和没有创作出图案的两组幼儿进行比较时,阿普托斯老师发现这两组幼儿在用积木和豆子(比小种子更大的物体)创作图案时的能力并没有差异,但是"种子摆图案活动"的结果与她进行的精细动作技能[1]评价的结果很相似。在精细动作技能评价中表现好的幼儿同样在"种子摆图案活动"中表现好。以上对于图形建构能力的评价并不具有效度,因为在活动过程中受到评价的是幼儿的精细动作技能,而不是他们的图形建构能力。

不要使用无效数据。重复进行评价,调整对某一个体或群体的信息收集方式。如果信息不具有代表性或包含的指标过少,那就再次进行评价以获取缺失的数据。

公平

也许没有任何问题能够比与偏见和公平相关的评价问题更能引起情感和教育上的紧张气氛。对于标准化测验最尖锐的批评就在于,这种测验对那些并非来自社会主流文化或不使用主流语言的幼儿,以及来自低收入、低教育程度家庭的幼

---

[1] 精细动作技能(fine motor skills),即操作小物体、传递物体和完成各种手眼协调任务的能力,包括用极其精确的动作完成一项特别精密的任务。精细动作技能的例子包括用拇指和食指捡起小物体、剪切、涂色、写字和串珠子。精细动作发展包括小肌肉群技能的发展。——译者注

儿可能存在偏见。因此，对公平的忧虑延伸到了评价的各个步骤。确实，非正式评价依赖一个个体对资料进行收集并决定其含义，这增加了产生偏见的可能性。

偏见通常指的是一项测验、步骤、结果或某种用途不公平地歧视某一团体，而特别优待另一团体。偏见是一个复杂的概念，无法轻易简化，它不仅包含测验和评价的过程，还包含对评价结果的使用（Aber, Jones, & Cohen, 1999; Berk, 1982, Cronbach, 1990; Jones, 1988; Shepard, 1982）。年轻的少数族裔和双语及英语学习者在特殊教育课堂上的过多名额以及在天才班中的不足名额是经常被引用的偏见实例（Hosp & Reschly, 2004; Snow & Van Hemel, 2008）。

公平的评价对于一个多样性社会中的所有幼儿来说都是必要的。下一节我们会对公平的概念进行探究，因为这一概念与当代社会中的很多忧虑都息息相关。

公平地评价所有幼儿

我们将对三种情况进行讨论，以下三种情况下的公平性评价与幼儿教师尤为相关：对于残疾幼儿的评价，对于需要挑战的幼儿的评价，以及对于语言、社会、文化背景与主流文化不同的幼儿的评价。对于来自少数族裔和语言群体的幼儿的评价，下文中还有扩展指导。

残疾幼儿

识别和教育有特殊需要的幼儿——例如残疾、发展延迟或学习障碍——是一项挑战。很多有特殊需要的幼儿并不能被归于任何一类，或能被归于很多类。那些有严重听力或视力伤残、严重神经障碍、畸形、肌肉萎缩或多重残疾的幼儿通常在进入教育机构前就已被发现并得到诊断。还有一些不那么明显的需求——例如学习障碍、语言障碍、情绪障碍、注意缺陷障碍或轻微的发展延迟——可能首先会被课堂中的教师发现。"附录 B"针对幼儿发展中需要注意的"红旗项"，为你提供了一些有特殊需要幼儿的潜在需求。

教师在对潜在问题保持敏感的同时，也必须要避免过分识别。很多学校里出现的"问题"对于某一特定年龄、发展水平或文化群体中的幼儿来说完全是正常的行为（Armstrong, 1995; McAfee, Leong, & Bodrova, 2004; Woolfolk,

2012）。幼儿聆听和保持专注的能力会受很多因素（例如当天的时间、令幼儿分心事物的数量和种类、幼儿对活动的兴趣和很多其他变量）影响。不适当的课程规划或课堂指导可能会导致幼儿无法学习、分心或出现捣乱的行为。活跃的幼儿被要求坐下并完成超出其发展水平的任务，或者单单是久坐就有可能会导致他们寻求不能被成人接受的发泄方法。如果一项任务仅仅以符号的形式出现，那么需要对物体进行操作、安排、再安排并解决问题的幼儿可能会无法学习。

具有发展适宜性和个体适宜性的课程会减少成人对幼儿不切实际的期待，并且能够更好地识别那些真正有特殊需要的幼儿。大多数学校、幼儿园和相关机构都有多重保护措施以确保幼儿及其家庭的权利。这包括为有困难的学生设置的课堂干预措施和指导策略［例如对干预的反应（response to intervention/instruction，RTI）］。幼儿在进入特殊学习机构前的评价被认为是"高风险"的，教师会与其他人一起提出建议。

需要挑战的幼儿

幼儿需要一些特殊的挑战，这可能会有很多原因：教育和家庭经历的丰富多样，对于基本技能的早期学习，在某一领域早熟的发展，普遍超前的发展，比同一群体中的其他幼儿年龄大，或者富有创造性、天赋或有"很大的潜力"。课堂评价能够识别那些需要挑战的幼儿及其需要挑战的领域，并给出一些能够培养其兴趣和能力的活动指导。并不是所有需要挑战的幼儿都是有天赋的，但是评价的公平性要求，教师应该给予这些幼儿与有学习困难的幼儿一样的关注。

与其他对于幼儿的评价一样，对于需要挑战的幼儿的评价出现错误的可能性也很高。我们很容易误以为学习速度快、早熟、受过特殊训练的幼儿有真正的天赋。教师很容易将遵守规则、爱干净和良好行为与天赋混淆。天赋会以多种形式出现，但幼儿园经常只会承认智力上的超群（即"聪明"）。家长施压让幼儿进入天才学习班可能会对幼儿造成负面影响。认定某一幼儿是有天赋的或具有"很大的潜力"应该在各种法律和道德保护措施下进行。

语言、社会、文化背景与主流文化不同的幼儿

美国的幼儿来自多种背景。他们在很多方面都不尽相同，这些方面涉及种

族，文化和文化适应程度，语言发展和语言流利程度，家庭收入和受教育程度，居住地位于农村、偏远农村、城市、郊区或市中心等，家庭结构和价值观，以及以前的教育经历。行政人员和教师能够代表一些相同的背景。但是，不管他们有没有认识到这些区别，上述的所有个体都将这些不同带入了课堂评价过程。教师、家庭和幼儿经常意识不到可能会影响幼儿表现的文化差异（Gonzalez-Mena，1997，2008；Phillips，1983；West，1992）。在美国这样一个快速变化的文化环境中，对于文化的适应会以不同的速率发生，而对于家庭、社区和文化如何有力又微妙地影响幼儿发展的知识却常常是欠缺的。

如果学校不论社会、经济和文化背景对所有的幼儿进行教育，那么公平且可信的评价就是必不可少的。对于幼儿背景中的差异——包括种族和文化传承、健康、家庭状况和教育经历——我们也可以考虑他们的性别、居住地、家庭经济和社会状况、家长或监护人的教育程度和英语水平、移民家庭在本地的居住时间、基因遗传等其他影响因素。这些因素都会塑造人的发展并使每个人独一无二。

对于社会和文化对幼儿学习的影响，标准化测验因缺乏敏感性而饱受批评，人们认为课堂评价可能需要更加敏感。但是，这并不会自动发生，甚至不会简简单单地发生。在实践中，开发对来自不同背景幼儿都公平的评价过程可能会成为教师的责任。因此，教师必须承认并理解社会与文化背景对课堂评价的影响。这些影响由浅（如幼儿是否习惯于回答像"测验"一样的问题）入深（如家庭对教育机构相关问题的态度——支持、不支持或中立）。有些家庭可能会在与学校相关的事情上给予孩子帮助，教导他们遵守规矩、回应问题，并为他们提供额外的经验；另一些家庭可能并不知道如何帮助幼儿克服这些差异，甚至不知道他们能够对幼儿有所帮助。

教师同样是某一特定社会文化背景的产物，他们通常对自己为何拥有特定的价值观、期待或自己的行事方式没有明确的认知。当教师与其他人互动，而这些人说着与他们不同的语言或方言，或者这些人的行事方式与他们不尽相同时，教师可能会倾向于用自己的标准去评判他人。教师应该理解自己的文化价值，这能够帮助他们更加敏感地注意到幼儿及其家庭之间的文化差异（Derman-Sparks & Edwards，2012）。

当地资料能够为特定社区提供关于文化、语言和其他差异的最好指导。家庭成员、家庭协调员、学校—家庭联络员、文化向导或语言专家（如果该社区存在）都应该拥有能够增强理解当地文化的最新信息。学校、中心和人力资源机构通常会派送印刷资料或举办研讨会，探讨特定地区不同文化群体之间的显著差异。经济、语言、种族和文化群体的态度和行为并不是完全统一的，对所有群体的概括也可能不适用于特定的个体、家庭或社区。

"每个人都有自己的价值观、个人倾向和行为模式，这决定了他们如何为人处世。任何对于文化的陈述都是一种概括，并不能告诉你该文化中的某一个体会如何行事。你能够看到趋势、主题或各种可能性……但是在对这些信息加以概括并用于个体时必须要小心。"（Gonzalez-Mena，1997，p. 98）

我们很容易会将社会文化的差异等同于肤色、种族、名字或经济状况的差异，但现实并不是那么简单。由于婚姻、收养和其他情况，很多家庭具有混合的种族和信仰背景。有些家庭对于孩子所接受的文化导向和教育有着明确的偏好和选择，不论他们有着怎样的家庭背景。

可能会影响评价的文化与语言差异

幼儿的背景影响了他们的知识、技能、态度、词汇和与他人互动的方式。他们说的一种或几种语言以及每种语言的流利程度与其家庭和社区背景，以一种复杂却微妙的方式紧密相关。

关于大海或沙漠、市中心或郊区生活、街头游戏、家庭、食物及其他任何知识和词汇都与该知识所处的特定文化相关，这些知识和词汇可能会与其他人所认为的不尽相同。有些幼儿可能只有有限的机会去学习其他人认为"所有人"都知道的内容——体育运动、电视节目、电影、假期、广告、明星等。

在某一文化中表达意见、参与讨论和轮流发言的规则可能与另一文化中不同（Gumperz & Gumperz，1981）。礼貌和尊重以不同的方式得到传达：回避目光或"直视眼睛"；沉默或回应；是否要说"是的，女士"或"不用，先生"。甚至连"认真思考"也以不同的方式得到传达。当被问及一个困难的问题时，来自某一文化的幼儿可能会向上看，而来自另一文化的幼儿可能会向下看。教师以学校或自身文化对这种行为进行"过滤"并决定其含义。那个向上看的幼儿而不是那个向下看的幼儿很可能会被评价为"更努力地进行思考",除非该教师意识到了两者之间的文化差异。

社会文化价值观会帮助幼儿发展。这是一个复杂的过程,但下面一些简单的例子能够说明。某种文化可能会强调精细动作技能,结果就是该文化下的幼儿在使用剪刀和绘画方面发展超前,但在跳、踢、跑这些方面发展落后。另一种文化可能会强调大肌肉动作技能,结果就是该文化下幼儿的身体发展大大超过预期。再如,一些文化强调独立,而另一些文化强调合作。

来自某一文化群体的幼儿可能已经学习了一种回应问题的方式,而这种方式会让他们在学校里处于不利境地。一名研究者发现非裔美国幼儿更倾向于在描述物体或事件时将其与他们自身或自身的经历联系起来,而不是简单地说出物体或事件的名称(Lawson,1986)。例如,"它比我家里的那个还要大"而不是"它比那个狗的雕像还要大"。大多数教育机构预期幼儿能够说出物体或事件的名称。规范对话的规则(例如轮流发言、注意谈话的节奏、暂停和沉默以及谁问问题、谁回答问题)也与学校的预期有所差别。幼儿与成人的互动(例如他们什么时候能够说话、和谁说话以及使用怎样的语言)会受其家庭文化的影响(NAEYC,2005)。上述的所有因素都会影响评价。

幼儿发展并使用的思考过程和学习方式与他们所处的社会文化环境紧密相关,因为这些是在幼儿与他人合作或对幼儿活动的社会性安排中发生的(Bodrova & Leong,2007;Rogoff,1990)。学习过程——例如记忆策略、分类过程、问题解决方法——并不是由一个个体独自发展出来的,而是"内在地与社会价值观、目标、工具和制度相关"(Rogoff,1990,p. 61)。例如:在学校和某些文化中强调分类学分类,即基于假定的关系将事物抽象分类;而在另一些文化中强调感知分类,即基于事物看起来相同或不同将其分类(Ceci,1991)。学校和幼儿园致力于评价并教授复杂的认知过程以及阅读、计算和回忆事实,因此社会文化差异带来的影响只会更加重要,而非相反。

发生在学校里的评价会受制于学校文化中的偏见。所有学校都有"文化",这包括特定的价值观、互动和行为的规则以及预期(Frank,1999)。所有幼儿都必须要为远离家庭做出调整。对于大多数年轻人来说,这些调整会扩展他们的世界以及其具备的所有行为和技能（Powell，1989）。但是，来自某些种族、文化和社区背景的幼儿必须要做出更多且更为艰难的调整（Kagan，Moore，& Bredekamo，1995）。他们可能不习惯听从口头指导、按要求执行任务，或在规定范围内行动；他们可能会基于社会暗示回答问题，而不是基于他们是如何"想"或了解的（Sattler，2008）。很有可能，这些幼儿会需要更为直接的指导和支持。

评价的含义

"评价……对于主流经济和文化以外的幼儿教师来说，是一个棘手的问题"（Bowman，1992，p. 136）。评价应该以对多样化敏感的方式完成，但在这条路上几乎没有可靠的研究。不论何时，只要人类的判断掺入评价，出现偏见的可能性就会增加。教师应该对此多加注意，从而避免这种可能性。以下指导基于现有信息、对当今实践有所影响的过往研究、适用于幼儿工作的策略，以及评价和教育幼儿的个人经验。

假设社会文化会影响幼儿在教室里的行为。 就算没有其他的影响，家庭、社区、先前学校和当前机构对幼儿的期待也会有差异。有些幼儿来自强调个人选择、主动性、创造性和大量与同龄人互动的环境，而有些幼儿安静并等待他人的指令，人们对于这两种幼儿的理解是不同的。这些区别可能会出现于所有文化、社会和经济背景中。另外，假设学校文化和家庭、社区的社会文化环境缺少一致性。竞争与合作、性别角色差异、家庭和社区对教育的重视程度、幼儿与成人的关系以及很多其他与学习和教学相关的方面都会牵涉其中。如果你怀疑文化、语言或其他差异对幼儿有所影响，那就将它查出来，利用这些信息来理解为何幼儿有困难，然后逐步帮助他们学习需要了解的知识。但是，不要犯将所有问题都归咎于幼儿家庭背景的错误。

将社会、文化、语言和种族区别与不足和残疾区分开。 在特殊教育机构中不成比例的少数族裔代表受到了全国性的普遍关注（Hosp & Reschly，2004；Snow & Van Hemel，2008）。有时，对评价和指导中的文化差异保持敏感是充分的保护措施。其他与评价相关的保护措施包括：

- 清晰的转介前干预策略和转介系统，该系统排除了文化差异、英语水平不足或经济劣势的影响；
- 对于转介前干预策略（例如对干预的反应）的记录及其结果；
- 多种评价方法和大量的学生数据；
- 在学术上能够被接受且在文化和语言上适宜的测验和步骤；
- 能够以具有文化回应性的方式对结果进行解读的人员。

包含家长和社区。家长和社区语言文化专家能够提供关于幼儿和幼儿为教室带来的多样文化和语言的信息和理解，他们也能够与学校一同努力支持幼儿的学习。鼓励家长用家庭语言为儿童读书、与儿童对话和向儿童提供指示，不论他们在家中使用哪种语言。如果需要，那就为他们提供合适的资源。例如，如果家长不能自如地用英语阅读，那就帮助幼儿学习对没有文字的图画书进行讨论，并让他们在家里也能使用这种图画书。

在具有支持性的、幼儿熟悉的环境中使用多种评价方法。使用语言和非语言评价方法。设置一个幼儿能够展现他们全部能力的评价环境。做这些事情的自由是课堂评价和标准化测验的差别之一。"大多数来自低收入或少数族裔的幼儿都已经掌握了某些技能（那些人们预期在所有幼儿身上看到的发展技能），但他们对这些技能的掌握可能以人们并不熟悉的方式展现出来。"（Bowman，1992，p. 134）如果一种方法不合适，另一种也许合适；一种评价方法能够对另一种进行核查，以便为那些在第一种评价环境或方法中无法回应的幼儿提供其他选择（Villegas，1991）。

准备好对一项任务或预期进行重新措辞、重新叙述或重新组合，从而使其以幼儿熟悉且合理的方式呈现。将评价环境变得更为幼儿所熟悉，通过幼儿的兴趣和活动进行评价，从另一个角度来看，这应该与他们的家庭和社区——社会文化环境——相联系。

那些不能或不想对结构性表现任务做出反应的幼儿也许能够在非正式的"真实生活环境"中展现他们的知识。当教师让4岁的莱伊拉说出不同颜色的名称时，她完全没有回应。不到半小时之后，在非正式的午餐时间对话中，莱伊拉正确地说出了所有颜色的名称，还将它们与例子相联系，并将其运用在功能性、真实的对话中。哪一种才是莱伊拉的真实能力水平？在非人为的"情境化"环境

（即非正式、舒适且熟悉的环境）中对幼儿进行评价，也许能够让儿童表现出更高的水平（Cazden，2006）。

理解并接纳幼儿的文化差异。以积极的态度识别并处理这些差异。教师经常过于关注能被感知到的差异，而忽略了相似点（Jones & Derman-Sparks，1992；Rogoff，1990）。相似点能够为评价和指导提供入门观点。最重要的是，不要假设能力或潜能的缺失根源于社会、文化、种族或语言差异（Burnette，1999；Gonzalez-Mena，2008；NAEYC，2005；Snow & Van Hemel，2008）。

双语学习者 / 英语学习者

考虑到语言和文化的差异，对双语学习者和英语学习者准确且公平地评价是困难而复杂的。有很多帮助这些年轻人熟练掌握英语的方法。以下建议与大多数方法相符，增加了与文化和语言多样性相关的更普遍的内容，特别适用于语言学习。

- 在理想情况下，双语 / 英语的课堂评价是由懂得两种语言、两种文化并了解该幼儿的成人进行的。这些成人可能是教师、语言专家、评价助理或专业咨询师（NAEYC，2005）。
- 只要有可能，就以英语和幼儿在家里使用的语言对幼儿进行评估。这应该会为指导性说明提供最充分的信息。
- 在评价过程中获取关于英语水平和预期的学校信息。幼儿可能掌握了足够的在教室里与他人交往要用到的英语，但不能完成与内容相关的任务，例如不能对比和比较、排序或理解阅读说明中的术语（Gottlieb，2006）。
- 除了单独评价英语熟练程度，还要接受幼儿在家里使用的语言、英语或任何一种混杂了不同语言的适当回应。对于学习而言，想法和观念才是重要的，不管它们是以什么语言表达出来。
- 在一段时间内对语言发展进行重复评价，强调在日常、自然的环境中进行评价。学习一门语言需要时间，幼儿并不会像我们曾经认为的那样迅速、"不费劲儿"地就学会。他们可能会迅速地习得社交用语，但需要更多的时间熟练掌握学术用语（Gottlieb，2006；NAEYC，2005）。

全美幼教协会、开端计划项目和其他组织都有关于评价双语及英语学习者的额外指导。与标准化测验相关的指导，请见第十章。

遵循专业和道德指导原则

参与评价的组织都有关于评价中专业和道德责任的冗长陈述。这当中的很多原则都对测验的使用进行了说明。有些原则与课堂评价尤为相关：在评价和指导幼儿的过程中尽可能地客观、避免分类和贴标签以及确保保密性。

尽可能地客观

保持客观意味着不受个人感情、信仰或预先判断带来的曲解的影响去获取和使用事实、信息或数据。当个人经历、信仰或意见强烈地影响一个人对事件、事实或行为的认知时，这种认知就不是客观的，而是主观的。例如，一名认为男孩"更擅长"数学和机械类任务的教师可能会以这样的想法看待所有幼儿，除非他（她）非常仔细地观察每一名幼儿了解的知识和能做的事情。同样，如果一名教师认为女孩"更擅长"语言和阅读，那么这些想法可能会以微妙的方式影响他（她）对幼儿的评价和指导。

没有任何人是完全客观的。就连一个人选择收集什么信息也会受其个人经历、信仰和兴趣的影响。在观察幼儿游戏时，第一名教师可能会关注他们的社交互动，第二名教师可能会注意到他们游戏内容中的认知和语言方面，而第三名教师则会关注他们的身体发展。教师可能会以以下标准对幼儿进行判断：他们的头发是否梳得干净整齐，他们的着装是否得体，他们言谈中的用语变化，他们的性格和兴趣是否与教师相匹配，以及他们根深蒂固的文化价值观。这些判断通常代表了一个人的绝大部分，但它们又是如此微妙，以至于教师都意识不到它们的存在。尽管预先判断有时会与低收入或少数族裔家庭联系在一起，但它却扩展至所有的幼儿：有着非传统家庭结构的幼儿，母亲外出工作的幼儿，智力、社交或经济上享有特权的幼儿，或那些在任何方面都"与众不同"的幼儿。

在收集、记录、理解和使用关于幼儿的信息时的客观性能够增加评价的公平性、准确性和有用性。个人见解、感觉和直觉不应该被排除在外，但大多数教育工作者需要对他们的客观性进行训练，从而达到公正（Bentzen，2009）。

保持客观不仅仅涉及收集幼儿信息时的客观。教师不仅要对幼儿进行观察和评价，也要对课堂程序、教学实践和教师自身如何影响幼儿的行为和学习进行观察和评价。不是所有事情都能够归因于幼儿的性格或学习需要。一个在喧闹且混乱的教室环境中"容易走神"的幼儿在另一个环境中可能会对交给他（她）的任务感兴趣。一个对某一数学或科学概念"毫无头绪"的幼儿可能会在教师给予他（她）不同例子、更加具体的解释或另一种指导方法后"恍然大悟"。在努力帮助一群幼儿掌握某项技能后，一名教师可能会很难相信幼儿仍然有大量要学习的内容。更难承认的是，教学实践可能需要改变。

避免分类和贴标签

我们很容易会给一些幼儿戴上"光环"，然后从最好的角度去看待他们做的每一件事。同样，我们也很容易始终以不喜欢的态度去理解另一些幼儿的行为，不论他们表现如何，特别是那些总是看起来平平无奇的幼儿（Almy & Genishi，1979）。这种客观性的缺失可能会掩盖"光环幼儿"的需要和其他幼儿的实质性发展。

标签经常出现在现在的行业术语中。人们很轻易地就会说出下面这些标签："注意缺陷障碍""自闭症谱系障碍""害羞""孤僻""行动派""差等生""天才""捣乱者"。不论这些标签是否准确，它们不仅会让人形成对幼儿真正的且不变的错误印象，也会跟随幼儿数年之久。标签通常带有隐藏的含义，而这些含义通常是负面的。这可能会让我们对幼儿采用不恰当的语气。我们应将注意力集中在对幼儿个体的描述和理解上，而不是给他们贴标签（Goodwin & Driscoll，1980）。有些时候幼儿必须要被判断为某一群体中的一员，以便他们能够接受恰当的服务，但这种判断并不在课堂教师的权力范围之内。

确保保密性

联邦和州的法律与政策规定了家长和幼儿具有与评价相关的几项权利，隐私权便是其中之一。在对除家长和教育机构以外的任何人发布测验或信息前，必须经过家长的许可。保留哪些人看过或请求查看关于幼儿的记录的书面记录是学校的责任（PL93-380，the Family Educational Rights and Privacy Act of 1974）。

除此之外，对学校人员也有道德层面的约束。学校人员全天都与幼儿在一起，很容易将发生的事件、沮丧的情绪或有趣的观察带到教师休息室、附近的餐馆或社交聚会中。不要掉入这个陷阱。只与有需要且有权利知道幼儿信息的人分享这些信息。永远不要做出可能会伤害幼儿的口头或书面评价。将书面记录、检核表或其他记录——即使没有完成的记录——保管在无法被成人或幼儿轻易取得的地方，以防他们随便阅读。将个人信息存放在恰当的保密文档中，并且只从专业角度对其进行讨论。教师们深受信任，在这一享有特权的职位上，他们知道很多关于幼儿及其家庭的事，这些事并不会出现在纸面上，更不会在日常对话中被提及。对课堂助理或志愿者，也应教授与保密性相关的道德行为。

幼儿成长档案袋主要由幼儿的作品组成，它们通常都被放置于教室里公开的文件夹中。但是，如果你与其他的社区组织共享教室空间，那就找一个能够上锁的柜子放置这些文件夹。有些幼儿成长档案袋包含通常被认为是私人的信息（例如幼儿的表现或总结报告），要保证这些成长档案袋的保密性。幼儿的日记属于特殊情况。尽管它们是教室作品的一部分，但它们有时包含幼儿的感情、忧虑和问题，有时包含来自家庭的问题。要将简单记录幼儿游戏或课堂作品的日记和更加私人的日记区分开。幼儿自己几乎无法区分什么是私人日记，什么是能够和其他幼儿及教师分享的日记。教师可能有必要筛选幼儿的作品。

注意，彻底完成或完成了一部分的检核表、量表和其他表格都应该被放置于文件夹、抽屉或置于书写板的最下面，以防任何人随便翻阅。同样，记得将与信息保密性相关的道德行为教授给课堂助理和志愿者。

以适宜的方式使用评价结果

以下为以适宜的方式使用评价结果的指导原则。

了解每一种评价方法的局限并防止过度依赖

获取和记录幼儿信息的每一种方法都有其长处和局限。例如，检核表是记录知识和技能的存在或缺失的良好方法，但是它们只能给出少量与幼儿精确且微妙的思考过程相关的信息。访谈、讨论或幼儿的反思在思考过程中都是必需的。一种信息会对另一种信息进行补充。对于重要、高风险的决定，使用多种评价窗口——多种来源、方法和背景——以尽可能地取得最优的信息［American Educational Research Association，2000；American Educational Research Association，American Psychological Association，& National Council on Measurement in Education，2014；NAEYC & National Association of Early Childhood Specialists in State Departments of Education（NAECS/SDE），2003］。标准化测验或检核表的结果应该与其他类型评价的结果进行比较。

一项适宜的测验、临床评价或由专业人士进行的深度诊断可以验证或质疑非正式评价。人类的行为是复杂的，而用于评价的工具是相对粗糙的。评价结果至多只是一种估计。教师必须将测验结果看作试验性的、有误差的且基于附加信息应做出修正的。

为预期目的使用评价结果

评价结果应该用于特定的、有益的目的：①做出有关教学和学习的合理决定；②识别某一幼儿的重大问题；③帮助教育项目改进教育与发展干预（NAEYC & NAECS/SDE，2003，p.2）。其他目的还包括：向幼儿家庭、其他专业人士、行政人员、赞助与管理机构和公民组织报告并与其交流，以及帮助其了解并理解课堂中的学生。对于评价结果不恰当的使用包括：推迟幼儿进入学校的时间，让幼儿留级，在缺乏保护措施的情况下推荐幼儿参加特殊教育项目，以及将幼儿置于死板、固定不变的组织或"轨道"中。

总　　结

由于幼儿教师承担了额外的评价责任，所以他们也需承担特定评价的专业责任。联邦、州和地方对评价和责任的要求对大多数课堂都会产生影响。法律和道德责任与给予所有幼儿同等学习机会息息相关。教师应该了解与评价相关的联邦、州和地方要求，确保评价信息准确和可靠，遵循专业和道德指导原则，并以适宜的方式使用评价结果。

关于评价的联邦法律可大致分为两类。第一类是联邦授权以学业问责制为目的的大规模评价。这些评价方法旨在确定幼儿是否接受了他们应该接受的服务，以及他们是否学到了预期在所处年级应学的知识。第二类主要与有特殊需要（包括身体、精神或行为上的残疾）或存在文化和语言差异的幼儿及其家庭相关。这些法律、法规或法庭裁决对所有幼儿的评价都有所影响。

来自评价的信息应该是可靠、有效和公平（不含偏见）的。若要提高评价的信度，需设置不具威胁性且具支持性的评价情境，设计清晰且易于理解的说明、问题和要求，严格遵守已发布的评价项目的说明，随时注意环境中使人分心的事物对幼儿表现的影响，核查评价结果是否与幼儿的整体能力相符，并进行多次评价。

若要提高评价的效度，则需获取能代表一种行为的足够样本，保持样本的"均衡"（即不要过于强调某一种行为或环境），检查以不同方式获取的信息能否汇于一点，并确保该评价所测量的是预期的内容。

若要提高评价对所有幼儿和家庭的公平性，就要尽可能地保持客观，避免给幼儿贴标签或对他们进行分类，在评价课堂程序或教学实践时保持客观，并确保保密性。特别注意要对以下幼儿保证公平：因残疾或发展延迟而有特殊需要的幼儿、需要挑战的幼儿、来自多样社会文化背景的幼儿、双语及英语学习者。由于全部人口中的文化多样性与日俱增，双语及英语学习者的数量也不断增加，上文已给出如何更好地针对这些幼儿进行评价的指导方针。教师必须理解来自不同文化和背景的幼儿和家庭如何对评价做出反应，针对他们对评价做出恰当的调整和改变，并以具有文化敏感性的方式从家庭和社区获取信息。

以恰当的方式使用评价结果。了解每种评价方法的局限，防止过度依赖某一种评价方法，并且只为预期目的使用评价结果。

自我反思

1. 保持客观对评价至关重要，但没有任何人是完全客观的。反思你在与幼儿互动时的想法、感觉和态度。什么可能会影响你的客观性？什么可能会帮助你保持客观？识别可能会导致这些倾向的原因。

2. 每一种文化都有支配其成员行为的"规则",学校文化也是如此。在课堂中这些规则被所有人熟知,只有当某些人不遵守它们时,规则才会被意识到。识别你所熟悉的课堂环境中的"规则"。哪些规则是明确的(被阐明的),哪些是不明确的(未被阐明但被假定的)?
3. 思考你自己的社会文化背景、你所说的语言以及你与来自不同背景的幼儿和家庭的熟悉程度。你将什么长处带入来自多样文化的学习者的课堂中?你可能还需要学习什么?

进一步学习与讨论

1. 你所任教的学校计划使用课堂助理来帮助观察并记录幼儿的表现。确定助理和教师为了维护学校道德和法律责任应该了解的内容和采取的做法。
2. 希勒老师在评价马修的阅读理解和记忆能力,他当着全班同学让马修做出一份口头书评。当对着全班同学讲出他的书评时,马修说的内容非常少。希勒老师怀疑马修非常焦虑,所以他私下找马修谈话并证实了他的怀疑:马修紧张得说不出话来!使用关于信度和效度的概念,讨论希勒老师应该如何理解这一评价,他还能以什么方式测查马修的阅读理解和记忆能力。
3. 在常规课堂中,需要挑战的幼儿有时会被忽视。导致这一结果的原因是什么?作为一名教师或未来的教师,你能够怎样应对这些对幼儿的强项和需求的评价?

推 荐 阅 读

American Educational Research Association. (2000). *AERA position statement concerning high-stakes testing in preK–12 education*. Washington, DC: Author.

American Educational Research Association, American Psychological Association, & National Council on Measurement in Education. (2014). *Standards for educational and psychological testing*. Washington, DC: Author.

Copple, C. (Ed.). (2003). *A world of difference: Readings on teaching young children in a diverse society*. Washington, DC: National Association for the Education of Young Children.

Council for Exceptional Children. (2005). *What's new with the new IDEA? Frequently asked questions and answers*. Arlington, VA: Author.

Council for Exceptional Children. (2008, December). *New strategies to help diverse students succeed.* CEC Today: Online Member Newsletter.

Division for Early Childhood of the Council for Exceptional Children. (2007). *Promoting positive outcomes for children with disabilities: Recommendations for curriculum, assessment, and program evaluation*. Missoula, MT: Author.

Division for Early Childhood and the National Association for the Education of Young Children. (2009). *Early childhood inclusion: A joint position statement of the Division for Early Childhood and the National Association for the Education of Young Children.*

Epstein, A. S., Schweinhart, L. J., DeBruin-Parecki, A., & Robin, K. B. (2004, July). Preschool assessment: A guide to developing a balanced approach. *Preschool Policy Matters*, 7. National Institute for Early Education Research.

Espinosa, L. M. (2008, January). *Challenging common myths about young English language learners.* FCD Policy Brief: Advancing PK–3. New York: Foundation for Child Development.

Feeney, S., & Freeman, N. K. (2014). Standardized testing in kindergarten. *Young Children, 69*(1), 84–86.

Gonzalez-Mena, J. (2008). *Diversity in early care and education: Honoring differences* (5th ed.). New York: McGraw-Hill.

Hulett, K. (2008). *Legal aspects of special education*. Arlington, VA: Council for Exceptional Children.

National Association for the Education of Young Children (NAEYC). (2005). *Screening and assessment of young English-language learners: Supplement to the NAEYC Position Statement on Early Childhood Curriculum, Assessment, and Program Evaluation*. Washington, DC: Author.

Tabors, P. O. (2008). *One child, two languages: A guide for early childhood educators of children learning English as a second language* (2nd ed.). Baltimore: Paul H. Brooks.

Tierney, R. D. (2012). Fairness in classroom assessment. In J. H. McMillan (Ed.), *SAGE handbook of research on classroom assessment* (pp. 125–144). Thousand Oaks, CA: Sage.

Whitlatch, J. M., with Staley, L. (2003). *Welcoming a student who does not speak English: Pre-kindergarten through 3rd grade*. Olney, MD: Association for Childhood Education International.

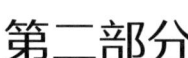第二部分

评价和教学

第 三 章

为何评价，评价什么，何时评价

（拍摄者：Auremar/Shutterstock）

译者导读

美幼教协会基于"评价应该造福于幼儿"的原则,特别强调评价的目的是:①做出正确的教育和教学决策;②识别那些需要特别干预的个别儿童;③帮助幼儿园提升教育质量[1]。在开始评价之前必须了解评价的目的、评价的内容以及评价的时间等,只有做到心中有数,手中有计划,才能确保所做出的评价决定指向预期目标,并且具有科学性和实效性。

在开始阅读本章内容之前,请先思考以下四个问题:评价循环中包含哪些重大决定(即制订评价计划有哪些步骤)?评价的目的是什么(即为什么)?评价的内容有哪些(即是什么)?评价有哪些关键的时间节点需要掌握(即何时做)?

无论是刚入职的教师,还是已入职多年的教师,由于对评价的要求和预期不同,所以在开展评价时将会遇到不同的挑战。因此,需要对评价的系统性和适宜性进行思考。本章内容主要围绕"幼儿教育评价的目的、内容和时间"这一主题展开论述,全章主要内容共分为四节。

- 第一节主要厘清**评价**循环中的七大重要**决定**(评价的目的、评价的内容、评价的时间、评价信息的收集和记录、评价信息的汇编和总结、评价信息的解释和评价信息的使用)。
- 第二节具体呈现**评价**的四个**目的**(监测幼儿的发展和学习;指导课堂计划和决策,从而帮助幼儿学习;识别可能会从特殊帮助中受益的幼儿;向他人报告并与之交流)。
- 第三节具体讨论**评价**的五个**内容**(为了解作为个体和作为群体中一员的幼儿进行评价;在发展与学习的过程中,对指向预期成果的进步过程进行评价;重大发展领域中的预期幼儿成果;阐述为标准的预期幼儿成果;实践性考虑)。

---

[1] NAEYC. Early Childhood Curriculum, Assessment, and Program Evaluation [M]. Washington, DC: National Association for the Education of Young Children, 2003:3. ——译者注

- 第四节客观分析了幼儿教师应灵活掌握的七个关键的**评价时间**（学年开始前、在特定时间进行必需的评价、日复一日地进行评价、定期进行评价、在重点强调的学习前后进行评价、在出现特定问题或忧虑时进行评价、一些最终想法）。

本章的目的是帮助幼儿教师在熟悉评价决策循环图的基础上，具体了解并掌握评价的目的、评价的内容和评价的时间，从而在实际的教育和教学中关注并使用所掌握的知识，以助力幼儿的发展与学习（参见表 3.1 和图 3.1）。

表 3.1　幼儿教育评价的目的、内容和时间

为何评价、评价什么和何时评价			
评价循环中的重要决定	评价的目的	评价的内容	评价的时间
评价的目的； 评价的内容； 评价的时间； 评价信息的收集和记录； 评价信息的汇编和总结； 评价信息的解释； 评价信息的使用	监测幼儿的发展和学习； 指导课堂计划和决策，从而帮助幼儿学习； 识别可能会从特殊帮助中受益的幼儿； 向他人报告并与之流	为了解作为个体和作为群体中一员的幼儿进行评价； 在发展与学习的过程中，对指向预期成果的进步过程进行评价； 重大发展领域中的预期幼儿成果； 阐述为标准的预期幼儿成果； 实践性考虑	学年开始前； 在特定时间进行必需的评价； 日复一日地进行评价； 定期进行评价； 在重点强调的学习前后进行评价； 在出现特定问题或忧虑时进行评价； 一些最终想法
帮助幼儿教师在熟悉评价决策循环图的基础上，具体了解并掌握评价的目的、评价的内容和评价的时间，从而在实际的教育和教学中关注并使用所掌握的知识，以助力幼儿的发展与学习。			

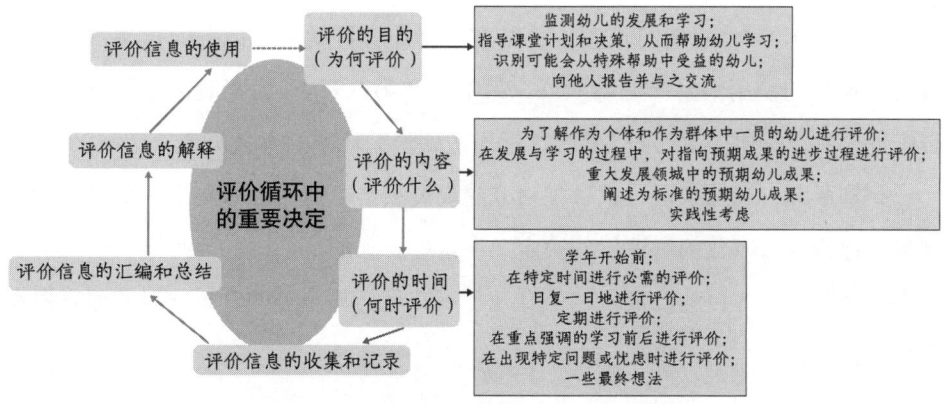

图 3.1　幼儿教育评价的目的、内容和时间

> ☑ **学习成果**
>
> 1. 列出评价循环内的所有重大决定，并解释它们是如何互相联系的。
> 2. 说出评价的四个目的并分别举例说明。
> 3. 区分为了了解幼儿作为个体而做出的评价、为了了解幼儿作为群体中的一员而做出的评价及为了监督幼儿趋向预期结果的进展而做出的评价。
> 4. 解释评价时机如何影响收集到的信息和评价步骤的运用。

想象一下，你在学校或幼儿园找到了一份新工作，这所学校或幼儿园强调幼儿的发展适宜性实践（包括发展适宜性评价）。你在大学学了一个学期的个案研究根本不可能适用于一整间屋子的幼儿，因为有很多的要求和更多的预期。你从何入手？你要如何开展这项任务才不会影响教学？就像很多其他教师做的一样，并没有单一的方法，甚至没有一种"最好"的方法来进行评价。教师的个人印记会影响他们评价的内容和方法、整理文件的方法和使用信息的方法。但是，系统性思考能够促进评价过程的系统化并使其切实可行。

评价决定

在评价过程开始之前就应该完成评价决定：为什么要进行评价？评价内容是什么？在什么时间进行评价？评价需要根据收集和记录的信息做出决定（见第四章和第五章）。对信息进行汇编、总结和解释能够帮助阐明信息的含义，以便教师为预期目的使用信息（见第六章、第七章和第八章）。为了简化这一过程，可以把评价看作一项决策任务。图3.2标出了评价循环中的重大决定。

州和联邦、当地学区、教育项目或建设委员会可能已经做出了一些关于为何评价、评价什么以及何时评价的决定。在这些要求的范围内，教师需要运用大量的专业判断。官方目的所要求的信息几乎不充足，甚至对课堂指导目的而言根本不恰当。

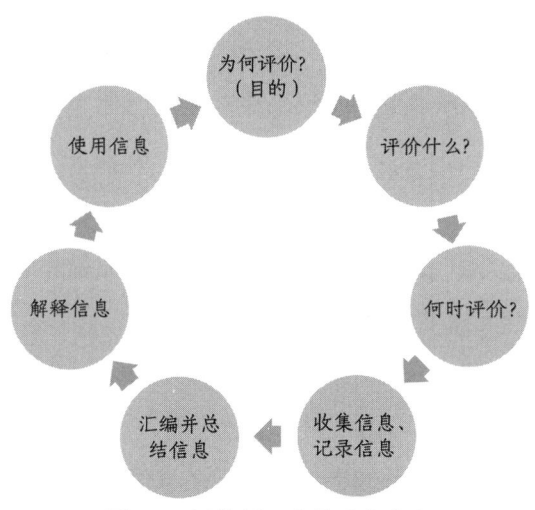

图 3.2　评价循环中的重大决定

为何评价？

"一项评价的预期用途——它的目的——决定了评价是如何实施的。"（Shepard，Kagan & Wurtz，1998，p. 6）教师对每个幼儿进行评价以确定他们在特定时期的发展状态、进步以及一段时间之内的变化。状态指的是幼儿的当前情况或状况，涉及关于成长、发展或学习的特殊方面。幼儿了解哪些知识？他们能够做什么？他们的情感、兴趣、态度、身体健康是怎样的？状态涉及幼儿在他们的发展过程中"处于何地"。这一基本信息接下来会用于其他目的：

- 监测幼儿的发展和学习；
- 指导课堂计划和决策，从而帮助幼儿学习；
- 识别可能会从特殊帮助中受益的幼儿；
- 向他人报告并与之交流。

当然，这些目的并不是完全孤立存在的。指导课堂计划的信息可能也可以用于向家长报告；每日活动中进行的评价可能会显示出其他评价方法遗漏的关于幼儿个体的忧虑。

监测幼儿的发展和学习

教师不能假定一名特定的幼儿或一组幼儿完全达到他们对该年龄段幼儿的预期。所有的4岁幼儿或6岁幼儿有着不一样的身高和体重，他们所知道和所做的事也不尽相同。教师应该能够预料到幼儿之间存在着多样性——语言、文化、以前的经验、社交能力和基本性格。教师需要通过评价来确定单个或一组幼儿在某一特定时间点的强项和需求。

教师也需要监测并记录幼儿在一段时间内的进步和变化。这是为了：①为教师自己、家长和幼儿提供学习的证据；②防止因为"我们已经学过这个了"，所以幼儿就一定学会了的设想；③针对幼儿已经习得或未习得的内容（形成性评价）做出需要的改变。

由于教师和助教每天都与幼儿一起工作，他们可能无法意识到幼儿发展和学习了多少。进步通常是一点一点逐步发生的。只有当一名幼儿（或一组幼儿）的表现与他（她）一个或几个月前完成同一任务的表现相比较时，他（她）的进步才是明显的。这种进步的证据不仅会激励成人，也会激励幼儿。当看到一名完成一项任务一直有困难的幼儿突然"茅塞顿开"时，大多数教师都会欢欣鼓舞。当计划并实施的活动取得了想要的结果时，教师会感到十分欣喜，而且会有动力继续下去。听到或看到自己学会某些内容会激励幼儿并使他们的能力得到提升。同样，家长看到孩子掌握了一个几周前对他（她）来说还很难的概念时也会激动万分。教师必须花时间向家长发送关于孩子进展情况的定期报告。

评估，以防教师认为给予幼儿机会学习，幼儿就会自动成长、发展并进步，不论这种机会是通过活动、材料、直接指导获得或是简单的一般支持和期待。所有教师都倾向于认为，如果某一内容他们"教过"，学习者就能"学会"。不论是学龄前幼儿试图学习加入并成为游戏小组中的一员，还是小学生试图掌握加减法，这种假设都不能成立。教师需要定期集中对幼儿进行观察并与之前的信息进行对比。

指导课堂计划和决策，从而帮助幼儿学习

评价信息对于计划和实施一个合适的教学计划必不可少。"为教学服务"的评价能够帮助教师决定从哪儿开始、如何开始、要在某一特定目标上花费多少时间、什么时候进行回顾，以及什么时候做出改变以帮助幼儿学习。针对教学目标和预期的初始评价与定期进展评价能够帮助教师制订长期和短期的计划。评价同样能够帮助教师进行日常课堂规划，因为幼儿某一天所做的事会导致后期计划的改变。如果幼儿对一项新的艺术活动感兴趣并想要尝试更多，那么教师为了充分利用这一兴趣，可以用明确的指导改变第二天或第三天的教学计划。

教师使用持续不间断的评价信息"来理解特定幼儿，并收集那些如何做出有关指导、教学或反应的即时决定的信息"（Phinney，1982，p. 16）。教师力图理解幼儿的思考和学习过程，而不仅仅是幼儿知道什么知识、具备什么技能。在开展互动教学和指导性对话的过程中，教师学习如何对自己的言行举止进行调整，从而与幼儿的当前理解水平相匹配。在对这种认识进行回应时，教师可以试用一些词语和策略以增强自身的理解。当幼儿回应时，教师可以对持续进行的互动中所使用的方法进行修订和调整。教师使用评价信息以帮助选择材料、选择某一项活动而不是另一项、决定对某天特定部分分配多少时间、决定如何处理工作小组中不间断的口角，以及重新布置活动区以增加幼儿的兴趣。有效、具有发展适宜性的教学项目依赖于这种类型的形成性评价。

识别可能会从特殊帮助中受益的幼儿

评价对于识别哪些幼儿可能需要特殊帮助有着重要价值。教师可能会参与筛选、转介前干预策略（例如对干预的反应）或其他识别幼儿需要能否从特殊服务中受益的深度评价。有些幼儿可能需要更多的挑战；另一些幼儿可能会落后，并需要一些额外的课堂帮助。

系统的评价也能够确保教师不会"落下"任何幼儿。在幼儿群体中，某些特定的幼儿会得到很多来自成人的关注。有些幼儿的行为充满活力，有些幼儿非常合作或积极回应，还有些幼儿有大量的需求，这些幼儿都会得到很多关注。还有一些幼儿在学习和发展的过程中会被落下，除非教师特别注意去了解并满足他们的需求。

向他人报告并与之交流

出于官方学业问责制的目的，出资和管理团体经常对报告什么信息和如何获取信息有所规定。例如，他们可能会要求在一年中的特定时期使用一种特定的、已发布的评价工具。来源于这些终结性问责制评价的信息可能会用于发现并强化教学项目、开展专业发展活动、推进学校或项目间的比较，以及分析成本和收益。教师也会通过会议或报告卡将评价信息报告给家长。教师会与特殊教育工作者、阅读专家和其他专业人士分享信息。

评价什么？

人类的发展如此复杂，以至于教师不能对所有感兴趣的方面都进行评价。他们必须聚焦、选择并取样（Stiggins & Conklin, 1992）。教师所做出的关于评价内容的决定可以大致分为以下两类。

- 帮助教师了解关于幼儿及与幼儿一起工作的信息（包括能够帮助解决问题与忧虑的信息），不论幼儿是作为个体，还是作为群体中的一员。
- 确定并检测幼儿朝着教学项目中重大成长和发展领域的预期成果以及朝着官方教学标准发展的进程。这些标准被详细地考核，因为当今的教育强调它们，也因为大多数教师被要求以这些标准对幼儿进行评价。

为了解作为个体和作为群体中一员的幼儿进行评价

每个幼儿都有自己独特的品质和性格，每一个群体中的幼儿也一样。教师需要了解并能够针对个体和群体进行工作。没有任何测验或检核表能够捕捉到单个幼儿的性格或一群幼儿间复杂的人际关系。教师和幼儿一起生活、一起学习，这些理解随着时间慢慢建立。群体中会出现领导者和追随者，幼儿会结交朋友，随着学习和成人一起工作，其行为模式也会确立。不论是针对群体中的社交和人际关系，还是针对单个幼儿在群体中的行为，敏感的观察和评价对建立一个学习团体来说至关重要。这是对于教师来说最为基础的任务。

幼儿和群体会有自己独特的"学习品质"——态度、价值观、习惯和学习模式，这些都会影响他们的学习内容和学习方法。学习品质包括："①对新任务和挑战的开放性和好奇心；②主动性、完成任务的持久性和专注度；③反思和解释的倾向；④想象力和创造力；⑤认知模式"（Kagan，Moore，& Bredekamp，1995，p. 25）。幼儿同样会有独特的能力、知识，以及对语言、数学、科学、音乐、动作、身体技能和社交互动的理解（Gardner，2011）。了解这些能力使教育工作者能够利用这些独特性来帮助学生发展和学习。对一个教学项目和主题进行规划的教师不仅应该对该群体的知识水平和兴趣进行评价，也应该对该群体对于一个话题的态度、之前的经验和理解进行评价。

不要忘了，教师不仅要对幼儿的需求进行评价，也要对幼儿的强项进行评价。教师经常会过于聚焦幼儿无法做到的事，而不是他们能够很好地做到的那些事。

教师通常需要关于某一问题或忧虑的信息，这些信息可能关于某一个幼儿、一小群幼儿或整个群体。拥有这样的知识会为可能的解决办法提供线索。"艾莉对什么都感兴趣，但却什么也没有完成。""扮演游戏区发生了什么？过去几天几乎所有人都会参与，但现在达尼埃尔、莫妮卡和拉塔沙似乎接管了这一区域。""乔丹总是在说话，但好像从来不会读书或写字。""我不喜欢公开课堂会议上发生的事。幼儿会脱口而出他们想到的第一件事，而不是仔细地计划他们将要做些什么。"

如果问题很清楚地只涉及一名幼儿，那就没有必要对全班幼儿进行评价。聚焦那名幼儿。但是，你要记住很多事情都会影响幼儿的所作所为。教师通常需要透过单个幼儿或一个群体看到周围环境、日程安排、可用材料以及其他幼儿和成人，才能找到问题的根源。

发展"红旗项"（有哪些事不太对？）的指示要求收集更多的资料。留心并对忧虑进行记录，这样那些需要帮助的幼儿就能够尽可能快地接受帮助。"附录B"对"红旗项"有进一步的讨论。

在发展与学习的过程中，对指向预期成果的进步过程进行评价

对幼儿的预期通常分为以下两大方面。

- 幼儿的成长和发展领域，例如认知、情感、心理运动或智力、社交、情感和生理。有时语言、道德和审美发展被认为是独立的领域。

- 学术科目，例如科学、数学、阅读、社会研究、身体健康与营养、创造性艺术、演讲和语言以及读写。

上述的很多方面经常会被结合在一起，以便对幼儿发展和学习的复杂性进行充分的描述。不论它们是怎样被阐述的，教师和幼儿都要同样关注"领域"和"科目"，以及两者是如何互相联系的（Copple & Bredekamp，2009）。

重大发展领域中的预期幼儿成果

进行计划，以收集关于幼儿重大发展领域的信息：身体、社交、情感和认知。社交、情感发展和行为上的自律与幼儿的发展、学业成功及阅读学习同样重要（Raver，2008）。缺乏社交技巧会对幼儿所做的所有事情造成负面影响；不佳的肌肉发展和动作协调性不但会阻止幼儿在运动场上的发挥，也会影响幼儿在教室里的行为。即便有些特定领域并不需要报告，教师也应该评价幼儿在这些领域的发展。州和联邦要求可能关注于读写和数学成果，但还有很多其他的预期成果。已发布的商用评价工具可能会包括特定教学计划中并不教授的内容，或者省略特定教学计划中强调的内容。收集所有关于幼儿的重要预期的信息（McMillan，2008）。这些信息是对教育的一般目标的提醒，对课堂规划十分有用，并且对将儿童看作一个整体来进行理解和规划无比重要。

需要评价的项目应该包括那些教师和家长能够且愿意对其做出努力的项目、能够被合适的指导和改进影响的项目或能够帮助理解幼儿和群体的项目。有时，除了运用信息理解幼儿并进行社交指导外，教师并没有其他能做的事情。例如，一名很高或很矮的幼儿可能会面临困难，但是无论学校做什么也无法改变该幼儿的身高。

阐述为标准的预期幼儿成果

为了将对于幼儿发展和学习的预期具体化，学区、州教育部、全国性组织（例如主要州立学校官员委员会和全国州长协会）、赞助教育项目的机构（例如开端计划项目）、专业组织（例如国家数学教师委员会）和商业出版商已经开发并发布了概括并描述这些预期的学习档案。对幼儿进行评价以确定他们朝着这些预期成果发展的进展。

内容标准。成果陈述可能被称作标准、早期学习指南、必备知识与技能、幼儿成果框架、目标、学习预期或其他名称。

在历史上，全国的每个州都为学前班至十二年级的幼儿和儿童研发了预期成果或内容标准。类似地，每个拥有州拨款幼儿园项目的州也为幼儿园研发了这样的标准。

并不令人吃惊的是，各州对幼儿在相同教育水平下的学习结果的预期大相径庭。在当今这样一个学生流动性高和全球化经济的时代，如此的差异根本说不通。为了对这些差异和与其相关的忧虑进行阐述，主要州立学校官员委员会和全国州长协会最佳实践中心开展了由州主导的对学前班到十二年级的共同核心学习标准的研发和使用。第一组核心标准是关于基础技能、英语语言艺术和数学的。这些核心标准规定了各年级的预期学习成果和学习进程。各州可以自愿采用这些标准，并根据当地的时间表进行教学。截至本书撰写时，已有43个州、哥伦比亚特区[1]、4个领地以及国防部教育处使用了州共同核心学习标准。目前还不存在将这些标准延伸至幼儿园阶段的计划。但是，有些州已经开始了对现有的早期学习指南的修订，以使其与共同核心学习标准相匹配。

一套通用的评价系统也在计划中。这套系统包括多种形式的评价，并且提供为了学习的评价和对于学习的评价。两个由州主导的联盟——大学和职业准备评价联盟和智能平衡评价联盟的成立是为了发展与共同核心学习标准相匹配的学生评价。第一套针对特定年级英语语言艺术和数学的评价已被研发出来。

在所有关于标准的文档中，对幼儿的预期可能会以不同的方式进行分类或有不同的名称。一份文档中的"标准"，在另一份文档中可能会被称为"核心概念"和"技能"，在第三份文档中可能会被称为"必备技能"和"步骤"。一份文档中的"表现标准"，在另一份文档中可能会被称为"表现指标""表现描述"或"目标"。对于组织幼儿学习大量知识和技能，并非只有一种正确的方法。

教师必须透过特定的表面标签看到深层的意图，即明确对幼儿所学知识的预期及学习的多个方面相互联系的方式。对于预期的分级管理能够帮助教育工作者

---

[1] 哥伦比亚特区即华盛顿哥伦比亚特区（英语：Washington, D.C.）。——译者注

看清幼儿如何达到广泛的、普遍的预期（例如"理解科学探索中的基本概念"或"知道关于社会的基本事实以及自己在社会中的角色"）。上述预期是通过每天、每周完成预期中的较小的组成部分而达到的。以下关于语言和读写能力发展的例子展示了这种组织和规范是如何运作的。

- 指定发展和学习领域中最广泛、普遍的预期成果（标准、最终目的、必备知识和技能）

  标准举例
    - 使用一般阅读技能和技巧

- 更为具体的预期成果（基准、目标）

  与标准"使用一般阅读技能和技巧"相关的基准举例
    - 理解字母、数字和单词之间的区别
    - 了解英语印刷物是从左向右、从上到下阅读的，了解书本是从前向后阅读的
    - 理解书面文字和口语之间的关系

- 依据该主题的复杂性和预期成果，根据需要设立中级预期
- 最具体的预期成果（知识/技能陈述、指导性目标、指标）

  与基准或目标"理解字母、数字和单词之间的区别"相关的指标举例
    - 识别作为印刷单位的单词
    - 了解字母和数字是不同的
    - 在一组字母和数字中识别大写和小写字母

这一等级的预期成果足够具体，教师能够依据其进行观察、指导并做出评价。基准是对学生在学习过程中的特定时间点应该掌握的知识或技能的清晰、具体的描述。它是"对知识或技能的具有年龄适宜性或发展适宜性的表达，在内容标准中以更概括的方式进行阐述"（Kendall，2001，p. 2）。尽管关于标准和基准的阐述有些不一致，但是一些例子能够说明它们的本质。

一项关于科学的标准被阐述为：幼儿应该知道"物质的结构"。基准表明，在二年级结束前，学生应该知道"我们可以以物体的性质对其进行描述。有些性

质（例如硬度和柔软度）取决于物体是由什么材料构成的，而有些性质（例如物体的尺寸和形状）并不取决于此"（American Association for the Advancement of Science，2009）。

一项关于体育的标准为：幼儿应该达到并保持身体健康。学前班到二年级幼儿的基准表现成果对其有如下预期：

- 参与一系列的运动活动（例如一系列的单足跳跃、行走、跨越障碍物、马步跑[1]和奔跑）而不会轻易感到疲倦；
- 参与增加呼吸频率和心跳的多种游戏；
- 在参与多种体育活动时持续更长的时间［National Association for Sport and Physical Education（NASPE），2004］。

每一项基准都可能有多项对于知识和技能的陈述，它们以更详细的方式明确了对幼儿的预期。它们足够具体，因此教师应该能够根据这些内容开发评价策略，以确定幼儿所了解的知识和具备的技能。

关于基准的注意事项：使用广泛年龄范围的基准（例如学前班至二年级的K—2基准）会给教师带来重大的问题。如果你任教的是二年级，那么你对幼儿在二年级结束时应该了解的知识是很明确的。如果你任教的是学前班或一年级，那么你对于该年级幼儿的预期成果就不那么明确了。教师需要防止对幼儿的不恰当预期。

在理想情况下，年龄和年级之间的标准和基准——例如学前班和一年级——应该与学习进展相匹配，一般课程框架中阐述的预期成果应该与具体课程材料——例如读写或数学课程——相匹配。由于这种匹配经常不存在，所以教师必须进行调整。

表现标准。表现标准定义了怎样的学习水平是符合要求的，并提出了内容标准达成程度的测量方法（Kendall，2001；Lewis，1995；Ravitch，1995）。表现标

---

[1] 马步跑（Gallop），幼儿像马一样在快跑过程中双脚同时离地，且每次向前运动均由同侧脚发起。——译者注

准试图回答这样一个问题：多好才是足够好？对于幼儿应该学习什么内容、在什么年龄学习这些内容的预期总是在变化，这使得对幼儿表现的判断尤为困难。曾经"足够好"或在某一环境下"足够好"在另一时间或环境中可能就不再如此。有些对幼儿成果的阐述包括了表现标准或预期，它们十分明确地阐述了对幼儿能做什么的预期，例如：

- 对一组不多于 20 个的物体进行计数，或从有更多物体的组合中数出不多于 20 的某一特定数字；
- 对不多于 10 个的两组物体进行比较，说出某一组的物体数目是否等于、多于或少于另一组的物体数目；
- 在数轴上定位 1—31。

足够好的表现也可能被定义为在测验或检核表中可接受的分数，或分数量规上的特定等级。

量规能够对每一基准或标准达成的水平或质量进行识别。例如，"有效地对话"这一预期可能包含这一成果达成的四个等级，从"聆听但不表达"到"描述过往经历，并将其与新事件和（或）想法联系"。关于量规的其他例子以及对于使用量规判断幼儿表现质量的建议，请见第五章和第七章。

从一般到具体。如果预期的成果过于宽泛，那么教师就必须将其具体化，从而更加有效地进行评价和教学。例如，帮助幼儿发展相对位置或相对空间概念的内容在大多数的成果阐述中都可以找到或有所暗示。如果课程指导、框架、基准或建议的评价任务不能识别幼儿所做的表明其经验和学习的经历、活动或行为，那么教师就必须做出识别。与位置和空间相关的概念很多，幼儿应该学习哪些？他们已经对哪些概念有所了解？他们的了解程度如何？理解和使用关于位置和空间的概念——例如"上／下""左／右""顶端／底端"还与什么相关？教师如何能够看到和听到幼儿对这些复杂的空间概念的理解和应用？

制定一个能够被教授和评价的特定目标，需要将对目的的一般陈述分解成适当的目标，然后对朝向目标的进程指标或目标成就进行识别，这样才能对评价任务或活动进行确认或设计。

表现性评价的一项优势在于它足够灵活和全面，足以对几乎任何朝向最终目标或标准的成就进行评价，而不仅仅是对知识和技能做出评价。

实践性考虑

实践性考虑会对课堂评价造成影响。它包括必需的评价、记录和未记录信息之间的平衡、教学工作量、幼儿的年龄和发展、教学经验和对评价相关内容的选择等。考虑对于这间教室、这所学校、这一教学项目来说，什么是可能的。

必需的评价。教师需要对学校或幼儿园要求的评价进行计划，还经常要执行并打分。教师通常要在指定时间内完成这些评价，例如在学期的第一个或最后一个月进行评价，或一年进行三次评价。

记录和未记录信息之间的平衡。既不可能也没必要对所有信息进行记录。教师通常先进行评价，然后立即使用评价信息调整互动教学、缩短或延长某一活动的时间或指导某名幼儿的社交互动。

其他信息能够帮助教师在长时间里建立对幼儿性格和类型的理解。这些信息大部分从未被记录下来，教师也没有必要对其进行记录。但是，教师记录的内容越多，他们就能越好地追踪幼儿的学习。贯穿本书的是对达成促进评价与教学之间平衡的建议。

教学工作量。班级大小、师生比、可用的教室及协助人员、教师与幼儿的相处时间（每天多少小时，每年多少周）、教师负责的班级数量、志愿者的工作小时数及工作质量、每天用于计划的时长和时段、有特殊需要的幼儿是否能够得到协助和其他教师几乎无法控制的因素，都会影响教学工作量和教师可能达到的评价质量。但是，较轻的教学工作量并不一定意味着更好的评价。一名学前班教师对一套全面的记录系统进行了描述并解释了使用它的原因："我负责两个班级，每个班级每天都有超过 25 名幼儿。我必须有良好的记录才能掌握超过 50 名幼儿的情况。"

幼儿的年龄和发展。尽管教师对评价总是负有最终责任，但有时候让学生参与对自己的评价是有好处的。但是，幼儿记录自己做了什么、对自己的作品和材料进行选择和归档，以及根据年龄、发展和先前经验进行自我评价和自我反思的能力不尽相同。

教学经验。我们不能期待一名还在学习如何教学的教师能够像有若干年教学经验的教师一样轻易地将系统的评价包含在课堂中,后者已经充满自信且精于教学,并准备好接受新的挑战。就像恺撒大帝曾经说的:"经验是万物之师。"

预期成果。如果对于标准、最终目的或目标的阐述与理想化愿望或所有可能项目的清单类似,那么教师应试图确定那些更为现实的预期。教师可以与其他更有经验的教师或行政人员进行协商。对报告工具进行检查——进展信、报告卡、成长档案袋样本或其他进展报告,从中找出更加强调某些目标的迹象。报告工具可能会显示出某些没有在目标中提到的项目(例如与其他幼儿相处的能力、注意力持续时间、自律或工作习惯)。从优先预期(即那些简单、发展目标明确及与即时教学决定相关的预期)开始。

如果教学项目的目标过于具体和分散——例如列出所有身体部位、动物、交通方式、幼儿可能学习过的关于科学和数学的词汇——教师应试图将它们以合乎逻辑的方式进行分类,以便进行评价并针对目标集中教学。综合的课程可以同时达成多个目标。对项目进行评价和教学可以达成一般目标(例如分类、比较、找出关系或问题解决)。如果你所在的学校或州要求你对幼儿朝着一般目标的进展进行打分或排名——例如"理解各样书面材料"——但却没有对标志或描述进行识别,那么你可能必须要自己识别足够具体的标志,以便进行评价。

评价项目的代表性、重要性和真实性。选择这样的评价项目:①重要且值得花时间;②能够代表一组其他项目。例如,入学准备检核清单上的很多项目与阅读所要求的技能和理解几乎没有什么关系,关于幼儿学习读写的新知识和创新性概念使得它们过时了(Lonigan & Shanahan, 2008; National Reading Panel, 2000)。在课堂评价中,教师通常能够直接找到他们所需要的内容,而不是通过代表了很多其他项目的测验或表现性任务。例如,为了弄清一名幼儿是否能够使用教室工具——蜡笔、剪刀、粉笔、画笔、铅笔等——仅仅需要直接、真实地对这些技能进行评价。精准的取样通常是恰当的。幼儿不需要完成每一项大肌肉任务(与力量、协调性和持久力相关),完成有代表性的任务就足够了。

何时评价？

在理想情况下，关于什么时间进行不同种类评价的计划在学年开始之前就应该准备好。这一计划可能会因为课堂生活的现实情况、时间短缺或意外的外部要求而调整，但它会为评价提供一个时间框架（见第九章）。

完成评价所处的时间段会影响你的信息收集和信息记录。最初的"考察"（Gage & Berliner，1998；Russell & Airasian，2011）需要有效的步骤，涉及敏感的小组观察、检核表、书面的家长报告和幼儿完成的表现样本。持续进行的评价允许教师运用更深层且可能会花更多时间的程序，例如通过简短叙述或活动参与图表对观察进行记录。表 3.2 对教师在学年开始前、学年中的课堂内外进行的评价任务进行了概述。

表 3.2 特定发展/课程领域中评价与教学项目及成就标志的详细说明

发展/课程领域	认知发展；语言；科学（学前班至小学）
相关概念	空间中的方位/位置；时间；尺寸；重量；数量；音量；速度；质地；温度
重点概念	空间中的相对方位或位置
详细学习内容	待发展概念：在……前面/在……后面；在……旁边/在……之间/在……中间；在……上面/在……下面；前/后；里/外，在……里/在……外，里面/外面；顶部/底部；朝上/朝下；颠倒；开/关；近/远；首先/最后；左/右——自己的身体，投射；其他人 认知方法与水平： • 经验 • 与语言结合的经验（看，你把这块积木放在顶部了） • 理解（放置；指向；把……交给我） • 识别（德兰在你后面还是在你前面呢？） • 陈述位置（告诉我们你要坐在哪里） • 在新情况下陈述并使用概念 • 自发并功能性地使用词语和概念 • 理解空间中的方位关系 • 理解空间中的方位有时是相对的，有时不是（头顶永远位于头的顶部；一张空白纸的顶端是由它的方位决定的） • 能够变换身体上和思维上的角度和视角 • 理解并陈述重叠方位的概念（例如，运动场上的器械在学校外面，但在围栏里面）

学年开始前

在学年开始前，尽可能地多做一些。确定学校或幼儿园的预期。如果测验或其他信息收集程序是必需的,那就找出具体是哪些测验和程序,并确定它们被安排在什么时间,在总体计划日历上对这些日期进行标注。了解如何将收集到的关于幼儿的信息报告给他们的家长。如果家长会是在指定时间召开,那就将这些时间计划好。教师将总结信息、检查成长档案袋并准备好对幼儿学习和发展的进展进行展示。另外,教师还需要对档案和记录系统进行整理(见第六章和第九章)。教师要对现有记录、来自家长的信息和来自幼儿之前学习项目的过渡资料进行研究。如果传统、时间以及资源允许,可以对幼儿进行家访,这是非常具有启发性的。

针对收集信息的不同时间制订暂行的计划——必需的评价;与教学和学习整合的持续进行的评价;阶段性评价,包括初始、中期及最终的总结和评价;重要学习单元、主题、项目或研究前后的评价;为了处理特定问题或忧虑的"按需"评价。教师在这些时间使用不同程序收集不同信息,他们也使评价可以为两种目的服务(例如当一个重要项目或学习单元与报告周期的末尾重叠时)。

在特定时间进行必需的评价

对于教师很重要的是,要了解必需进行的测验和评价的数量和种类,以及它们要在什么时间完成。评价的截止期限会根据以下情况有所不同:幼儿的年龄和年级、教学项目的出资方和管理方、当前的法律与法规以及学校和社区传统。

日复一日地进行评价

"随着幼儿对特定技能和内容的学习而持续进行的评价是最有意义的。"(Shepard, Kagan, & Wurtz, 1998, p. 7)优秀的教师会不断地对幼儿进行评价并对程序和互动进行相应的调整。事实上,一些最好、最有用的信息可通过以下教师行为获得:对幼儿口述的内容进行记录;协助幼儿使用颜料和纸张,或示范如何使用黏土;帮助幼儿解决数学故事问题;在吃点心时进行对话;领导一次讨论;带领运动场上的活动;对材料进行操作。这种形成性评价根植于教学和学习的互动过程。例如,塞纳老师用不同长短的小棍为罗莎摆出了某种图案的一部分,想看一看她是否能够识别并将该图案继续摆下去。她并没有识别出塞纳老师摆出的图案,但继续用小棍在桌上摆出了一条线。在罗莎完成后,塞纳老师为她摆出了另一个更加简单的图案，将这一任务调整到了更接近她的水平的难度。杰克逊坐在罗莎旁边。塞纳老师可能会为他增加图案的难度，因为杰克逊显然很享受学习并能摆出老师要求的复杂多样的图案。对于幼儿工作的简述和笔记都会被收入文档，但同样重要的是，塞纳老师应立即将他收集到的信息整合到他与幼儿的互动中，并基于今天的评价在书面或头脑中记录下未来能够帮助幼儿掌握图案概念的方法。

定期进行评价

如果有意识地进行持续不间断的评价，那么教师对于额外数据收集的需求可能微乎其微，对现有数据进行概括可能就已经足够。但是，集中一个或多个发展或课程领域目标的定期"基准"或"中期"评价经常是恰当的。这并不意味着教师要对幼儿进行测验或停止其他活动以便进行"评价"，而是要将集中的信息收集作为课堂活动的一部分。过几天，幼儿可能会展现他们解决数学和科学测量问题的能力，或通过艺术和建筑表达想法的能力。

初始评价通常在一组、一组中的一部分或一名新的幼儿刚进入教学项目时进行。它会得出关于该幼儿或该组幼儿初始状态的信息——能力、态度和性格、先前的知识和理解，以及与该学校或幼儿园所强调内容相关的能力与习惯——从而为规划课堂活动提供基础信息。这一初始"评价"（Gage & Berliner，1998；Russell & Airasian，2011）应该尽可能早地完成，但只暂时保留，就如同所有的第一印象都应该只暂时保留一样。中期评价通常于幼儿在课堂上总时长的二分之一、三分之一或三分之二时进行。如果幼儿在9月开始上学，那么1月和2月进行的"我们做得如何？"的评价允许教师半途修正。最终评价是在某一组幼儿与特定教师将要结束课程时进行的。它是在幼儿接触另一名教师、开始另一个学习单元或进入另一所学校前进行的总结。

有些教师试图识别和使用那些能够对阅读和数学学习困难幼儿有所帮助的指导，他们会对幼儿的进展进行频繁的监测，从而使用这些信息对指导进行需要的调整。这样的进展监测被称为"对干预的反应"，它是帮助有困难学习者策略中的重要元素。这种监测的间隔应该足够长，使幼儿有机会学习，但又要足够频繁，使教师能够及时发现无效的指导实践，从而做出改变。有着每年非传统时间安排的幼儿园和学校——全年制的学校或幼儿园，或运作时间相对较短的幼儿发展中心和学前班——会根据自己的时间安排调整评价时间。

在重点强调的学习前后进行评价

在为持续的单元、项目或主题做出最终计划前进行评价，并在做出最终计划后再次进行评价。确定幼儿已经了解的知识和具备的技能，并将他们的思考和论证与计划内容相关联以进行考虑。在末尾时，要对学习项目期间收集到的评价信息进行总结。如果需要，再一次查看以确定幼儿学到了什么内容、以怎样的方式发展，以及还需要什么后续活动。

针对幼儿对于某一主题中重要元素的兴趣、态度和理解水平进行评价，这可能与回忆知识不太一样。思考幼儿对于该主题已经掌握了哪些概念，它们怎样与幼儿的其他学习相关联。查看幼儿出错的模式以及"他们现在处于什么水平"和"他们要达到何种水平"之间的差距。

让我们来看一种在学习单元、主题或项目开始前进行评价的方式。通常推荐概念"网"或"地图"，教师可以利用它们对某一主题中的概念和关系进行整理（Katz，Chard，& Kogan，2014）。教师也可以用它们来评价幼儿的思考方式，这对教师而言是同样重要的需要了解的内容。

沃纳老师正计划在他的一年级、二年级混合班中开始一个关于昆虫的学习单元。这一学习单元旨在达到学区的科学、阅读、写作和数学标准。他将一个装有昆虫的玻璃饲养缸和一些五颜六色的昆虫海报、书籍带到了班级。他和助教观察并记录幼儿都做了什么：谁走近了；谁躲开了；谁问了什么问题；哪些幼儿说"真恶心，我讨厌虫子"；哪些幼儿展示出先前知识以及其他兴趣、态度和知识的指标。这样的方法能够让沃纳老师进行一次初步的评价，从而看出这一主题是否适合这一幼儿群体。沃纳老师组织了一次课堂讨论，想确定幼儿对昆虫的了解。随着讨论的进行，一张图表或概念网就形成了，同时沃纳老师对这一组幼儿及个体的现有知识、态度和兴趣以及幼儿大量的错误想法和负面态度有了很好的了解。只有研究了关于课堂讨论的所有笔记和信息，沃纳老师才能决定怎样开展这一关于昆虫的学习项目。

在出现特定问题或忧虑时进行评价

一名特定幼儿、一个幼儿小团体或整组幼儿的忧虑并不总是与学习单元或报告时段相一致，持续进行的评价对问题解决来说也不总是足够的。不论是否符合"评价时间表"，教师都要在需要的时候更为仔细地进行观察。假设一名平时专注且对事物感兴趣的二年级学生变得焦躁、精神涣散、有侵略性、焦虑不安或黏人，如果这不是由生病导致的，那么教师就应该通过其他途径寻求信息，以解释幼儿这些不寻常的行为并找出帮助他（她）的方法。课堂外的原因，例如父母分居、死亡、离婚、失业、搬家及家庭中有新生儿等数不清的其他原因，可能会影响幼儿的行为。简单地对幼儿进行观察并不能获得需要的信息。

那些经常从一所学校或幼儿园转学至另一所学校或幼儿园的幼儿会有特别的忧虑。如果幼儿之前的学校将充足的记录发送至新学校，那么教师便可以从那些记录着手继续进行评价。但更为常见的是，幼儿来到新学校时带来的是最少量的入学信息。教师最优先要做的就是让他们融入课堂生活。教师能够评价的内容由幼儿入学的时间和他们将在学校里学习多久决定。

一些最终想法

尽管我们已经对课堂评价、学习课程和讨论的不同方面进行了梳理，但在课堂中并没有这样的区别，它们都是融合在一起的。关于为什么评价、评价内容是什么、什么时间进行评价和如何进行评价的问题也是紧密相关的。评价并不是一个不变的线性或有时间限制的序列，它并不要求你在学年开始时进行评价的第一步，然后在学年的末尾进行评价的最后一步。相反，学年前期所收集的信息可能会导致学习项目的即时改变。持续进行的形成性评价能够让教师和学习项目保持对幼儿的敏感和负责。一名教师可以迅速地对一个特定情境进行考察（收集数据）并理解其含义，进而当场使用收集到的信息。例如，一名敏感的教师正在领导小组讨论，她可能会看到或听到幼儿在窃窃私语、互相抱怨、打哈欠、玩相邻幼儿的头发或朝圆圈另一边的人做鬼脸。她收集这些信息（事实上是这些信息自动强加在她身上），将其解读为"这个小组讨论并没有达到目标"，并以此为信号，将小组讨论切换至更为恰当的主题。另一名教师在给一小组幼儿读一本关于计数的书，他发现当他问"小丑有多少个气球？"时，幼儿要么坐在那里什么都不说，要么就说"蓝色和红色"。他收集了足够的信息以确定他的怀疑：幼儿要么不懂"多少个"的意思，要么不知道如何计数。然后，他把他的要求变为能够帮助幼儿同时学习以上两者："我们一起数一数，看看小丑有多少个气球。"这便是形成性评价的最好状态，即为了促进发展和学习而评价。

总 结

将评价当成能够帮助简化复杂过程的一系列决定。基本的决定与为何评价、评价什么、何时评价相关，此即本章的重点。教师也会决定如何收集和记录信息，以及如何整理、总结、解释和使用信息。

评价能够帮助确定并检测幼儿在成长、发展和学习方面的状态和进展。这些信息被用于指导课堂教学项目的计划和决策，从而帮助幼儿学习、识别那些能够从特殊帮助中获益的幼儿，以及收集并记录向家长和幼儿、其他专业人员、出资方、管理方和咨询组织报告和交流的所用信息。

教师需要信息以帮助他们了解作为个体的幼儿和作为群体中一员的幼儿，从而建立并维持运作良好的课堂。这是教师最为基础的任务。教师需要的关于幼儿发展和学习的信息大致可以分为两类：①幼儿的成长和发展领域，例如心理运动、情感和认知等；②学术科目，例如数学、科学和阅读等。它们经常被称作"预期成果""内容标准""核心内容"或"学期预期"。它们在被整理后能够反映较小的学习单元（标志或指导目标）如何导向较为宽泛的成就。实际考虑（例如什么是必需的评价、它们要在什么时候完成，以及幼儿的年龄和发展如何），也会对教师能够进行多少评价、进行怎样的评价造成影响。

进行评价的时间在很大程度上决定了它的作用。所以，在学年开始前就应该做好暂时计划并完成初始任务。不同类型的评价应在不同的时间进行。持续的评价是与持续的课堂活动相整合的。如果需要对某一问题或忧虑进行研究，那么集中评价应在学习课程重点内容或需要掌握特殊信息之前和之后进行。

自我反思

1. 教学经验在做出评价决定时是一个实践性因素。评价你自身的教学经验。你的经验的数量和内容可能会对你做出的评价决定有怎样的影响?
2. 评价可以帮助你发现幼儿与众不同的"学习品质"。如果其他教师把你看作一名成年学生来观察你的态度、价值观、习惯和学习方式,你希望他们会发现并考虑到什么?你想要改变什么?

进一步学习与讨论

1. 妥善保管当地学区使用的给家长的报告卡或进展报告样本。对它们进行分析以确定:①不同类型报告间的相同和不同之处;②它们可能提供给教师关于评价内容的指导;③课程的均衡性和综合性。
2. 对相邻学校或幼儿园的教师进行访谈,找出:①在他(她)所负责的班级里已经完成了哪些对于幼儿的评价;②在他(她)所处的学校里已经完成了哪些对于幼儿的评价。(如果你已经在进行教学,那么对其他类型学校的教师进行访谈。)得到的信息是如何使用的?教师什么时候进行评价?将你找到的信息与其他人收集到的信息整合,看看有哪些相似点和不同点,或有哪些你们能够得出的一般性结论。
3. 州教育部已在网络上发布了标准文档。获取你所在州和至少另一个州的标准。它们之间有哪些相似之处?又有怎样的区别?

推荐阅读

Enz, B. J., & Morrow, L. M. (2009). *Assessing preschool literacy development: Informal and formal measures to guide instruction.* Newark, DE: International Reading Association.

Gronlund, G. (2006). *Make early learning standards come alive: Connecting your practice and curriculum to state guidelines.* St. Paul, MN: Redleaf Press. Washington, DC: National Association for the Education of Young Children.

McMillan, J. H. (Ed.). (2007). *Formative classroom assessment: Theory into practice.* New York:

Teachers College Press.

Popham, W. J. (2013). *Classroom assessment: What teachers need to know* (7th ed.). Upper Saddle River, NJ: Pearson.

Shore, R., Bodrova, E., & Leong, D. (2004, March, Issue 5). Child outcome standards in pre-K programs: What are standards; What is needed to make them work. *Preschool Policy Matters*.

Snow, C. E., & Van Hemel, S. B. (Eds.). (2008). *Early childhood assessment: Why, what, and how*. Washington, DC: National Academies Press.

第四章

收集信息

(拍摄者:Studio 8/Pearson Education)

译者导读

在评价决策完成后，收集评价信息是确保整个评价顺利、有效开展的重要一环，同时，需要明确收集信息和记录信息是独立但相关的过程。幼儿教师必须熟悉收集信息的方法并熟练应用。

在你开始阅读本章内容之前，请先思考以下五个问题：什么是评价"窗口"及多个"窗口"存在的必要性是什么？常见的信息来源有哪些？主要的非正式信息收集方法是哪四种？在选择评价环境时应该考虑哪些因素？如何选择合适的评价窗口？

收集评价信息的方式是多样的，同时记录评价信息的方式也是多样的，收集和记录评价信息的方式既可以一一匹配，也可以用同一记录方式记录运用不同方式收集的评价信息。本章内容主要围绕"**评价信息的收集**"这一主题展开论述，全章主要内容共分为五节。

- 第一节概括描述了评价"窗口"的**内涵及多个"窗口"**存在的必要性（评价"窗口"即幼儿评价的多种评价方法或方式，多个窗口可以获得关于幼儿更好、更全面的信息，并增加信度和代表性）；
- 第二节具体呈现了三类不同的**信息来源**（幼儿自身作为信息来源、家长和其他成人作为信息来源、记录作为信息来源）；
- 第三节具体讨论了四种**收集信息的方法**（系统地观察幼儿、引导幼儿做出回应、收集课堂活动作品、引导家长提供信息）；
- 第四节客观分析了**选择评价环境**应关注的两大因素（环境的特性、评价环境的例子）；
- 第五节重点强调了如何**选择合适的评价窗口**（识别将要评价的行为，使用真实的评价窗口，使看到某种行为的频率和机会最大化，使用多种来源、方法和环境）。

本章的目的是帮助幼儿教师了解收集信息和记录信息的区别，明确多种评价"窗口"存在的必要性,以及在考虑评价环境的前提下,掌握常用的四种非正式的信息收集方式,并在实际的教育和教学活动中选择适宜的评价窗口(参见表4.1和图4.1)。

表 4.1 评价信息的收集

收集信息				
评价"窗口"的内涵及多个"窗口"存在的必要性	信息来源	收集信息的方法	评价环境	选择合适的评价窗口
评价"窗口"即幼儿评价的多种评价方法/方式; 多个窗口可以获得关于幼儿更好、更全面的信息,并增加信度和代表性	幼儿自身作为信息来源; 家长和其他成人作为信息来源; 记录作为信息来源	系统地观察幼儿; 引导幼儿做出回应; 收集课堂活动作品; 引导家长提供信息	环境的特性; 评价环境的例子	识别将要评价的行为; 使用真实的评价窗口; 使看到某种行为的频率和机会最大化; 使用多种来源、方法和环境
帮助幼儿教师了解收集信息和记录信息的区别,明确多种评价"窗口"存在的必要性,以及在考虑评价环境的前提下,掌握常用的四种非正式的信息收集方式,并在实际的教育和教学活动中选择适宜的评价窗口。				

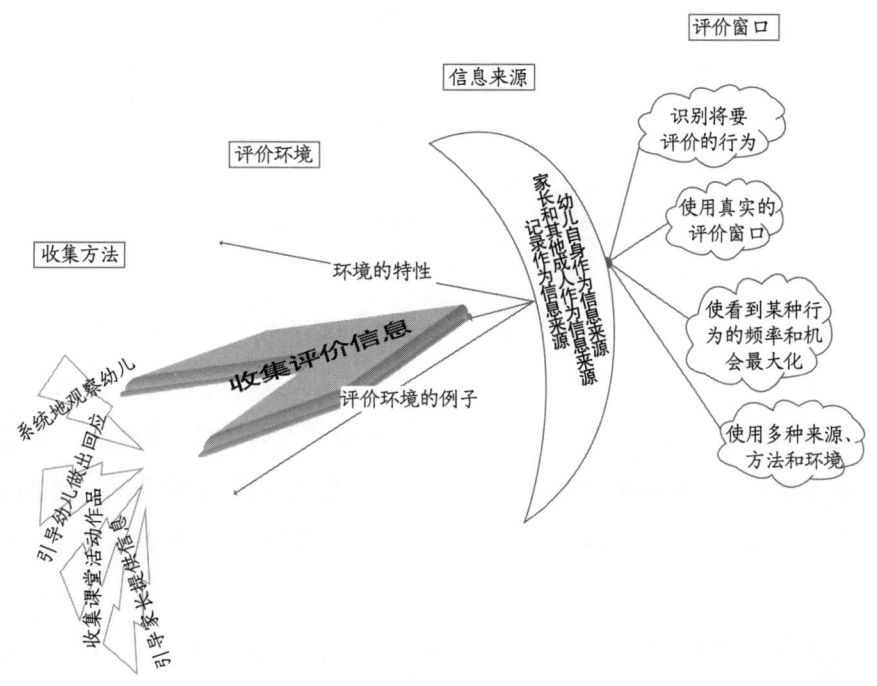

图 4.1 评价信息的收集

> ☑ **学习成果**
>
> 1. 解释为什么教师需要使用多个窗口进行信息收集。
> 2. 根据教师能够从不同来源得到的各种评价数据,比较不同的信息来源。
> 3. 根据优势和局限对不同的信息收集方法进行评估。
> 4. 描述影响选择特定评价环境的主要因素。
> 5. 识别选择评价窗口的重要因素。

一种改进幼儿评价的方式是使用多种评价方法或评价"窗口"。单独的测验、教师观察、幼儿作品或任何一种评价自身都不能得出可信且充分的信息。当教师计划做出重要决定(例如工作和游戏小组的形成、可能的发展问题的转介、向家长报告或针对问题行为的行动)时,应该使用多种方法。教师用来指导日常计划和与幼儿互动的评价数据或证据可以不那么严格,因为这类计划有可能会改变(Shepard, Kagan, & Wurtz, 1998)。即使这样,来自另一个角度的观点也可能会揭示在某种方法看来并不总是明显的优势和需求。此外,幼儿教师是有特殊需要和高风险幼儿的评价和计划的积极参与者。在这些评价和计划中,多种评价方式是必需的(Council for Exceptional Children, 2005; Taylor, 2004)。本章解释了如何使用多种环境下的不同来源和步骤进行文档记录,也即如何打开"多个窗口"。本章和第五章在两个相关但独立的过程——收集信息和记录信息之间划出了清晰的界限。

收集和记录经常被认为是相同的。如果去问幼儿教师如何弄清幼儿的进展,你可能会得到如下答案:"我们有一个检核表"或"逸事记录"。检核表和逸事记录能够对信息进行记录和保存,它们是记录而不是收集信息的方法。信息是通过观察幼儿、对他们进行访谈、研究他们的作品或其他过程收集的。保证收集信息和记录信息这两个步骤独立以拓宽你对幼儿的了解,并增加你可选择的记录方式。

有很多方式可以获取关于幼儿的信息,也有同样多的方式可以对这些信息进行记录。教师可以自由地以恰当的形式混合搭配这些方法。信息可以以多种方式进行记录。例如,对于幼儿问题解决策略的观察可以以逸事记录的方式,也可以以评分表的方式记录。以不同方式收集的信息可以以相同的记录手法记录。例如，检核表可以记录由教师提问或幼儿积木搭建引出的科学合作项目中展现的论证策略。本章只集中讨论收集信息，而不讨论记录信息。关于记录信息的过程，请见第五章。

多个窗口

教师通过很多"窗口"收集关于幼儿的信息——多种来源、方法和环境的结合。想象一所房子，你可以通过很多窗口看到外面的风景。为了看到全景，你必须逐一查看每一扇窗户，因为每一扇窗户都包括一部分景色，但又不包括另一部分景色。通过一扇窗户，你可以看到山，但看不到湖。通过另一扇窗户，你只能看到湖的一部分，但能看到草地的好景色。评价也是如此。发现信息的不同方法会形成独特的关于信息的图像或片段。没有一种信息来源能够告诉你一切。一种方法能够记录幼儿的行为，另一种却不能。一种环境能够促进特定的行为，另一种却不能。日记、口述、故事、与其他幼儿的对话、对成人问题的回应以及文字游戏都能提供幼儿语言发展的迹象和证据。如果日记是唯一的信息来源，那么关于语言能力的图像就不完整了。

此外，单一的窗口或方法可能会提供对幼儿能力的估计。教师用多种窗口或方法获取的整合信息比这种估计更为有效。任何单一的评价都只是对单个幼儿或一组幼儿状态的估计，而不是对其表现的确切反映（Russell & Airasian，2012）。使用多个窗口可以获得关于幼儿更好、更全面的信息（NAEYC & NAECS/SDE，2003），并增加信度和代表性（Cronbach，1990）。这使教师摆脱了过于依赖某一种方法而带来的僵化思维，也减少了错误的可能性。为了提供多种窗口或角度（即多种评价方法），课堂评价的以下三个方面会有所不同。

- 信息来源：幼儿自身、其他幼儿、家长、专业人士、其他成人或关于幼儿的记录。
- 收集信息的方法：系统地观察幼儿、引导幼儿做出回应、收集课堂活动作品，或从家长和其他成人处获取信息。

- 评价的场合、环境或情境：室外或室内、桌子旁或地板上、教室里或测试间里、使用纸和笔或可操作材料、自己或在小组中、与熟悉的课堂教员或陌生人在一起（见表4.2）。

表 4.2 多种评价方法

来源	幼儿/其他幼儿 其他成人 记录 家长 专业人士
方法	观察幼儿 引导幼儿做出回应（讨论、提问、访谈） 收集作品 引导家长和其他成人提供信息
环境	不同的实际空间 各种材料 活动的混合体 不同的人 不同程度的教师结构

信息来源

信息来源指的是哪些人或哪些记录提供了关于幼儿的信息。第一手来源是幼儿、教师、家长、专业人士、课堂助教和其他成人，以及来自其他教师、专业人士或其他来源的记录。这些来源提供了来自幼儿的直接信息或通过他人视角得到的间接信息。两者都有重要的功能，并一起提供了多样、全面的幼儿图像。例如，通过以下多种方法评价杰里米的精细动作技能：让他在点心时间折纸巾；听他愉快地报告他是如何系鞋带的；看他与达内拉和杰西一起搭积木；注意到他爸爸说的"杰里米在晚饭前帮着择荷兰豆了"；回顾杰里米以前的老师记下的他能够使用剪刀的记录。每个来源都展现了关于杰里米的独特、珍贵的信息。

幼儿自身作为信息来源

获取信息最为真实和直接的方式是观察幼儿、分析幼儿的作品、和幼儿交谈以及聆听幼儿所说的话。评价一名幼儿在小组中如何活动能够得出关于他（她）

和小组的信息，这是其他任何方法都无法做到的。

获取幼儿信息的机会是日复一日的课堂互动的自然结果。在阅读了一本关于友谊的书后，一名教师与一小群幼儿讨论并记录下了他们对"朋友"的认识。幼儿利用数学和动手操作材料搭建建筑，并反映了他们对数字和图案的理解。幼儿在一些活动中会开展合作，并在工作和游戏时谈论和解释他们的想法，这些活动提供了丰富的评价机会。

幼儿会自愿提供关于他们参与活动的信息，他们会对自己喜欢什么、不喜欢什么和他们理解的内容进行评论。有时这些自我报告是自发的、未经要求的："我以前做过这件事""我家有个类似的东西""我知道怎么做这件事"。在其他时候，幼儿会回应问题："你想学习关于龙卷风的什么内容？""你这周做过的最有意思的事是什么？""关于马丁·路德·金[1]，你都知道些什么？"自我评价传达了幼儿作为学习者的自我意象。尽管幼儿可能在说明和表达内心的思维过程和感受时有困难，但他们的自我报告揭示了通过其他任何方式都很难获取的信息。

家长和其他成人作为信息来源

其他人——家长、专业人士、教师、助教和其他学校工作人员——是幼儿信息的间接来源。来自其他人的对幼儿的理解（特别是来自家长的理解）能够促进和加深教师对幼儿的理解。梅梅在学校里几乎不怎么讲话，她也从不参加小组活动时间的唱歌或手指游戏。当家长告诉教师"梅梅从学校回家后会告诉我们她在学校做的所有事。她唱歌，还跟着歌词进行所有的手指游戏"，教师就了解到了一些很重要的事。幼儿可能不会在学校里表现出他们最成熟的行为，或者他们可能会在某一特定教师面前展现出性格的另一面。

家长提供了一个特殊的角度。他们比其他任何人都更好、更久地了解他们的孩子。他们提供的关于在家里发生了什么的信息，可能会影响幼儿在课堂上的表现。他们可能会看到幼儿没有在学校里展现的一面。家长能够提供关于家庭文化和家庭与学校之间差异的理解，这对于当今多种族、多文化课堂中的教师来说至

---

[1] 马丁·路德·金（Martin Luther King, 1929—1968），美国牧师、社会活动家、人权主义者和非裔美国人民权运动领袖，1964年诺贝尔和平奖得主。——译者注

关重要。

其他教师或助教可能会观察到一个"不同的"幼儿，因为他们会监督其他活动，或者与某一名幼儿有着独特的关系。例如，一名在阅读或日记写作活动中安静寡言的幼儿可能会在运动场上的自由活动时间非常投入地参与活动，他可能还会在打闹游戏中给出指令或领导其他幼儿。因此，运动场监督员就会与阅读教师有不同的观点。

教师也会从其他专业人士（包括演讲和语言专家、护士和心理学家）处获取信息。通过与他们的合作、在正式和非正式会议上协调教育工作的努力以及研究报告和记录，教师能够获取重要的额外理解。由不同工作人员进行的、在不同环境下、在不同时间对幼儿的观察能够提供关于特定幼儿丰富的、涵盖多学科的观点（Hills，1992）。

记录作为信息来源

记录包括出勤记录、入学记录、健康和学校历史记录、进展记录、记录卡、来自以前教师的叙事记录、检核清单、检核表、家长问卷和标准化测验结果。有些教学项目会将积累的幼儿成长档案袋归档，它记录了幼儿每年的成长（Hebert，1998）。记录信息的类型、质量和数量取决于教学项目的政策和步骤。

有些教师选择在了解幼儿并做出评价前不查看记录，也有一些教师认为记录对于了解幼儿的先前经验是重要的背景知识。"不看记录"的方法有若干缺点。记录的转介是帮助幼儿顺利地从一种环境过渡到另一种环境或从一个年级过渡到另一个年级的一种方法（Love & Yelton，1989）。一名专业的教师应该能够推敲这些信息与其他证据，将之看作暂时的信息，并将其与其他信息和看法相结合，从而对幼儿进行迅速且准确的评价。其他人的观点和知识能够对教师进行补充，因为其中存在不同方面的信息。幼儿以前的成就并不会被遗忘，而学习的连续性也被强化了。幼儿经常会从一所学校转学至另一所学校，从一个社区搬迁至另一个社区，在每个环境中必须完全重新开始对幼儿和家长来说都不公平。最后，时间、金钱和精力都被投入筛选、诊断、成就和健康测验以及其他记录，它们应该被使用。

收集信息的方法

收集信息的方法是"如何",即信息是通过怎样的方式收集的。它可以是正式或非正式的(Goodwin & Driscoll,1980)。正式的方法通常涉及研究工具、临床技术或标准化测验(例如筛选测验或成就测验),尽管它们能够得出有用的信息,但是它们在课堂中的使用是有限的。正式的方法要求教师具有特殊的知识和专门的技能来做出正确的解释。非正式的方法包含正常的课堂活动,并且直接与课堂决策及记录朝向发展目标的进展相关。

很多非正式的方法都能够获取关于幼儿的信息。这一部分涵盖了四种主要的非正式方法:系统地观察幼儿、引导幼儿做出回应、收集课堂活动作品和引导家长提供信息。

系统地观察幼儿

最为广泛使用的收集幼儿信息的方法就是看和听。当然,所有教师都会在工作中观察幼儿。有些观察是日常和非正式的——肯德拉剪了头发,奥马尔大部分时间都在搭积木;有些观察是凭直觉或"感应到"的——幼儿在失去兴趣,布拉德累了。但有一类观察是系统、集中且用来收集信息的。在15~20名幼儿的小组中,教师不能记录下所有发生的事,注意力必须针对一名幼儿、一种特定的行为模式、一个情况或问题,或朝着可识别目标前进的进展。这样的观察就称作"系统化观察"。

系统化观察指南

决定观察的目的,并聚焦于该目的。观察的目的可能是找出关于特定幼儿朗读进展的更多信息,也可能是确定造成过渡环节中存在困惑的原因,或是收集关于一名新幼儿无法融入课堂活动的信息作为帮助他(她)的第一步。观察的目的还可能是寻找朝向一般学习目标的进展证据(例如问题解决能力,或独立阅读与理解一本书的能力)。观察的一个优势是它可以用于收集关于课堂或学校忧虑的几乎任何信息。

尽可能地客观。客观性评价的重要性已经在第二章中讨论过。建议你现在重新阅读该部分。个人信仰和经历会影响我们选择关注什么内容、看到和听到什么内容以及如何决定这些内容的含义。有几个技巧能够帮助观察者增强客观性：清楚地认识自身的偏见；避免贴标签和刻板印象；努力对受观察行为进行准确的记录；区分事实和基于事实得出的推论。

聚焦于正在发生的事情的事实和细节，尽可能少地对信息进行解读和过滤（Boehm & Weinberg, 1997）。观察并倾听幼儿做了什么、说了什么，小组中其他幼儿做了什么、说了什么，他们花了多长时间绘画，幼儿如何公平地划分小组资源，幼儿说了什么、做了什么来劝说其他幼儿加入一项游戏，以及其他幼儿是怎样反应的，或幼儿在遇到不知道的字母、数字或单词时做了什么。

任何基于这些证据所做出的推论、任何试图确定它们意味着什么的尝试都应该在这之后发生。一个推论是对一名幼儿或一个幼儿小组的行为的解释，它可能包含对感觉、意图、动机、知识、思维过程或态度的推测。推论可能包含某一行为对未来发展的重要性的评价和判断或对幼儿在本次观察中和先前观察中的行为进行的比较。

区别对于所发生的事情的描述与对于所发生的事情的解释和分析。人们习惯于一边观察和倾听他人，一边理解并回应他人。例如，同事的行为可能会引导你认为他们是"友好的""无礼的""心情不好的""气馁的""疏忽的""疲惫的"。这在日常生活中对你很有帮助，尽管有时候你可能是错误的。为了增强观察的准确性，应推迟判断、结论和对含义的其他解读，直到观察结束。有些观察不需要解读。系统化观察具有优势，也有其局限（见表 4.3）。

表 4.3 系统化观察的优势与局限

优势
• 幼儿不需要阅读和写作就能被评价。
• 幼儿可以最低程度地意识到他们的行为在被观察。
• 课堂常规和活动不需要改变。
• 幼儿在熟悉且与事件相关的场景下被评价。
• 观察是取得关于某些行为的信息的最为直接和有效的方式。例如，一名教师必须观察并倾听幼儿的互动，以找出他们是如何商议轮流游戏、分享资源或完成一个项目的。
• 观察能够用于取得几乎任何有关幼儿发展和学习的信息（不像准备好的检核表和量表）。
局限
• 一些重要的发展方面，例如态度、价值观以及其他精神方面的进展，并不能通过观察幼儿的行为进行评价。
• 系统化观察需要集中注意力，这很难在与幼儿互动的同时做到。
• 个人因素可能会歪曲观察者的看法，这是永远都无法彻底消除的。

观察言语行为和非言语行为。倾听言语行为——幼儿实际说出的话和他们说话的方式（包括流畅度、语调、咬字和发音）。同时，观察非言语行为（例如身体姿态和动作、运动反应、手势和面部表情）。如果该信息会对重要决定产生影响，那么应进行多次观察。

引导幼儿做出回应

教师和幼儿在日常课堂互动和评价中对话、讨论活动并交换问题和答案。通过直接询问幼儿来专注于需要的信息，而不是等待自发出现的证据，教师能够节省时间。教师也可以使用指导性对话来探索幼儿的思维过程、问题解决策略、论证以及几乎所有的忧虑（Berliner，1987；Ginsburg，1997）。

传统的评价方式是成人进行提示，幼儿给出口头或书面回答。真实的评价方式为传统方式加入了几种特定的评价方法（包括表现性评价、动态评价、访谈、会议和讨论）。对于上述几种评价方法的简要描述在下文中会有所呈现。教师几乎没有时间与幼儿进行个体的深度访谈，但是，他们能够将很多访谈技巧与指导性对话相结合。例如，教师能够探查幼儿回应背后的思维或帮助确定幼儿在协助下能够做些什么。在所有的"指导性对话"中，特别是在那些用于评价的指导性对话中，教师必须仔细思考他们使用的问题或表述及他们预期幼儿能够做到的事情。有时，最重要的问题并不是最初的问题，而是幼儿回应之后的问题。对于研发适宜的问题、提示和预期的指南在后文会以总结的形式出现。

表现性评价。在表现性评价中，学生被允许在真实的生活情境下展现他们所了解的知识和能够做到的事情。为了观察幼儿能否解决一个问题，教师会让他们去解决一个问题。例如，幼儿需要通过数数来确定每名幼儿都能拿到一块橡皮，那么一共需要"多少块"橡皮就可以作为一个游戏的一部分出现（Kamii，1990）。又如，幼儿会阅读书籍并写一些相关的内容来展现他们的读写能力。表现性评价能够关注一段过程（例如朗诵）或作品（例如一篇文章）两者中的任何一个，也能够同时关注两者。例如，一名一年级教师能够同时对写作过程和作品进行观察。首先，他可以观察一名学生书写，并记录下该幼儿如何握住并控制铅笔、如何摆放纸张以及如何坐；然后，他可以对写作作品的内容、字母构造、易读性和字间距进行评判。

由于幼儿只有有限的交流技能,所以幼儿教师在很大程度上依赖表现性评价。教师可以观察并评价自然发生的行为或安排有组织的表现(Russell & Airasian,2012)。

动态评价。引导幼儿给出信息的特定方式是动态评价,该评价方法使用了利维·维果茨基[1]的最近发展区[2](Zone of Proximal Development,ZPD)概念(Vygotsky,1978)。动态评价探查幼儿能独立完成的技能,而不是将幼儿的表现单独看作幼儿当时能做到的事;这些技能在教师与幼儿互动的过程中能够被发掘出来。教师试图识别幼儿已经在使用的学习策略,同样试图识别最可能促进未来学习的教学过程(Berk & Winsler,1995;Lidz,2003)。教师使用的暗示、提示、线索和问题与幼儿的回应应一起被记录下来。对影响幼儿完成任务的协助进行调查通常会显示出幼儿当前的理解和技能水平,并会为未来的教学提供指导。

在传统评价中,幼儿应该正确地完成所有的任务。动态评价与其不同,它开始于幼儿完成任务有困难或犯很多错误时。动态评价能够为最近发展区的两个水平(即较低水平或未经协助水平和较高水平或最大协助水平)提供信息。它将评价与回应式教学相结合,不仅能让教师在评价过程中提供暗示和线索,还能帮助教师了解他们接下来可能教学的内容,并提供一种探索幼儿接受能力的方法,以支持后续步骤(Shepard,2000)。

梅丽莎正处于学习声音—符号关系的起步阶段。曼斯菲尔德老师和梅丽莎正一起看一幅画,画中有一匹在牧场上的马,画的下方写了"Horse"这一单词。曼斯菲尔德老师指着这个单词。梅丽莎期待地看着她。"这个单词是什么呢?"曼斯菲尔德老师问。"太阳。"梅丽莎看着画中的太阳回答道。"这个单词的第一个字母是……"教师提示。"H……是树吗?还是小马?"梅丽莎问道。"H……"曼斯菲尔德老师继续提示着。"噢,马[3]!"梅丽莎说道。曼斯菲尔德老师注意到

---

[1] 利维·维果茨基(1896—1934),苏联心理学家。维果茨基认为社会环境对学习有关键性的作用,认为社会因素与个人因素的整合促成了学习。——译者注

[2] 最近发展区,Zone of Proximal Development(ZPD),指学习者现实及实际可达到的发展的差距。这个差距由学习者的独立解题能力及其潜在的发展水平决定。换句话说,就是在学习者的学习能力以内,但其暂时未能理解的知识。——译者注

[3] 本例子中使用的"马"一词英文为"Horse",故教师所提示的首字母为"H"。梅丽莎所回应的"树"一词英文为"Tree","小马"一词英文为"Pony"。——译者注

梅丽莎试图使用图片线索来阅读，但并不能在没有提示时将"H"的声音与单词联系起来。一旦梅丽莎得到提示，她就能想到一个既符合图片内容，又以"H"的发音开头的单词。通过用"H"进行提示，曼斯菲尔德老师将更多关于声音—符号关系的知识展现了出来。如果她在听了梅丽莎的回应后只停留于"这个单词是什么呢？"或"这个单词的第一个字母是……"便不能有同样的效果。

使用发展连续体或一系列学习中可能出现的步骤作为指南，教师能够对提示进行计划，进而按照幼儿的需求提供协助（见第八章）。协助可以针对特定的技能和知识或针对更为宽泛的策略（例如问题解决和找出关系）。

访谈、会议和讨论。访谈、会议和讨论是引导幼儿给出信息的其他方法。访谈通常包含一系列计划好的问题；会议通常包含讨论，教师和幼儿可以分享他们的想法。访谈几乎可以针对任何主题，也可以在任意的复杂程度上进行，但它们适合开放且多变的问题。"哪些事你做起来很容易？""你喜欢我们户外考察中的哪些方面？"或"解释一下你的思考"，都是能够展现幼儿个体学习方法和思考过程的问题。开放式问题也能够帮助幼儿学习给予成人较长的回应。

会议的开展通常与幼儿所完成的工作（例如写作、科学或数学）相关，但它们几乎适用于任何主题。教师和幼儿可以对工作进行讨论，每个人都提供想法和建议。会议展现了幼儿的理解和自信水平，并广泛用于帮助学生分析并反思自己的工作（Calkins，Hartman，& White，2005；Stenmark，1991）。

引导幼儿做出回应指南

建构口头或书面的回应提示（问题、要求、表述）以引导出想得到的表现水平。教师可以提出问题，做出要求、进行表述或建议，给出指导、暗示和线索，展示任务或问题，给出非语言暗示，以引导幼儿做出回应。这些提示的措辞和形式决定了回应。例如，评价问题通常需要一个关于事实的、单个单词或有限单词的回应——"这只动物叫什么？""故事里的孩子们去哪了？""……之后发生了什么？"鼓励幼儿结合、使用并评估其所知内容的提示会展现并鼓励复杂思考。鼓励幼儿建构回应——说、写、制表、绘画或以其他方式展现他们所知道的内容——的提示，在幼儿具备必需的知识和技能后是适宜的。以下区别会帮助你辨别幼儿准备好做出回应的水平。

- 识别与回忆。让幼儿在一系列选项中选择正确答案考察的是识别水平："这个和那个相比,是更大还是更小?""我们在路上看到的那只动物叫什么?是松鼠还是花栗鼠?"在回忆水平上,幼儿必须在没有选项的情况下给出正确答案,例如"二加二等于几?"或"这本书是关于谁的?"。幼儿和成人一样,通常能够在回忆起信息前识别信息。
- 接受与表达。接受水平的要求需要运动反应,例如"指向一个圆圈"或"绕着树走一圈,然后爬上梯子"。表达水平的问题和表述引导幼儿用语言表达、产生或阐述想法,例如"告诉我这个形状的名称"。一般来说,接受水平的问题比表达水平的问题要容易回答。
- 收敛性与发散性。收敛性问题或表述要求一个特定的语言或非语言回应,并且有正确答案:"这是什么颜色?""如果我有两个苹果,给你一个,还剩几个?""把这个动物放在他的家旁边。""梅维斯,让我看到你能爬上这个梯子!""指向字母'L'。""在这里写下你的名字。"发散性问题或表述在引导幼儿表达观点、想法、论证或感觉时是适宜的;它们并没有特定的正确答案。"在你阅读时,想一想为什么故事里的动物试着用不同的方式解决它们的问题。等你读完后,我们一起讨论。""米格尔,你最喜欢我们的动物园之旅中的哪件事?""帮我想一想,我们要怎么讲关于一头熊的故事。"发散性问题或表述的措辞使它适合于多个回答或回应。
- 认知复杂水平。布鲁姆分类学[1](Bloom, Englehart, Furst, Hill, & Krathwhol, 1956)提出,认知复杂水平在涉及问题和表述时十分有用。该分类学按复杂程度逐步增加列出了认知过程(见表4.4)。超越知识的水平是真实性评价能够激发的复杂思考和论证能力(Herman, Aschbacher, & Winters, 1992)。

---

[1] 布鲁姆分类学(Bloom's Taxonomy)是美国教育心理学家本杰明·布鲁姆于1956年在芝加哥大学提出的分类法。该方法对教育者的教学目标进行分类,以便更有效地达成设定的目标。——译者注

表 4.4 认知复杂水平

知识	
回忆、记得或能够识别一个想法或行为的能力。"这个形状叫什么？""指向字母'B'。"	
理解	
用自己的语言转化并解释的能力。"用你自己的语言解释什么是哺乳动物。""告诉我有哪些东西是圆形的。"	
应用	
使用信息，并将其应用于新情境和现实生活环境中的能力。"利用你的数学技巧来分这张比萨。""利用你的阅读技巧找出这些单词中有哪些和'look'押韵。"	
分析	
将信息分解成小部分的能力。"比较一只老虎和一只宠物猫。""一个三角形和一个正方形的区别是什么？""为了解决这个问题，你需要哪些信息？"	
综合	
将单独的部分组合成一个新的整体，将不同来源的信息整合成一种新形式的能力。"写一首你自己的诗吧，用以'B'开头的单词。""用这些立方体组成一个你自己的图案。"	
评价	
使用一项标准或一组条件对信息进行判断的能力。"这真的已经发生了吗？""解释为什么你认为这个故事的结局是好的。"（Bloom et al., 1956）	

确定幼儿会如何回应。教师可以要求个人的回应（一次一名幼儿）或团体的回应（所有幼儿一起）。回应可以是语言的、非语言的，或书面的。语言回应即大声说出答案。非语言回应即运动行为或身体回应，例如指向、点头、举起手以及表现某种行为或技能。书面回应包括绘画、画圈、打钩和写下答案。例如，教师可能会让幼儿说出某种动物的名称、指向该动物或圈出该动物的图片。

在诸多表现样本中，幼儿需要被准确告知他们要做什么以及怎么做，例如"用你的左脚跳五次，不要让你的右脚碰到地面"。这些标准简单易懂（Gage & Berliner, 1998），这使得解读这样的评价结果变得容易。

研究表明，引导幼儿做出回应具有明显的优势与局限（见表 4.5）。

教师可以通过幼儿容易回应的方式呈现提示（问题、表述、困难）。

- 设计清晰、直接且明确的问题和要求。
- 如果需要一个特定的回应，那就将其包含在指导中——例如，"跳上跳下"或"告诉我你喜欢这个故事的哪些方面"。避免间接的表述（"你愿不愿意给我指出大写字母？"）或模糊的表述（"你能跳上跳下多少次？"）。
- 简短地提示，最好一次只有一个提示。对于幼儿来说，这样的提示比冗

表 4.5　引导幼儿做出回应的优势与局限

优势
• 引导回应让教师和幼儿都能关注某一特定行为。教师能够节省提问时间，而不是等待幼儿自发地说出："那是字母'J'。"
• 与使用偶然的、非语言暗示相比，引导幼儿做出回应在检查幼儿理解程度时是更为有效且可靠的方法（Berliner，1987）。
• 引导回应能够探查幼儿理解、阐明答案、识别错误想法的水平，帮助幼儿学习并展现复杂思考的技能。
• 动态评价将评价与教学相结合，并为有效支架幼儿的学习指明方向。
• 访谈、回忆和讨论能够使教师深入了解幼儿的感觉和态度，同时深入了解他们的知识和思考过程。
• 对于能够阅读与写作的幼儿，通过非正式课堂测验引导回应能够提供与课堂活动直接相关的信息。

局限
• 如果一名幼儿没有回应，那么教师并不能知道他不能做出回应，只能知道他没有做出回应。
• 幼儿的回应可能会反映出社会因素，而不是"知识"。家庭和学校里的成人—幼儿互动文化差异可能会影响回应。回答问题困难的幼儿可能会失去自信并在知道答案的情况下也无法回应。幼儿甚至可能会猜测或回答他（她）认为教师想要听到的答案。
• 问题的设计方式会影响回应。幼儿可能不知道如何回应令人疑惑或令人误解的问题。
• 除非以谨慎的方式操作，否则询问问题可能会被幼儿认为是威胁。

长、多项的提示更容易遵循。

- 确保幼儿理解问题或要求。使用一些练习项目来确认他们已理解。
- 用多于一种方式来问同一问题。如果一种方式行不通，那就试试另一种。
- 在预期幼儿的回应前，允许有"思考时间"。
- 以鼓励幼儿继续的方式回应他们的答案。

使用可靠的测验建构原则来建构或选择纸笔测验。随着幼儿在阅读与写作方面变得熟练，书面回应被用于评价阅读、写作、拼写和数学（包括书面表现样本、活动、实践试卷和由教师设计或从教师资源册中获得的非正式测验）。针对刚开始写字的幼儿的非正式测验通常让他们通过打钩、画圈、画线、连线或标记"×"在一系列答案中识别正确答案。这种测验通常有最小限度的条目和最大限度的图像线索，问题被大声地朗读出来或打印在测验卷上。随着幼儿长大，他们能够阅读指导和问题，然后建构并书写答案。

幼儿越年幼，书面测验越缺乏有效性、适宜性。年幼幼儿的精细动作技能可能会妨碍书写，即便幼儿知道问题的答案，薄弱的阅读和写作技能也会导致不好的表现。幼儿会忘记他们读到的位置、在错误的问题上标记、不遵循指导或做一些其他和知识无关的事。在使用书面测验时，教师需要帮助幼儿学习应试技能。

测验项目主要有两大类：选择的回应和建构的回应。选择的回应包括是否、多项选择、连线和填空。为小学生设计的建构的回应项目要求他们能够写出简短的答案。这些项目与现实生活经验更为接近。

各种不同种类的测验项目的指南和例子见表 4.6。使用相同的标准评价教师资源手册中的测验。此外，检查以确保测验与教学内容相匹配。

表 4.6　一、二年级书面测验指南

测验项目类型	例子	一、二年级指南
是／否或真／假 判断表述为是／否或真／假	1. 狗是哺乳动物。 　是／否	・使用不含"和""但"的简短表述。 ・以主动语态进行表述。
多项选择 题干和选项	一年级新学期刚开始时： 1. 这个家庭为什么去游泳？ 　A. 那天很冷。 　B. 那天很热。 　C. 那天下雪了。	・使用不完整的表述或问题作为题干；对年幼的幼儿，问题更为简单。 ・保证选项的措辞为短句或短语。 ・学生应该能够在只读题干的情况下理解该问题。
	一年级／二年级结束时： 1. 小红帽要去探望_____。 　A. 她的狗。 　B. 三只小猪。 　C. 她的外婆。 　D. 她的老师。	・只有一个正确的回应。 ・避免在选项中使用"以上都不是"或"以上都是"。 ・避免在题干中使用"不"。 ・建构可信的选项，每个选项字数相近。 ・将选项以不同的顺序排列，正确选项在不同的位置。 ・避免语法线索（冠词或动词）。
连线 将两栏中的项目相匹配	1. I'm　　　she is 2. she's　　is not 3. isn't　　I am 4. who's　　I have 5. I've　　　who is	・两栏中的项目数量相同；一栏中的一个项目与另一栏中的一个项目相匹配，没有多余的词语，也不存在两个项目匹配同一个项目。 ・确保同类词语在同一栏中（例如，所有缩写在一栏中，所有与缩写相对应的词语在另一栏中）。 ・每一栏中项目不要超过 5 个。
填空 填充缺失词语的句子	1. 有 3 只／匹 _____。 2. 有 2 只／匹 _____。 3. 有 4 只／匹 _____。 　　马　　猫　　狗	・每个词语只使用一个空缺。 ・缺失的词语应该是一个重要的单词或概念。 ・将可能的选项放置于题目的下方或侧面；选项与题目数量相同。
简答 幼儿用自己的语言书写答案	1. 爷爷为什么想要做玩具？	・使用直接的问题，而不是不完整的句子。 ・答案应该是简洁的，通常为一两句话。 ・向幼儿介绍可接受的答案的特点。 ・为打分研发一个量规。

收集课堂活动作品

很多课堂活动会产生一件作品或物件，它能为幼儿的状态和进展提供宝贵的证据。尽管约瑟法用黏土做的蛇不会被保留下来，但她能够做出一条蛇这个事实表明了她的小肌肉发展水平。迈克尔和玛拉用能够交叉在一起的塑料积木精心地建造了一个小镇。这个小镇是他们对任务的坚持和社交技能的证据——在建造连接在一起的结构时的合作与协商。基拉在学年初期和结尾时所画自画像的对比显示了她在认知表现上的成长。这些作品是重要的评价窗口，它们经常会在匆忙的清理中被遗失，或没有看第二眼就被幼儿带回了家（Kuschner，1989）。教师应将这些证据留存，以作为幼儿学习的证明文件。

收集课堂活动作品指南

设计一份选择作品的计划。例如，定期对那些旨在展现幼儿进展的作品进行取样。收集不同媒介的作品，以记录所有发展和内容领域。基于作品能否很好地展现幼儿所学到的内容和所获得的经验来选择作品，寻找具有"突破性"的样本——即能够展现特定成长和发展的作品。作品不一定非要干净或漂亮，要基于作品所展现的过程选择作品。图 4.2 和图 4.3 展现了两名幼儿表现事件和物体的能力。在图 4.2 中，特洛伊似乎画出的都是不相关的物体，有些需要标注才能被认出。他口述的物体由一个或两个单词组成。珍妮弗关于游泳比赛的作品表现出她有目的且能够成功地使用纸条代表事件中的物体，她的拼写抓住了整个故事的要点（见图 4.3）。两名幼儿的精细动作技能也有所差异，这从他们对胶水、纸张和铅笔的使用中可以看出。

选择那些能够展现幼儿问题解决能力的独特方法或对某事有独特构想的作品。例如，玛尔塔可以用她所拥有的任何材料做出复杂的图案，泰勒则可以用相同的材料创造出关于他最喜欢的电视节目的作品。

建立一个储存和总结作品的系统。在纸条上记录幼儿的名字、日期和保存该作品的直接原因，并将其附在作品上。你可以将幼儿的作品扫描并储存在计算机中，用电子方法完成上述操作，按照时间顺序储存作品，并对照小组内的作品。更多选择和整理作品的想法请见第六章。收集课堂活动作品的优势与局限见表 4.7。

图 4.2　特洛伊的作品

（经达尼埃尔·埃里克松允许使用。）

这是一场游泳比赛，我姐姐赢了！

图 4.3　珍妮弗的作品

（经莱斯莉·阿拉玛允许使用。）

表 4.7　收集课堂活动作品的优势与局限

优势
- 课堂作品能够描述费时且难以用语言描述的信息。
- 幼儿对于材料的使用展现了多个发展方面、学习步骤和朝向目标的进展的信息。
- 作品或手工制品容易收集，因为它们是很多课堂活动的产出品。
- 教师能够收集小组作品和个人作品。
- 它们能够被收集并在一段时间后进行对比。

局限
- 很多重要的发展和学习并不产出作品。例如，一名学习站在他人角度思考的幼儿并不能通过作品来展示他所获得的能力。
- 幼儿会有独特的作品，这使得教师很难清楚地了解课堂需求。
- 对于作品评价的过度强调可能会将课堂中心由"过程"转移至"作品"。
- 教师很难确定保存哪些样本、保存多少样本。

引导家长提供信息

有很多方式可以获取来自家长的信息——非正式对话和交流、回忆、交换电子邮件、家访、填写表格和问卷，也可以让家长参与到评价孩子的过程中。所有的方式都包含个人交流：提问、讨论忧虑、留心且积极地倾听或阅读以及回应。接下来的部分会介绍各种与评价相关的家长—教师交流的方法。尝试那些适用于你的情况的方法。不是所有家长都会合作，但很多家长会乐于帮忙，他们的参与对所有人都有所助益。教师后续的努力可以使家长增强参与程度（Epstein，1987）。通过表 4.8，我们可以知道家长和其他成人作为信息来源的优势和局限。

表 4.8　家长和其他成人作为信息来源的优势和局限

优势
- 家长能够提供关于孩子在除学校外的自然环境下的行为信息和想法。
- 家长能够分享关于家庭—学校、文化和语言差异的信息。
- 其他人的经验和想法能够增强教师对幼儿的了解。家长有对孩子由出生到现在的长期发展的看法。同样，特定领域的专业人士可以增强教师对幼儿的了解。

局限
- 其他人的偏见会扭曲教师对幼儿的看法。
- 如果家长不熟悉评价的目的，他们可能会对幼儿施加压力，让幼儿以特定的方式表现。
- 专业人士通常只在特定情况下才会参与。

引导家长和其他成人提供信息的指南

尊重家长和社区文化、风俗习惯和语言。如果某些家长对于使用英语交谈、阅读或书写感到不适，那么掌握多种语言的教师可以使用家长的主要语言与其交流，或者为他（她）安排一名翻译。使用敏感、积极的讨论和倾听技巧。

向家长建议什么样的信息会有帮助。有些教师只是简单地问家长："你想让我了解关于你的孩子的哪些信息？"类似的开放式问题在表 4.9 中有所罗列。很多家长没有意识到家庭事件可能对幼儿在学校的行为有所影响，而如果教师对特定情况有所了解，他们就能更好地理解幼儿。向家长提供有帮助的信息的例子（重大事件，例如新生儿的出生、搬家、疾病、结婚、离婚或宠物的死亡；幼儿每天的情绪起伏，例如疾病、被扰乱的睡眠模式或一个"不顺心的早晨"），并告诉他们原因。

表 4.9　引导家长提供幼儿信息的开放式问题

- "你希望孩子在这个教学项目中得到什么？"
- "你的孩子现在的游戏（阅读、学习）兴趣是什么？"
- "你的孩子有哪些强项？"
- "有哪些需要我们注意的特殊需要吗？"
- "你们在家里都做了些什么？"
- "我们想了解一下你的孩子身边的朋友和他们之间的友谊——朋友的年龄、他们都玩些什么、他们相处得如何。"
- "还有哪些事情是你希望我们了解的？"

利用已有的交流机会。入学表格上的背景信息可能会提供很多细节（例如幼儿此前的学校、家庭结构、监护安排、健康问题和过敏）。将几个问题附在入学表格上，并让家长填写完毕后送回指定教室。以交流文件夹、简讯或特殊要求的方式将问题交予家长。利用幼儿园集会、返校之夜、家长会和家长—教师会议作为获取信息的机会。

非正式的信息交换在小型社区或学校里经常发生。在这些社区或学校里，家长接送孩子上下学。为了很好地利用这一机会，可以准备一个专门用来交换信息的地方。有些学校和幼儿园会在每日签到、签出表的上面或旁边留出专门的位置，以供家长书写评论。在另一些学校和幼儿园里，教师会对每天的时间做出规划，以便能够与家长交谈。当幼儿坐公共汽车上学、自己走路上学或家长只是将幼儿送到学校门口时，教师可以通过电话与家长交流，或采用语音信息、电话答录机、电子邮件和网页留言等方式。

很多教育项目在学年初都有教师—家长共同完成的对幼儿目标的设定。家长列出自己的预期，然后教师会对家长给出的提示（例如表 4.10 中列举的内容）做出回应。家长和教师会将这些预期的副本留存，在学年结束时提供关于幼儿进步的观点。

表4.10　家长—教师共同目标设定中使用的项目

- "我希望看到我的孩子多参与以下内容：……"
- "我希望看到我的孩子少参与以下内容：……"
- "在学校里，我希望教师能够在以下方面帮助我的孩子：……"
- "在家里，我希望能够在以下方面帮助孩子：……"
- "我们可以通过这些方法共同参与孩子的教育：……"
- "我希望更多地了解关于孩子的以下方面：……"

在获取所需的、与问题或忧虑相关的信息时应讲求技巧。有些教师会描述他们在学校里的所见所闻，然后了解家长的想法、相似的家庭经历和其他能够帮助教师理解并确定某一行为进程的信息。教师应诚实地讨论忧虑，但要开放地接受家长的想法和观点。

让家长进行一些评价和记录。当涉及一些简单、非威胁性的任务时，可以让家长和幼儿在家里完成。教师还应提供清晰的指导（包括关于合适的时机、保持任务的随意性和意识到什么时候该停止任务的建议）。表4.11给出了家长参与评价的一些方法。

表4.11　家长参与评价的方法

教师可以向家长发放一份要求单（包括证明、需要的材料、可能对教师有所帮助的指南以及记录什么内容、怎样将信息返还学校或中心的指导）。以下是关于家长参与评价的一些想法。

对幼儿进行访谈：
- "你在学校里最喜欢做的事情是什么？最不喜欢做的事情是什么？"
- "你在家里最喜欢做的事情是什么？最不喜欢做的事情是什么？"
- "你最喜欢的电视节目（书籍、计算机游戏、运动等）是什么？为什么？"
- "你最喜欢吃什么？告诉我怎么做这道菜，我写下来。"
- "你在学校里正在学习（已经学到）哪些内容？"（只在试图帮助幼儿意识到并记住他们正在学习的内容时使用。）
- "告诉我一些你所知道的关于……（计划学习的主题）的内容。"

帮助记录强项和需求：
- 当幼儿在家里大声阅读时进行录音，以便为成长档案袋获取阅读样本。
- 帮助幼儿记录阅读日志，记录家长给幼儿阅读的书籍和幼儿独自阅读的书籍。
- 回答由教师准备的关于作业的问题，记录家长为幼儿提供的帮助的种类：
  - "完成作业用了多长时间？"
  - "作业的难易程度如何？简单、适合或困难？"
- 记录幼儿需要帮助的学习习惯。

表4.12是家长和幼儿可以在家里记录的阅读日志的例子。对于还不能阅读

和写作的幼儿，由家长进行记录。对于能够阅读和写作的幼儿，他们可以自己记录日志，并标明是家长为他们阅读了一本书，还是他们自己阅读了一本书。对于刚开始写字的幼儿，可以把单元格放大些（以便书写）。向幼儿解释并举例说明"评论"部分要写什么内容。当写满一张纸后，将它放入幼儿的成长档案袋。

表 4.12　在家记录的阅读日志

阅读日志				
姓名 _____			开始日期 _____	
书名、作者	谁阅读的这本书？ 幼儿 = C 成人 = A	日期		评论 [1]
		开始	结束	

以专业的方式确定其他教师和专业人士对幼儿的了解。避免有时在教师休息室内发生的不专业的意见交换，或对幼儿贴标签。通过以专业的方式交换对幼儿的了解，教师可以预防类似闲聊的对话。更多的建议请见第十一章。

评价环境

评价的环境或情境是由周围环境中的有形因素（例如物理空间或人）定义的（Bentzen，2009；Boehm & Weinberg，1997）。它对幼儿和成人有强大的影响；任何变化都会影响评价的结果并影响发生的行为和互动的种类（Barker，1968）。环境决定了一项表现性评价是否是"真实性评价"。环境能够增强幼儿的动机和个人参与度，反过来也会影响幼儿回应的复杂程度和成熟程度（Cazden，1972）。幼儿在一项有趣、参与度高的活动中的行为与他们在一项无趣的活动中不尽相同。同样，如果一名幼儿在环境中感到舒适，那么他（她）就会表现得更好。幼

---

[1] 评论可以包括对书籍或写作的印象、意见或反应，展现出书中事件与幼儿此前知识或经验的联系，对书中情节或主题的反思，或其他个人反应。可以根据个人喜好决定书写的长度。——作者注

儿在不熟悉、异常的情境中的焦虑可能会导致不合作的行为（例如胡闹或拒绝回应）。环境是确定幼儿会如何表现的重要因素（Bodrova & Leong，2007）。

在选择评价环境时，需考虑以下因素：物理空间、材料、活动、人以及教师结构的数量。

环境的特性

物理空间。对于物理空间的安排能够增加特定行为出现的频率，并将令幼儿分心的事物减到最少限度。例如，将攀爬器械摆成一列会增加幼儿按顺序使用器械并攀爬、摇摆和平衡的可能性。而且，如果器械的摆放暗示了某种顺序，那么这可能会减少幼儿打断其他人攀爬进程的倾向。

材料。加入新材料或更换经常出现的材料会影响评价。阅读区内的一本新书、科学桌上新的神秘石头或其他微妙的变化通常会导致行为的变化。在表演游戏区加入一两个道具可能会鼓励通常不参与游戏的幼儿加入游戏。

活动。活动对行为有着直接的影响。很多大肌肉技能能够在特定的活动（例如户外游戏、抓人游戏或运动活动）中被观察到。但小肌肉技能更可能会在幼儿拼拼图或完成艺术作品时被观察到。要选择那些足够有趣且能让幼儿参与其中的活动。作为课堂惯例部分的活动可能对于幼儿来说过于熟悉，以至于他们不能产生兴趣和参与。为达到一次优质评价所需的参与度和兴趣，教师应对幼儿熟悉的活动进行改造。有时，一些并不经常与特定行为相联系的活动对于幼儿来说是新奇的，足以增加他们的兴趣。例如，在户外活动中数跳跃次数可能会比通常使用可操作材料进行的计数任务更有趣，幼儿也更愿意参加。

对于不到 7 岁的幼儿，最可能引发复杂和成熟行为的活动是游戏（Bodrova & Leong，2007）。这时可观察幼儿游戏或假装扮演角色。也许安娜在教师给一组幼儿读故事时并没有听，但是，当她和一个假装在阅读的朋友一起"假装上学"时，她聚精会神地听了 10 分钟。

人。幼儿的行为会受到在场的人的数量和身份——朋友、同龄人或成人——的影响。小组行为比个体行为的总和所展现的内容更多；小组内存在复杂的动态，这会对社会互动造成影响。每个个体的个性、兴趣和行为会影响整个小组的功能。例如，一名幼儿的学术能力和社交状态可能会影响小组成员的参与程度。

同时，小组互动也会影响个体的行为。例如，斯泰西强烈希望其他幼儿做她想做的事会影响小组互动，她会不断地试图让其他幼儿以她的方式进行游戏、主导对话并试图不让其他幼儿说话。斯泰西的行为反过来又会受到遵从其指示的赛义德的影响，或受到不遵从其指示的玛尔塔的影响。大组中的小组同样对互动有所影响，例如，两个最好的朋友通过不断拒绝其他幼儿的建议主导一个合作性学习小组。

教师结构的数量。这涉及教师几乎没有干预的环境以及教师直接改变并控制的结构化环境。在大多数情况下，教师会提供某种结构（摆出新材料、组织一个活动或参与活动）。结构化活动与正常课堂互动模式相兼容，并且与它们没有明显的区别。设计一项合作性游戏，从而对合作行为进行观察。在游戏过程中，你会看到比平时更多的合作，但幼儿会将该游戏看作课堂生活的普通部分。

评价环境的例子

很多环境都适合进行评价。有些环境很明显，例如利用操作区对小肌肉发展进行评价，或利用阅读区对读写能力进行评价。有些环境则被忽视了，尽管它们也是进行评价的优秀环境。请考虑以下环境。

- 每日常规。在吃点心、清理、吃午餐、过渡和开展其他常规活动时进行评价。
- 户外。当幼儿在有组织地游戏或独自游戏时观察他们。教师能够观察到很多发展方面（包括大肌肉和社交发展、语言使用和问题解决）。
- 表演游戏。表演游戏可以作为评价社交、语言和认知发展的环境，也可以作为评价精细动作技能的环境。
- 活动区。当幼儿在活动区工作时，他们可以被教师评价，也可以评价自己。很多来自活动区的作品对幼儿的活动进行了记录。能够阅读和写作的幼儿能够通过填写表格和评价量表或录音对自己进行评价。
- 课堂会议或大组会议。当全班聚集在一起时，这通常会被忽视。教师可以评价小组功能和个人参与，也可以对特定知识和技能做出评价。
- 合作性小组活动。幼儿共同学习的小组是评价该组幼儿社交和内容目标的理想环境。
- 独立工作。在幼儿独自工作时对他们进行观察,注意他们的姿势、动作、面部表情、紧张或舒适度以及集中注意力的能力。

选择评价环境指南

选择能够引发幼儿最佳表现的环境。逐个想一想环境中能够影响幼儿回应、导致幼儿不寻常表现的因素(例如物理空间、材料、活动、人和教师结构的数量)。避免在不寻常的日期或当幼儿不遵循一般常规时安排评价(例如放假后返校的第一天或户外考察结束后的下午)。

确认幼儿处于舒适状态。确认幼儿在接受评价前有时间用材料进行练习。如果他们从来没有根据图片提示进行写作,那么要先让他们练习。如果教师从来没有在提问后不告诉幼儿他们的回答是否正确,那么教师就需要解释他(她)会如何提问,以及他(她)会如何回应:"我会问你们一个问题。通常,我会说'对',但这次我只会点头。"

利用物理空间来增加想要的行为,并将令幼儿分心的事物减到最少。在教室里安排评价的方式会造成某些幼儿比其他幼儿更加分心。将评价安排在走廊里可能会让某些幼儿感到尴尬,但将评价安排在教室里吵闹的角落可能并不会有好的效果。如果可能,要保持同样的教室安排。例如,不要把墙上的字母表或字母墙从它们通常的位置上移走。

使环境足够有趣且真实,以吸引幼儿。当教师用脱离环境的任务评价幼儿时,幼儿经常会表现出比他们所具备的能力更低的水平,这单纯是因为他们很容易就会觉得评价无趣。另一个原因是幼儿可能会假定他们并不需要给出完整的答案,因为成人已经知道答案了。这就是为什么让一名幼儿摆餐具并确保每个人都有一个盘子和一张餐巾纸可能是比让他们将每个蓝色的计数熊与红色的计数熊相匹配更适合于评价学前幼儿——对应能力的原因。

记住小组的大小和构成会影响互动。对小组大小和构成的试验能够帮助教师找出受评价行为的整个范围。在大组中,有些幼儿倾向于"守口如瓶"、不怎么说话,而其他幼儿喜欢为他们的同龄人"表现"。一名不喜欢独自阅读的幼儿在被要求为另一名更为年幼的同伴阅读时会表现出更多的热情。

选择合适的评价窗口

由于早期教育课堂存在太多资源、方法和环境的组合，所以教师可以经常改变评价的窗口。当你决定使用哪种组合后，要识别将要受到评价的行为，使用真实的评价窗口，使看到某种行为的频率和机会最大化，并使用多种来源、方法和环境。

识别将要受到评价的行为

重点行为会引导评价的来源、方法和环境的选择。因此，你应该尽可能明确地识别你决定要评价的行为（见第三章），以及你希望从中获得怎样的信息。

下面的两个例子可以对此进行说明：如果一名教师要对表演游戏中的幼儿的小组活动进行评价，那么该教师应该选择以小组形式进行游戏的幼儿作为信息的来源。观察是评价社会互动的优质方法，因为它能够在不干涉小组动态的情况下完成。为了选择最佳环境，教师必须考虑幼儿的数量、材料和小组的构成（例如小组成员的年龄和友谊）。

如果"使用英寸[1]、英尺[2]和码[3]测量"是焦点行为，那么最为真实的信息来源就是幼儿自身。最佳方法是从关注特定事实和行为的表现性任务中获取信息。任何能够让幼儿展示这些技能的活动（例如测量人行道、测量建造活动中使用的物体或确定幼儿自己的身高）都是适宜的。

使用真实的评价窗口

评价应该尽可能直接地激发被识别的行为。选择能够最好地完成评价的来源、方法和环境。在任何可能的时候，使用直接的信息来源，除非你的关注点在于家长和其他成人的观点。如果评价一种通常在特定环境下发生的行为，那么就利用那个特定环境。对于合作性学习的真实评价就是开展一项合作性学习活动。

---

[1] 英寸，长度单位，约为 2.54 厘米。——译者注
[2] 英尺，长度单位，约为 12 英寸或 30.48 厘米。——译者注
[3] 码，长度单位，约为 3 英尺或 0.9144 米。——译者注

尽管合作也会出现在表演游戏中，但这与在合作性学习中出现的并不相同。

使看到某种行为的频率和机会最大化

评价窗口应该使看到某种行为的机会最大化。为了确定有多少幼儿能够依照一种特质对物体进行分类，应选择幼儿能够对物体进行分类的活动。一个人可能会比另一个人更频繁地看到某种行为，例如，运动场监督员会比阅读专家看到更多的粗大动作技能。特定的环境容易约束互动并限制特定种类的行为。自发性游戏在戏剧表演中比在教师指导的活动中更经常地发生。特定的活动更为有趣，也能引出更好、更可信的行为样本。环境会影响动机——幼儿可能会更有动力在扔—接—答问题的游戏而不是纸笔测验中使用他们的附加技能。

使用多种来源、方法和环境

多种评价方式能够确保我们获得关于幼儿的更为丰富、更为平衡的观点。使用多种评价窗口来收集信息为整个评价过程增加了信度和效度（Russell & Airasian，2012；Sattler，2008）。特定来源或方法的弱点会被其他来源或方法的优点抵消。

没有公式可以决定评价需要多少种不同的评价窗口。教师必须使用自己的判断。可以参考下列一般指南。

- 为了评价幼儿的进展，至少要有两个相似的评价窗口。在学年初收集的一幅图画应该与之后收集的一幅图画（而不是一幅油画）相比较。初始评价和之后的对比项应该有相似的来源、方法和环境。
- 如果进行了多次评价，那么更多的变化是可以接受的。例如，如果收集了五个关于问题解决的样本，那么其中来自同一个来源、方法和环境的样本应该不超过两个或三个。如果进行了十次评价，那么三个或四个样本使用同一个来源、方法和环境是可以接受的。

表 4.13 展示了多种评价窗口，它们能够评价幼儿在不同发展和课程领域中获得的知识和具备的技能。

表 4.13　幼儿教育目标的评价窗口

大肌肉/粗大动作技能
- 系统地观察幼儿在运动活动、户外游戏、体育中的运动。
- 自我报告或引导幼儿给出关于他（她）最喜欢哪些游戏、活动或器械以及为什么喜欢的信息。
- 系统地观察幼儿的技能水平。
- 参与大肌肉活动的证据。
- 结合多种技能的障碍训练的表现样本。
- 某一特定技能的表现样本。
- 参与体育锻炼而不感到疲惫的时长证据。
- 模仿逐渐困难的运动模式（遵循一首歌、一段视频或教师的指示）的表现样本。
- 来自家长的对幼儿放学后和周末体育活动的描述。

小肌肉/精细动作技能
- 系统性观察和小肌肉技能发展的实例（作品），例如开展手指游戏或使用书写用具、橡皮泥、蜡笔、颜料、铅笔、粉笔、泥土、糨糊及其他需要小肌肉活动的材料（这可以由幼儿自发产生或由教师引导）。
- 自发产生的剪纸作品和表现样本。
- 自发产生的乱涂乱画或书写字母和数字的作品及表现样本。
- 使用小型可操作材料（如立方体、花纹块、木钉和种子）的例子。
- 幼儿绘画作品的复印资料（作品）。
- 系统地观察幼儿使用键盘、鼠标和其他配件的能力。
- 幼儿缝制的样本（作品）。
- 系统地观察幼儿对手动工具和器具的使用（可以录像）。
- 幼儿为自己搭建的建筑画的草图。
- 幼儿建筑（从小镇的一边建一座通到另一边的桥，建一座固定高度的塔）的表现样本。
- 学期开始和结束时幼儿的自画像。
- 教师对幼儿自助能力的系统性观察。
- 家长在家里观察到的幼儿自助能力的报告。

认知发展
- 引导得出的关于幼儿知识或思考过程的信息（使用网络或语义地图来记录信息）。
- 引导得出或幼儿自我报告的关于其在某一特定操作、项目或过程中的想法（你为什么会那样对贝壳分类？）的信息。
- 表现幼儿以图形形式展示信息的能力的自我报告、引导得出的信息或作品。
- 对于拼图、已解决的问题和如何解决问题的系统性观察或表现样本。
- 来自不同主题领域的工作样本。
- 幼儿完成基本认知过程——分类、建模、排序、思考和用符号表征，使用数字概念和运算，观察，比较和对比等——的表现样本。
- 对于记忆策略的自我报告或引导得出的描述（例如幼儿制作的清单）。
- 对于幼儿理解一个过程的自我报告或引导的描述（例如，幼儿最喜欢的食物是如何制作的）。
- 特定知识或技能的表现样本。
- 作品，例如报告、练习试卷、陈列品、课堂陈述、模型和其他项目工作的最终作品。
- 教师或幼儿记录的关于问题解决的表现样本。
- 关于幼儿设计或参与的游戏以及如何参与已经有所了解的游戏（所需知识、所用策略）的自我报告。
- 关于幼儿所使用的帮助其思考的内容（对于手指的使用、自言自语和监控思考的过程）的系统性观察、引导得出的描述或自我报告。
- 关于帮助幼儿解决不同水平问题的线索清单；关于未能帮助幼儿解决问题的线索清单。

（续表）

• 对于在练习试卷和表现样本中发现的错误模式的描述。 • 对于幼儿在家里最喜欢的问题解决和拼图游戏的描述。 • "这个怎么用？""为什么？"等幼儿询问家长的问题清单。
语言和读写发展 • 展现交流能力的系统性观察和表现样本。 • 特定概念、词汇和句型的理解和使用的证据。 • 花在阅读或翻阅书籍的时间及花在图书中心的时间的证据。 • 幼儿自己阅读，以及在家中或学校在他人的帮助下阅读的书籍的自我报告或记录。 • 关于幼儿最喜欢的书籍的自我报告或引导得出的清单。 • 幼儿向另一名幼儿、家长、助教、志愿者或教师大声朗读的表现样本（可以录像或录音）。 • 幼儿理解印刷物（例如标志、地图、字母、报纸、清单、书籍、教师记录和照片）的功能的证据。 • 幼儿创作的初稿和终稿——歌曲、诗、故事、叙述和日志的样本。 • 展示幼儿语音意识或字母知识的表现样本。 • 幼儿讲故事、复述或朗读自己写的作品的表现样本（可以录音）。 • 幼儿写作的表现样本——连续的草稿或独立的样本。 • 小组作品或经验表格。 • 展示幼儿关于印刷的概念的表现样本。 • 关于幼儿在家里最喜欢的书籍或阅读活动的家长报告。
个人和社会发展 • 对于幼儿与同龄人互动的特定方面的教师观察和记录。 • 发展友谊和保持友好的能力的证据。 • 合作性工作小组、课堂项目和远足中幼儿技能的自我报告和观察。 • 幼儿为特定时间选择不同活动的证据。 • 幼儿参与并对各种需要同龄人互动的活动做出贡献的证据。 • 引导得出的关于友谊（当朋友意味着什么？有朋友意味着什么？）和社会问题解决（你会怎么处理这个问题？）的信息。 • 对幼儿与他人的积极互动或消极、不适宜的互动的观察。 • 来自家长的关于幼儿在家里的亲密关系和保持友好的能力的描述。 • 引导得出的或自我报告的关于幼儿对自我的理解（我是谁？）。 • 关于幼儿在不同类型的活动中的动机水平的系统性观察和自我报告。
态度和倾向（关于几乎所有事情） • 展示幼儿在某一给定活动或任务上花费时间的证据。 • 展示幼儿对活动、书籍、项目、食物的选择的证据。 • 关于"最喜欢"的活动、书籍、歌曲、主题、在家里和在运动场上的活动引导得出的信息和自我报告。 • 幼儿在方法、态度和倾向上具有独特性的证据。 • 关于读过的书、完成的拼图、制作的地图、绘制的图画或掌握的技巧的数量的自我报告或引导得出的信息。 • 某一特定发展或主题领域中的知识和技能。 • 关于幼儿的态度与倾向的家长报告和来自其他教师的报告。 • 对于在某一特定领域观察到的关于动机水平、态度和倾向的表现样本的描述。

（续表）

特定内容领域
• 关于幼儿的能力、特定技巧、概念或过程的表现样本。
• 练习试卷和其他作品：科学、数学、综合项目日志或回应。
• 使用的概念、过程和策略之间的关系的证据（可能通过网络或语义地图记录）。
• 对于特定技能、概念和过程的描述。
其他重要评价窗口
• 出勤和迟到记录。
• 幼儿对自我发展的反思。
• 对于哪些幼儿在午睡并午睡了多久的观察（针对学前幼儿）。
• 对于哪些幼儿在早晨疲劳或饥饿的观察。
• 对于幼儿偏好的学习时间（早晨或下午）、安静时间、对噪音或新环境的反应和其他学习类型的特征的观察。

总　　结

为了公平地评价每名幼儿，教师需要使用多种评价方法或评价"窗口"，使用不同来源、方法和环境收集信息。幼儿、家长、其他成人和学生记录是信息的来源。教师可以使用多种方法观察，引导幼儿、家长和其他成人给出回应并收集和分析课堂活动作品。教师还可以改变物理空间、材料、活动和人以适应不同的环境。

每种方法都有其优势和局限。为了为给定的评价选择最合适的来源、方法和环境的组合，可以使用以下标准：选择一个尽可能真实、适合评价目的并能够使看到某种行为的机会最大化的组合。使用多种方法，以避免对一种来源、方法或环境的过度依赖。

使用多种评价方法要求教师具备特定的技能和态度。这些技能和态度在本章多处的指南中均有描述。教师要尊重社区文化、风俗习惯和语言，也要在与家长和幼儿交谈的过程中保持敏感并使用技巧。对于家长，教师可以使用已存在的交流机会引导他们做出回应，让他们参与评价，并帮助他们制定目标。对于幼儿，教师可以：①使用真实的表现性任务，访谈、会议和讨论，以及动态评价策略；②向幼儿提出一系列能够刺激记忆和反思并促进复杂思考和论证的问题；③使用不同难易程度和复杂程度的问题、要求和提示，以增加来自幼儿的信息的准确性和数量。

自我反思

1. 环境或情境是教师在评价幼儿时必须考虑的变量之一。想一想在什么时间和情境下，环境会对你的所作所为产生影响。环境的哪些方面是有影响力的？物理空间？材料？活动？人？结构？它们以怎样的方式影响评价？
2. 对于将其他人完成的学习记录作为关于幼儿的信息来源，教师通常有强烈的意见。思考你对记录的看法。你为什么有这些看法？

进一步学习与讨论

1. 李老师想要确定哪些幼儿能够隔"1"、隔"2"、隔"5"进行数数。识别三个不同的用于收集信息的评价窗口。解释你对来源、方法和环境的选择。
2. 博纳蒂老师想要知道德肖恩在其他环境中和在课堂上是否表现出同样的身体和语言攻击性。识别三个可能用于获取这一信息的来源、方法和环境，并解释你的选择。
3. 写出关于幼儿刚读完的一本书的问题或陈述，要求幼儿给出收敛性回应和发散性回应。写出一些问题或陈述，以引导幼儿给出在接受与表达水平的关于某一概念（例如相对位置或相对尺寸）的回应。写出一个关于昆虫的问题或陈述，以引导幼儿给出回忆与识别水平的回应。使用布鲁姆分类学设计关于食物概念的问题或陈述，并体现不同水平的认知复杂性。
4. 将下述观察记录中的推断（而不是对实际观察到的事情的描述）部分用下划线标出。解释你所做的决定。

　　蒂娜和诺姆在户外玩抓人游戏。蒂娜不小心绊倒了诺姆。诺姆痛打了蒂娜，把她推倒在地上。蒂娜很伤心，她开始哭并跑向老师。相比诺姆，老师更加同情蒂娜，因为诺姆通常是课堂上有纪律问题的那一个。她说："你怎么了，蒂娜？"蒂娜回答："诺姆把我推倒了，我受伤了。"老师拉着她的手走向诺姆，他现在也生气了，并且感到伤心。"诺姆，"老师问，"你有没有把蒂娜推倒？为什么会发生这样的事？"诺姆说："是她先绊倒我的。"蒂娜说:"我不是故意的。"蒂娜和老师意识到这其中存在误会。诺姆是个好斗的孩子,他总是以具有攻击性的方式回应。

推 荐 阅 读

Bentzen, W. R. (2009). *Seeing young children: A guide to observing and recording behavior*. Clifton Park, NY: Thomson Delmar Learning.

Boehm, A., & Weinberg, R. (1997). *The classroom observer: Developing observation skills in early childhood settings* (3rd ed.). New York: Teachers College Press.

Calkins, L., Hartman, A., & White, Z. (2005). *One to one: The art of conferring with young writers*. Portsmouth, NH: Heinemann.

Cohen, D. H., Stern, V., Balaban, N., & Gropper, N. (2008). *Observing and recording the behavior of young children* (5th ed.) New York: Teachers College Press.

Enz, B. J., & Morrow, L. M. (2009). *Assessing preschool literacy development: Informal and formal measures to guide instruction*. Washington, DC: International Reading Association.

Ginsburg, H. P. (1997). *Entering the child's mind: The clinical interview in psychological research and practice*. Cambridge: Cambridge University Press.

Helm, J., Beneke, S., & Steinheimer, K. (2007). *Windows on learning*. New York: Teachers College Press.

McMullen, M. B., & Elicker, J. (2013). Appropriate and meaningful assessment in family-centered programs. *Young Children, 68*(3), 22–27.

Popham, W. J. (2013). *Classroom assessment: What reachers need to know*(7th ed.). Upper Saddle River, NJ: Pearson.

Russell, M. K., & Airasian, P. W. (2012). *Classroom assessment: Concepts and applications* (7th ed.). Boston: McGraw-Hill.

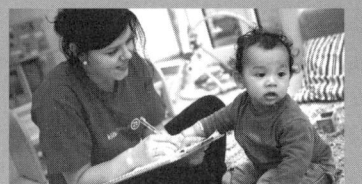

第五章

记录信息

(拍摄者:Olesya Feketa/Shutterstock)

译者导读

记录评价信息是对收集的评价信息的最原始表达,是保证评价结果可信的初始数据。教师对幼儿所做的事情和所学的知识的记录是与其他人交流的基础,所以教师必须熟悉常见的用于记录课堂信息的程序的优势和局限,并能结合实际情况选择适宜的记录程序。

在开始阅读本章内容之前,请先思考两个问题:常见的记录程序有哪些?如何根据实际情况选择适宜的记录程序?

用系统化方式记录评价信息能够帮助教师将注意力集中于每个幼儿的发展、重要教育目标的实现和真实性评价与优质指导是如何相互联系的。评价信息的收集和记录更有利于帮助教育者成为更好的观察者和教师。为此,所有教师必须熟知和灵活应用记录程序。本章内容主要围绕"**评价信息的记录**"这一主题展开论述,全章主要内容共分为两节。

- 第一节主要介绍了**记录程序的描述**和具体**实例**(描述的程序、计数的程序、评分或评级的程序、其他程序);
- 第二节具体说明了**影响选择适宜的记录程序的因素**(评价的目的、评价的内容、所需细节的数量和实践性考虑)。

本章的目的是通过了解对于教师来说可操作的基本记录工具,鼓励教师对记录工具进行改造以达到记录需求,真正实现"所学即所用",助力幼儿的发展与学习,促进教师的专业成长(参见表 5.1 和图 5.1)。

表 5.1 评价信息的记录

记录信息	
记录程序的描述和具体实例	选择适宜的记录程序
描述的程序； 计数的程序； 评分或评级的程序； 其他程序	评价的目的； 评价的内容； 所需细节的数量； 实践性考虑
通过了解对于教师来说可操作的基本记录工具，鼓励教师对记录工具进行改造以达到记录需求，真正实现"所学即所用"，助力幼儿的发展与学习，促进教师的专业成长。	

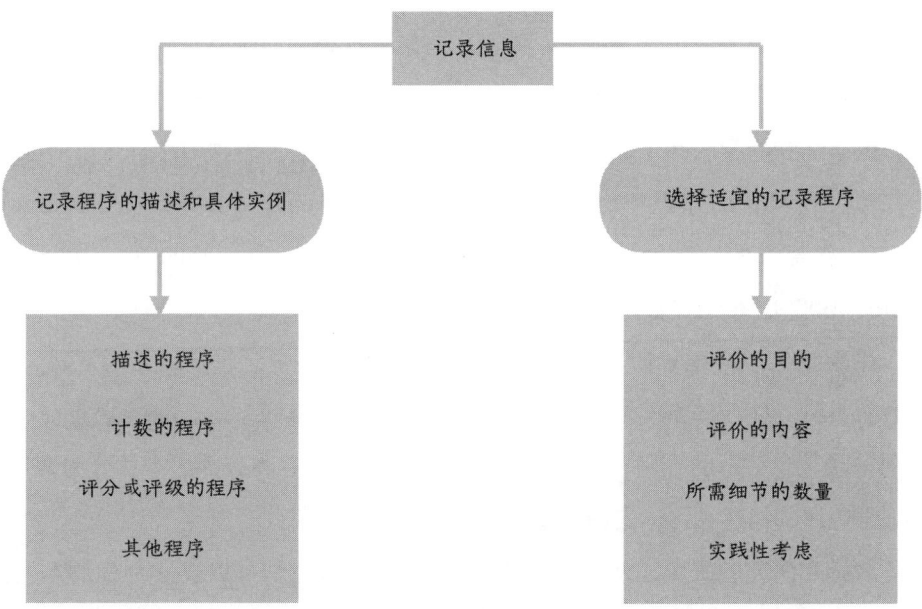

图 5.1 评价信息的记录

> ☑ **学习成果**
>
> 1. 描述以下用于记录课堂信息的程序的优势和局限：叙事记录，照片、音频和视频记录，检核清单，频率统计，参与图表，等级量表和量规。
> 2. 列出影响选择某一特定程序记录评价信息的因素。

在评价过程中收集并记录的信息是原始的评价记录或初始的数据记录（Engel，1990）。准确且完整的初始数据记录对于保证信息的可信性来说必不可少。这样的记录将信息保留下来，以便对信息进行查询、研究或与其他证据相结合以展现进展、揭示模式并提供在日常与幼儿的互动中可能缺失的观点。对幼儿所做的事情和所学的知识的记录是与其他人交流的基础。教师依靠记录帮助他们回忆幼儿所具备的知识和幼儿能够完成的内容（Leong，McAfee，& Swedlow，1992）。在普通的一日生活和学习中，教师与幼儿的互动有1500次（Billups & Rauth，1987）。很明显，教师不能只依靠记忆。

用系统化方式记录信息能够帮助教师将注意力集中于每个幼儿的发展、重要教育目标的实现和真实性评价与优质指导是如何相互联系的。文档记录——收集和记录信息——的准则可让教育者成为更好的观察者和教师。本章分为两节：①记录程序的描述和具体实例；②选择适宜的记录程序。

教师和研究者研发了大量令人困惑的记录技巧，它们可以被分为三大类：进行描述的记录；进行计数、计时或计分的记录；对所记录内容评分或评级的记录。表5.2展示了上述每一类技巧中最常使用的程序。其他程序通常包括基本记录类型的混合体或变体。

表 5.2　记录程序的类型

进行描述的程序	描述性叙事、逸事记录、简短记录 图表、略图、照片 音频和视频记录
进行计数的程序	检核清单 参与图表 频率统计
进行评分或评级的程序	等级量表 量规

描述性记录是被写下、画出、拍摄或录音的行为的"图像"（例如逸事记录或略图）。计数记录是计算一种行为发生的次数，通常在某种检核清单上完成。等级量表或量规则是将属性的连续排名或评分与其他个体或预先确定的标准相比较。表 5.3 比较了对同一事件使用三种不同程序（描述、计数和评分）记录的信息。

表 5.3　使用描述、计数和评分记录的信息的比较

描述	计数	评分
C 站在教室前面，指着她日记中的每个单词大声地说道："我的朋友亚娜。"	3/12/15 阅读听写的故事 3/12/15 阅读时指向单词 3/12/15 自信地说话	表现出自信 1　　3　　⑤ 享受写作 1　　③　　5 享受阅读 1　　③　　5

本书只介绍了对于教师来说可操作的基本记录工具，但是我们仍鼓励教师对记录工具进行改造以满足自己的记录需求。当今的文字处理工具很容易为特殊需要开发量身定做的记录形式。教师可以在每个记录中记录日期、幼儿的名字、观察者的名字或首字母以及其他相关信息——例如当天的时间、环境或活动。

记录程序的描述和具体实例

本部分描述、举例并列出了幼儿教育环境中选定的记录工具的优势和局限。我们根据类型将它们分为以下三组：描述的程序、计数的程序和评分或评级的程序。其他程序——混合体或变体——也在后文中有所体现。

描述的程序

描述的程序以最接近真实发生的事情的方式保存原始数据。这些叙事记录包括描述性叙事、逸事记录和简短记录，图表、略图、照片，以及音频和视频记录。

描述性叙事、逸事记录和简短记录。叙事记录是对于所发生事情的详细的、讲故事般的描述。描述性叙事、逸事记录和简短记录之间的主要差别在于细节的数量和条目的长度。描述性叙事——有时被称作"样本描述"或"样本记录"，是最为详细的。它们像视频录像一样——对评价过程中所有所说所做的事不间断

地记录，而且教师在观察到行为时会进行书面记录。它们可能会包括很多类型的行为和活动，也可能会包括若干幼儿和成人（见表5.4）。课堂教师也许很少使用描述性叙事记录，因为他们对所有幼儿都负有责任。教师可以先对表5.4中的访谈和讨论进行录音，再将相关部分转录。

表5.4 描述性叙事记录

项目：社会戏剧游戏		
幼儿：M. 皮尔斯 和 D. 史密斯	日期：5/12/15	时间：10:00 am
观察者：富兰克林	环境：表演游戏区	

马西娅和多洛雷丝站在水池旁。多洛雷丝递给马西娅一件围裙。她们都将围裙像披风一样系在脖子上。多洛雷丝拿起了黄色拖把，马西娅拿起了一个手提袋。多洛雷丝开始在屋里走来走去。"大家都跟着我。"她一边说，一边像军乐队指挥一样将拖把举上举下。马西娅仍然在表演游戏区，她开始对着一张空椅子说话。"你真是太太太不乖了。我要让你吃糊糊一样的糊糊。吃吧。"她走回水池，将几个容器反转过来并翻来翻去。多洛雷丝回来了——拉着凯西的手——对凯西说："你来和我们一起玩，好吗？我们需要一个宝宝，你想当吗？"凯西看向水池，松开了多洛雷丝的手，说道："这是什么？"……

注释/解读：
很少的角色。谈话是主要的表述。开始分配角色。

逸事记录是对某一特定事件的集中、短小的叙事性描述（Bentzen，2009；Goodwin & Driscoll，1980；Irwin & Bushnell，1980；McFarland，2008）。它们被广泛用于记录单个幼儿或一小组幼儿的行为和技能。表5.5展示了关于问题解决的逸事记录的例子。日期和幼儿的名字被记录在实际记录上。

表5.5 逸事记录举例

日期：12/4/14
奥利维娅、马基和贾迈勒正在把车滚下斜坡。奥利维娅和马基同时启动了自己的车，两辆车同时到达斜坡的底端。贾迈勒在靠后一点的另一个斜坡上启动他的车，车子用了更长的时间才到达斜坡底端。他把坡道挪到更远的地方，并等待奥利维娅和马基把他们的车放到他们的斜坡上。三名幼儿同时启动了他们的车。贾迈勒的车用了更长的时间。他从他的斜坡上拿走了一块积木，当他们再次启动车时，他的车用了更长的时间。然后，贾迈勒把那块积木放了回去，并加了一块积木，使得斜坡比女孩们的斜坡更陡。他的车走得最快。幼儿们进行了讨论，然后奥利维娅和马基也为她们的斜坡加了一块积木，并再次尝试。

简短记录是关于某种行为或某个事件的重要方面的简短记录。它们不像描述性叙事和逸事记录需要那么多的时间来书写，但能够通过使用短语和缩写保存重要的细节、省略词语并使用其他的捷径。它们不占空间并能够被快速记录，可以用于检核清单、参与图表和其他表格的"评论"和"注解"部分，或者可以用于

例如表 5.6 的小组记录。简短记录经常被附于幼儿的作品，以作为解释性注释。简短记录的例子包括"轻松地在物体周围奔跑，手臂平衡，跳绳，尝试开合跳"和"正确并没有迟疑地回应"。

表 5.6　使用简短记录的记录

项目：计数技能 小组：PM 幼儿园 观察者：王			日期：1/5/15—14/10/15
姓名	死记硬背的计数	有意义的计数	注解
A. 贝克	1/22/15 到 5 没有错误 5—10 需要提示	3/25/15 到 3 未使用提示	
D. 本尼	1/22/15 到 20 没有错误 到 50 需要提示	2/22/15 到 20 没有错误 到 50 需要提示	对 3、4 和 5 有数字保留概念[1]

使用叙事记录指南

根据事件的发生顺序准确记录你的所见所闻。使用能够表达行为差异的词语。例如，幼儿并不仅仅"说"了什么，他们也可能"喊叫""低语""尖叫""大声说"或"小声说"。在记录过程中，不要进行解释或总结。

如果可能，在事件发生的同时进行记录。如果必须在事件发生后才能进行记录，那么就记下几个词语以帮助回忆发生的事，然后尽快准确地重现事件。

包括所有理解描述所需的信息。这会根据记录内容有所差异，并可能会包括环境、当天时间、该事件之前发生的事、参与者、该事件之后发生的事以及其他细节，这取决于该观察的重点及发生的事件。

试着捕捉幼儿真正说的话，而不是进行改述。幼儿在学习语言时所犯的"错误"透露了他们的进展和需求。有时，这要求教师为"suspusketti"（spaghetti）或"wainbow"（rainbow）等发音发明新的拼写。掌握双语及英语学习者的表达方法可能能够为教师帮助这些幼儿学习提供线索。

---

[1] 数字保留（Number Conservation）是由皮亚杰在 20 世纪中期提出的概念，即幼儿能够识别物理上的不同安排并不改变物体数量的能力。——译者注

在最初的记录中，避免使用表达情感基调、感觉、动机或思考过程的词语。比如，害羞、胆小、有攻击性、自私、担忧、紧张、愤怒、愚蠢、害怕、享受、尴尬、开心、感兴趣、被取笑——我们的语言充满了这样的词语！要记录真实的行为，而不要对其进行判断。

记录所有推论，以便将它们从事实重述中识别并区别出来。在每页记录的底端或右侧写下推论，用一条线将它们与记录分隔开；用不同颜色的笔或在另一张纸、卡片上写下推论。清晰地将它标注为"解读"。推论应该与行为记录分隔，这基于以下几个原因。将所见所闻与推论分隔能够减少记录错误（Cronbach，1990）。这样做还能使教师在一段时间后重新思考，或进行更多的观察。针对第一次发生"塞莱娜提出和扎克分享积木"和在某段时间内多次观察到塞莱娜与其他幼儿一起工作，教师会有不同的解读。分隔推论允许教师回看观察并以不同的视角检视行为模式。在试图得出结论之前让一次观察"冷却"下来也会有更好的效果；在很多情况下，教师并不需要得出任何结论。推论或结论帮助总结并解读信息，以便指导未来的课堂活动。适宜的推论是那些评价某一行为的发展和学习重要性的推论，或是识别应该得到监控的行为的推论。

另外，我们需要明确的是，叙事记录具有优势，也有局限（见表5.7）。

表5.7 叙事记录的优势与局限

优势
• 叙事记录需要最小限度的器材和准备。
• 记录的长短和细节可以不同。
• 书面记录能够保留事件的环境和发生顺序。
局限
• 书面记录比其他方法需要更多的时间和注意力。
• 书写会使教师从与幼儿持续的互动中分心。
• 在事件发生后完成的记录可能不可信。

图表、略图和照片。不是所有的记录都一定要以书写的方式完成。图表、略图和照片能够保存作品和过程的重要细节。如果不使用图表、略图和照片进行记录，那么这些细节则需要冗长的书写才能描述。年长一些的幼儿能够给自己的作品画略图、拍照片。图5.2是一名教师对幼儿搭建积木所记录的略图。图5.3是一名幼儿对自己搭建积木所记录的略图。

项目：小积木搭建
儿童：摩根　　　　**日期**：5/14/15　**时间**：9:00 am
观察者：舒尔哈默　　　　**背景**：操作活动

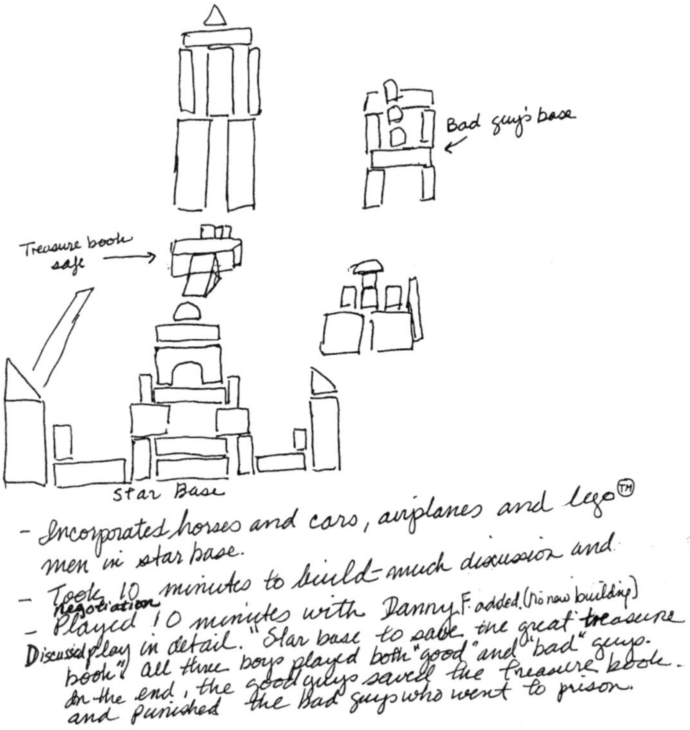

Bad guy's base
Treasure book safe
Star Base
- Incorporated horses and cars, airplanes and lego™ men in star base.
- Took 10 minutes to build - much discussion and negotiation
- Played 10 minutes with Danny F. added. (no new building)
Discussed play in detail. "Star base to save the great treasure book." All three boys played both "good" and "bad" guys. In the end, the good guys saved the treasure book and punished the bad guys who went to prison.

图 5.2　教师对幼儿搭建积木所记录的略图

(Jeremy Leitz; Do Not Touch)
Notes:
① Worked on for 20 minutes 10 w/ Nathan + 10 alone
BR
BL
R
BL+BR
G
BL+O
BL+O
Actual Structure
Key
③ BR - Brown
BL - Blue
O - Orange
R - Red
Y - Yellow
G - Green
Child's representation of the color pattern used in the structure
Child's representation of structure
6/5

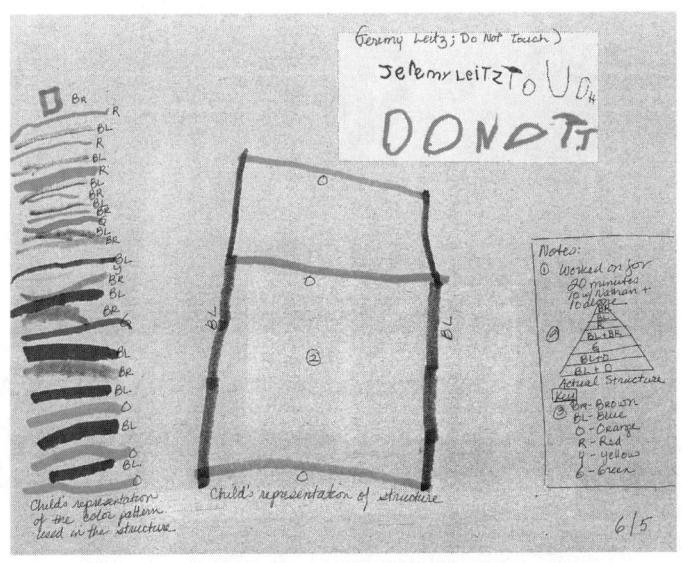

图 5.3　一名幼儿对自己搭建积木所记录的略图
（经杰里米·莱茨允许使用。）

用来记录幼儿关于概念和过程的知识和学习的特殊图表被称作网络、概念地图或构想地图。网络图和语义地图能够记录单个幼儿的思考或一组幼儿的想法。教师可让幼儿陈述他们关于某一特定主题或想法所了解的知识。当想法出现时，教师可以向幼儿提问，以找出幼儿提及想法时的深意，并找出他们的想法之间的关系。例如，当幼儿说"昆虫是活的"时，教师可能会问"'活的'是什么意思？"或"你怎么知道它们是活的？"。正确信息和错误想法均会被记录下来。在图表中，相似的想法在位置上有连接的关系，这便形成了构想网络（见图5.4）。网络可以用于记录知识或过程，教师或幼儿均可以对其进行记录。图表、略图和照片的优势和局限见表5.8。

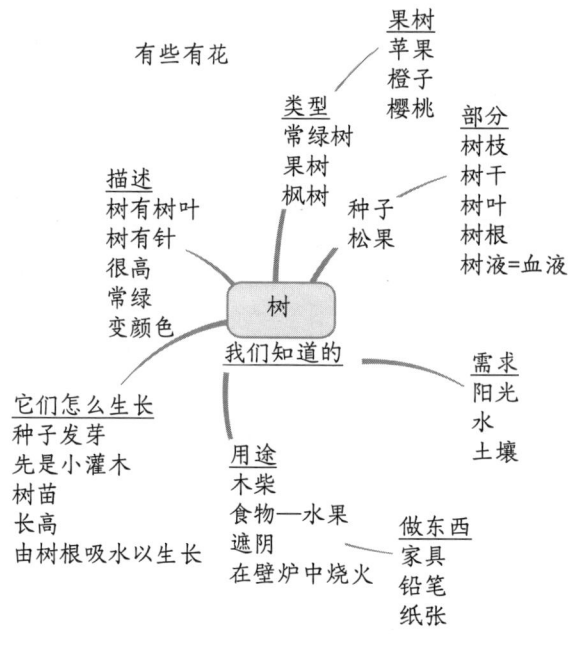

图5.4 网络

表5.8 图表、略图和照片的优势和局限

优势
• 图像记录（图表、略图、照片）能够描述无法被保存的作品（例如模型、陈列或建筑）的证据。
• 图像记录能够保存过程的细节（例如对于设计的改变或对于思考的修正）。
• 图像记录能够用来记录几乎任何发展或课程领域中的个体或小组的作品。
• 照片和略图的记录迅速且简易，几乎不需要提前准备。
• 概念地图或网络能够记录单个幼儿或小组现存的知识和其中各个元素之间的关系。
局限
• 图像记录需要书面注释，以提供环境和细节。
• 幼儿需要时间适应相机。

音频和视频记录。录像及录音装置能够刻画复杂的表现，为学习的整合和应用提供真实的证据。课堂演示、展览、示范、陈列、戏剧、大声朗读、对项目或调查的解释和总结，以及其他综合活动都可以使用音频或视频记录。当幼儿的发言被录像或录音记录时，对于幼儿口头语言和读写能力的需求和进展的后续评价更容易进行（Bochner, & Jones, 2008；Vukelich, Christie, & Enz, 2011）。使用视频录像能够保存幼儿的语言和行为，并且能够作为其他记录方法的备份和补充。这些方法允许教师被包括在内并十分有用，有时是令人震惊的教师自我评价的记录。音频记录在记录家长评价时十分有用，特别是当家长不喜欢书写信息时。

幼儿、教师、助教、家长或其他成人可以在单独活动、小组活动或全班活动时进行录音或录像。实际上，在很多学校的展览或课堂展示上，摄影机的数量几乎等同于参加活动的家庭数量。

进行音频和视频记录指南

集中记录特定评价情境。对"所有的事情"进行录音或录像是很有吸引力的，但是回顾所有的事情需要花费大量的时间。

隐蔽地放置记录设备。如果幼儿知道他们正在被拍摄，那么他们可能会倾向于卖弄、害羞或完全不讲话。

更多关于在评价中使用音频和视频记录设备的建议请见第九章。音频和视频记录的优势与局限请见表 5.9。

表 5.9　音频和视频记录的优势与局限

优势
• 能够保存真实发生的情况（包括环境、互动和其他变量）。
• 可以被不同的人重复收听或观看。
• 能够记录快速发生或十分复杂的事件。
• 为其他记录提供备份证据。
• 是将幼儿和家长纳入记录过程的简易方法。
局限
• 保存下来的数据数量可能是巨大的。
• 在幼儿适应之前，音频和视频设备及录音或录像的过程可能会中断课堂活动。

计数的程序

计数或计分能够保存关于出勤或缺席、频率、发生次数或某一行为持续时间的信息。适用于计数的行为（例如建构一个结构或讲话）有可识别的开始和结束（Cartwright & Cartwright，1984）。计数或计分程序会记录预期的行为或作品。行为和作品将在评价开始前被识别，然后教师会研发只包含选定项目的记录表。例如，在一项数学评价中，计数和组成图案均为预期的行为，它们会被包含在计分记录中。预期外的事件——那些并未提前被识别的（例如校长进入教室）——不会被记录下来。即便幼儿在评价过程中做出了令人愉悦的自发性合作行为，这一行为也并不会在数学计数记录中出现。

行为必须互斥或非重叠。例如攻击性行为和推撞行为是重叠的，推撞行为也可以被认作攻击性行为。如果使用推撞行为和击打行为会更好，因为这两者是互相排斥的行为。

行为计数记录使用标志系统或分类系统（Boehm & Weinberg，1997；Irwin & Bushnell，1980）。标志系统是更大集合中的代表；几种行为作为某一技能的指标或标志受到评价，而不是对所有行为进行评价。幼儿能够拿住铅笔可能是他能够拿住蜡笔、记号笔或水彩笔的标志。

分类系统是详尽的——所有可能的行为都被分类并被记录。帕顿的游戏水平分级（Parten，1932）是一个记录游戏行为的分类系统。它将游戏分为四类：独自游戏、平行游戏、联合游戏和合作游戏。时间样本和时长样本主要用于研究或用于专业人士评价幼儿。在课堂中最有用的记录工具是检核清单、参与图表和频率统计。对于这些工具的使用，第九章提供了更多的信息。

检核清单。检核清单是记录很多行为、技能、态度和倾向（甚至作品）的实用且万能的方法。它们能够记录教师的推论或判断（例如幼儿在小组前说话时表现出的自信）。它们能够保存任何发展领域——身体、认知和社会——或者课程领域（例如社会研究、科学或艺术）的信息。检核清单能够通过标准的文字处理软件进行设计、编制并储存于计算机。因为很容易改写，所以检核清单被广泛地使用，特别是在记录读写和数学能力时。

检核清单可以来源于标准、教学目标或发展顺序。清单中的项目可以记载特定技能或表现的不同水平。例如，一个检核清单可以记录幼儿识别、指向、说出或使用一个概念的能力。

教师可以对检核清单做出更改，以使其适应特定的课堂需求，或者收集单个幼儿或小组的信息。检核清单可以逐步填写；并不是所有的幼儿都必须同时被评价。同样，检核清单可以记录在不同时间进行的评价，从而创建一个进展记录。表 5.10 是使用网格系统的检核清单的例子。表 5.11 展现了检核清单的优势与局限。

表 5.10 使用小组记录记录单个幼儿表现的检核清单

表 5.11 检核清单的优势与局限

优势
· 大量的信息能够迅速地被记录。
· 检核清单是万能的，并且很容易被分析、解读和量化。
· 检核清单的完成可以是持续的——分布于多日或更长的时间。
· 检核清单能够追踪幼儿的进展，也能够追踪特定时期的成就。
· 其他成人也能够被培训，从而使用检核清单。
局限
· 检核清单可能会过度简化复杂的行为和学习。
· 包含过少典型项目的检核清单必须被小心地解读。

参与图表。参与图表可以记录参与的数量和质量。它们能够记录幼儿加入活动、参与活动的次数，幼儿参与什么活动以及幼儿对于活动的贡献的质量。参与图表可以由教师、其他成人或幼儿进行记录。

参与图表能够突出不同的参与率，并为幼儿的偏好、倾向和参与模式提供深刻的理解。在几天内被填写的参与图表会展现幼儿偏好的活动模式。例如，在一周之内，利在自由选择活动时间只去了可操作材料区和科学区，并没有参与任何艺术活动。参与图表的另一个用途是记录幼儿在小组讨论或合作性学习活动中的参与程度和质量，例如幼儿的贡献是相关的、无关的、具有扰乱性的，或不存在任何贡献。参与图表也能识别出教室里过度使用或未充分使用的活动或区域。它们能清楚地记录教师的交流模式（例如引导幼儿给出回应的倾向，或偏好来自几个幼儿的评论和贡献，而不是所有幼儿）。另外，参与图表中的教室察看记录记录了幼儿当天不同时段所处的不同教室区域（见表 5.10）。表 5.12 展示了由幼儿记录的参与图表，表 5.13 展示了由教师记录的参与图表。表 5.14 展示了参与图表的优势与局限。

表 5.12　幼儿记录的参与图表

项目：参与图表
人员：班级所有幼儿　　　　　日期：3/12/15　时间：9:00—10:00 am
观察者：幼儿自己记录　　　　背景：户外探索和学习

表 5.13　教师记录的参与图表

项目：合作性学习任务中的参与程度			
小组：阿尔比、贝克、托马斯、祖谢尔		日期：3/23/15　　时间：10:25 am	
观察者：威克格伦		环境：科学项目	
姓名	收集并贡献材料	参与讨论	参与最终项目
T. 阿尔比	IIOOIII	IIIOI	I
J. 贝克	IIIO	OOIIII	I
F. 托马斯	OOIIOI	OOOIOO	I
A. 祖谢尔	OIIIOI	OIOO	I

* 代码：I：相关贡献
　　　　O：不相关贡献
　空白：无贡献

表 5.14　参与图表的优势与局限

优势
• 参与图表是记录参与数量和质量的简单、快速的方法。
• 幼儿能够报告自己的参与。教室里的其他成人也能够记录幼儿的参与。
局限
• 参与率可能无法反映幼儿学到了多少知识。在观察和聆听的幼儿所吸收的知识可能与在讲话和做事的幼儿一样多。
• 参与图表可能会造成"参与是幼儿的责任"的印象，但参与是一个复杂的表现，它可能会受很多因素的影响。

频率统计。频率统计或事件样本在某一行为每次发生时进行计数，记录该行为发生的次数或频率。频率统计是记录行为（例如社会发起的行为、对他人的回应、攻击性和干扰性行为以及幼儿对教师或同龄人帮助的请求）的实用方法。如果马西娅举手三次，那么频率统计上会记录"III"。频率统计可以对特定时间段内（例如 10 分钟、小组时间或一整天）的行为进行计数，并且聚焦于有限数量的幼儿和行为。

对用记录进行计数的行为进行定义。对于不同时间发生的统一行为可以在同一张表格上进行记录。将用于计数的表格分为三栏，如表 5.15 所示。在最左一栏列出评价日期，每次发生所记录的行为便在中间一栏画线，最右一栏则记录计数的总和。频率统计的优势与局限见表 5.16。

表 5.15　频率统计

项目：攻击性行为	日期：3/5/15—3/8/15
幼儿：K. 穆亚	时间：12:45—1:00 pm
观察者：迪洛斯	环境：户外游戏

频率统计：幼儿故意伤害其他幼儿（包括击打、咬、推、撞、踢和掌掴）的次数。

日期	频率	当日总和
3/5	⊬ II	5
3/6	II	2
3/7	⊬ II III	8
3/8	⊬ II	5
	4 日总和：	20

表 5.16　频率统计的优势与局限

优势
• 频率统计对于记录经常发生的行为的频率或频率的变化十分有用。
• 记录能够在课堂活动期间以不引人注意的方式进行。
局限
• 频率统计无法记录事件的发生顺序或哪件事先发生、哪件事后发生。
• 不经常发生的行为无法被充分地记录。
• 频率统计通常限于一名幼儿，且一次不能记录超过三种行为。

评分或评级的程序

等级量表或量规记录根据其他个体或先前决定的标准分配连续体中的等级和级别进行判断和总结。它们试图描述复杂的表现和思考（例如写作、口头展示、问题解决和科学调查）。等级量表和量规可以记录幼儿的行为和工作的"整体"或"全面"的评价（例如将幼儿的行为从"未出现"到"经常出现"进行评级），也可以记录幼儿的行为或工作中细微的质量差别。

等级或级别应该基于可靠的评价证据，而不是印象或意见。量规的一大优势就是它们能够详细记述每个等级的质量。

等级量表。等级量表通常预期测量者对其所考虑的个体特征进行评价，然后在连续体上根据由低到高的频率或质量对个体进行等级评价。量表的等级由词语或数字定义。一些典型的量表包括：

- 先进、熟练、部分熟练、需要发展；

- 超出标准、达到标准、向标准发展；
- 独立、需要一些支持、需要重大支持、未达到幼儿的能力水平；
- 从不、有时、经常、总是；
- 符合要求、不符合要求；
- 评分——A、B、C、D、F——是最为常见的等级量表，它用于对政客、产品和学校中附加于幼儿表现的服务"评分"。

量规或描述性等级量表。量规表现了清晰的标准——规则或指南——对复杂表现的评价则基于此。这样的规则通常在跳水、花样滑冰和体操比赛中使用。评分量规"包含了固定的等级和描述量表上每种分数特征的清单"（Marzano, Pickering, & McTighe, 1993, p. 29）。量表通常能够明确地说明什么是可接受的表现。当参见第七章中休·布里德坎普谈论关于评价工具的内容时，你会了解更多关于建构一个优质量规的信息。

明确说明复杂表现中的重要方面会带来很多挑战。什么才是特定年龄或发展水平可接受的表现？根据某一标准，什么才是可接受的表现？就像很多等级量表一样，量表中分数之间的差距可能并不相等。将数值赋予幼儿的工作是困难的。量规上的项目通常只代表很多向标准发展的可能指标之一，而且通常会是最明显的指标。例如，明确说明幼儿分类水平的努力，可能会完全忽视幼儿需要在选择和说明的基础上学习分类，也需要学习由他人说明的内容。

其他程序

一些记录程序可以用于追踪几乎任何内容。这些程序涉及由教师完成的叙事性写作、计算机记录系统和幼儿的作品。第六章详细介绍了在幼儿成长档案袋中保存作品的方法。

叙事性写作。教师和幼儿用自己的语言在日记、日志、报告、总结、评论和其他工作作品中记录推论、结论、判断和反思。幼儿可以听写或书写他们的反思和判断。

一些教师会按时间顺序在每天或每周记录日志，写下他们关于教学实践、忧虑和感想的反思。他们会记录下关于幼儿的笔记、未来的计划和成就，或对过去和现在经验的反思。日志可以鼓励教师的自我反思，并帮助他们提升教学（Lay-Dopyera & Dopyera，1993）。对于事件的反思能够使教师产生在繁忙的课堂上永远无法产生的想法（Hannon，2000）。

计算机记录系统。现在可供使用的计算机系统有三类：第一类是在特定的计算机教学程序上追踪幼儿表现的系统；第二类是对幼儿信息进行整理并储存的系统，它还能帮助教师开发并打印总结报告；第三类是对幼儿的表现进行评价和分析，然后为教学提出建议的系统。

现有的程序能够教授早期阅读或数学技能，记录学生的回应，并创建现成的、可打印的学生档案。它们的重点在于阅读和数学中的有限方面，并且常以游戏的形式出现。

若干商用的评价系统配有基于计算机的信息记录和管理系统，这一系统与手动的系统相符。教师将他们收集到或以其他方式记录的数据输入计算机，数据在计算机中储存，随时可以进行总结或分析。但是，这可能会是一个花费大量时间的步骤。在一些情况下，教师直接使用平板电脑或手提电脑输入信息。由于大部分系统对于总结和管理教师已经收集并记录的信息有独特的贡献，所以我们会在第六章中对这一话题进行讨论。

选择适宜的记录程序

记录程序是否适宜取决于评价的目的、评价的内容、所需细节的数量和实践性考虑。

评价的目的

教师是进行描述、计数，还是进行评级，都取决于记录会被怎样使用。如果评价的目的是与家长分享信息，那么描述性记录可能是最佳选择。如果评价仅供教师使用，那么很可能计数就足够了。教学项目或学校可能会要求官方目的所需的记录（例如为特殊需要服务的转介信或向家长报告的进展）。

评价的内容

特定的行为和作品最好由描述表达；其他的行为和作品可能需要计数或评级。保存幼儿所说的话的最佳方式就是记录他们的原话。对于记录幼儿参与小组讨论或特定技能和次级技能的出现或缺失，计数是很好的方法。态度和倾向可以被记录在等级量表或量规中，或者可以从描述和计数中推断得到。

所需细节的数量

记录能够描述不同水平的细节或不同数量的原始信息。准确写下谁说了什么和谁做了什么，比"有过争执"能够保存更多的细节。对独立的行为单元进行计数，例如对恰当和不恰当的初始行为和对其他幼儿的回应的计数，比将"社会互动"作为一个宽泛类别的计数能够保存更多的细节。

所需细节的数量和种类取决于记录的用途和所评价的发展或课程领域。问题和忧虑的记录或用于确定教育项目配置的记录，应该包含有关的细节。对于日常计划，细节可能并没有那么重要。将描述集中在相关的表现方面，例如，知道一名幼儿将"Robert"发音成"Wobert"在评价语言发展时很重要，但在检视运动发展时并没有那么重要。

细节并非总是越多越好。不必要的细节会令人分心。在记录中，如果一名幼儿理解如何测量时间，那么她的站姿和她谈话的对象就并不重要。但是，过少的细节会使记录不准确，例如，只记录幼儿对于分钟的理解会遗漏关于小时和其他时间概念的重要信息。

教师可以调整记录程序，以适应所需细节的水平。叙事记录是最容易调整的——写下或画出更多或更少的细节，或拍摄更多或更少的照片。因为它们所需的准备很少，调整可以在记录的同时进行。由于使用计数程序的行为在评价开始前已经被识别出，所以在记录的同时对记录程序进行调整会十分困难。在评价之前，可以通过计算更小的子类别、技能的组成部分或行为单元来增加计数的细节。对恰当和不恰当的初始行为、对其他幼儿的回应和成功解决的社会冲突进行计数，而不是对"亲社会"行为进行计数。

实践性考虑

在选择记录程序时,教师必须权衡实践性考虑。这包括准备时间与记录时间、记录数据所需的注意力和是否使用小组或单独记录。

准备时间与记录时间。有些程序在评价开始前需要很多的准备时间,但需要较少的时间进行记录。等级量表和量规需要很多时间准备,特别是那些为教师以外的人设计的量表和量规。项目必须小心地措辞,必须设计量表。计数和计分程序也需要准备,以识别行为、确定细节的水平、研究对被观察行为的描述及准备记录表格。用等级量表、计数和计分进行记录十分快捷——画圈、打钩或做标记。

那些几乎不需要准备的程序(例如逸事记录和叙事描述)需要更多的时间进行记录。记录者必须有足够的时间写下信息,而不能简单地在项目上打钩或画圈。

准备时间和记录时间应权衡取舍。充分考虑课堂上能够用于记录的时间。如果在课堂上有足够的时间进行详细的记录,那么有些程序可能是最好的。但是,在课堂时间有限时,宜将时间用于准备,并将课堂上用于记录的时间减少到最小限度。

记录数据所需的注意力。在教室里没有其他成人帮助的情况下,教师需要在记录信息时保证注意力完全集中。这一程序即便可能实现,也是非常困难的。例如,为了写下关于复杂项目中小组互动的准确、具有描述性的叙事,一个人必须只进行记录,不能做其他任何事。如果教师断断续续地与幼儿进行互动,那么需要适中程度教师注意力的程序可以在没有其他成人帮助的情况下完成。例如在一项艺术活动中,当与幼儿互动时,教师可退一步书写描述精细动作协调技能的简短笔记,然后再回到活动中。进行记录成了互动流程中的一部分。由于有些程序只需要进行标记或按计数器,教师可以在与幼儿谈话和工作的同时进行记录。例如,在教师领导小组讨论时,他(她)可以核对参与讨论的幼儿的姓名。

在课堂时间之外记录的程序不会影响教学,但要依靠教师的记忆,这可能准确,也可能不准确。例如,有一段在一天结束时写下的关于午饭前发生的事件的逸事记录。午饭和下午3点之间发生的很多事会使记起事件的细节十分困难。不要依靠这些程序来记录重要的课堂信息,但可以将它们用作对常规记录程序的补充。

在选择记录程序时考虑课堂资源。如果有助教或另一名成人在场，那么需要大量注意力的技巧可能是可行的。没有额外帮助的教师可能会选择能够在教学或与幼儿断断续续地互动时使用的记录程序（见表5.17）。

表5.17 在什么场合能够使用记录程序

在互动时很难使用的程序	描述性叙事 在行为发生时所做的逸事记录
在断断续续地互动时容易使用的程序	简短记录 图表、略图、图片 等级量表 时长统计 时间样本
在互动时容易使用的程序	检核清单 参与图表 频率统计 音频录制 视频录制 收集工作作品
在课堂时间外记录的程序	在行为发生后所做的逸事记录 教师日记和日志 计算机追踪系统

小组记录与单独记录。小组中所有幼儿的信息可以被同时记录，以便整组的成就可以快速地被查看；一张纸可能就足够了，或者每名幼儿可以有自己的记录。尽管小组记录和单独记录在大多数课堂上都有使用，但是对于实践的考虑可能会限制一名教师可以进行的单独的个体记录的数量。

被简明记录并展示的关于班上每名幼儿的信息被称为小组矩阵记录（见表5.10）。小组矩阵记录是记录对教室里所有幼儿进行的评价的最有效方法。一个小组记录能够展现一次或多次评价中收集到的、一次完成或分散于一段时间内的数据。它也能用于多个目的：初始数据记录、在某一项目上谁已被评价而谁还没有被评价的清单，以及小组档案或总结（见第六章）。

单独记录针对单个幼儿的表现或行为。它们通常用于记录关于一名幼儿或一个小组的独特信息或深度信息（见表5.18、表5.4和图5.2）。如果要将小组看作一个整体，那么信息必须要转移至小组档案或总结中，这需要另一个步骤。

表 5.18　单个记录单

项目：认知发展	
幼儿：M. 哈维	日期：1/27/15—8/2/15
记录	
他摸着自己的额头说："我把它放到我的记忆银行了。"2/2/15	
在歌曲结束后，他自己重复着歌词。2/25/15（有关"练习"的很好的例子）	
在分类活动中，当进行物品分组时，他一遍遍地哼唱着"大的和小的"。他能够把 15 个物品放入大小有别的红色和绿色圆圈里。2/26/15	

实践性考虑建议，当受到考虑的知识或行为适用于小组记录时，小组记录可能是个明智的选择。

总　　结

准确且完整的初始数据记录保障了真实评价的可信性。记录能够为后续教学保存信息、奠定与他人交流的基础并帮助教师回忆幼儿所了解的知识和能做的事。这类评价也能帮助教育者成为更好的观察者和教师。

实用的课堂记录程序包括描述性叙事、逸事记录、简短记录、图表、略图、照片、音频和视频记录、检核清单、参与图表、频率统计、等级量表和量规。叙述和计算机系统可以用于记录评价信息，也可以用于总结评价信息。工作作品在第六章中有更详细的讨论。

记录程序可以被分为：①进行描述的；②进行计数、计时或计分的；③对评价项目进行评分或评级的。为了选择一种记录程序，教师需要考量评价的目的、评价的内容、所需细节的数量和课堂实践性考虑——例如准备时间的长短、记录所需的注意力以及信息记录的方式。

自 我 反 思

1. 当今很多关于评价的文章建议教师持续用日记或日志记录自己关于幼儿评价的经验，然后根据那些经验进行评价和反思。仔细思考这一建议，权衡它的优势和局限，然后写下你的想法。
2. 教师学习使用多种记录程序的一种方法，是在开始时一次只使用一种或两种程序，对它们的使用进行练习和学习，然后继续使用其他程序。对你的知识和经验进行反思。哪些程序是你已经精通的（如果有），哪些程序是你还需要学习的？决定你接下来会学习哪一种程序并解释原因。

进一步学习与讨论

1. 在合作性学习活动中，你正在计划一项对于社会互动的评价。你对幼儿是否能自己组织小组、遵循指导、帮助彼此和解决争论特别感兴趣。针对这一情况，哪两种记录程序是恰当的？解释你的选择。
2. 你在计划一项对于数学技能的评价——理解"多于/少于"。给出两种适用于这种情况的、可供选择的记录程序。解释为什么你选择这两种程序。指出其中一种程序的局限和优势。
3. 观看一段若干幼儿互动的视频。在第一遍观看时，针对你所看到的内容写下描述性叙事。在第二遍观看时，对幼儿彼此间主动开始的社会行为（例如邀请同伴一起游戏或努力争取他人的注意）进行计数。比较这两种方法。对于一名对社会发展感兴趣的教师来说，哪种方法更有用？为什么？哪种方法更容易记录？

推荐阅读

Arter, J., & McTighe, J. (2001). *Scoring rubrics in the classroom: Using performance criteria for assessing and improving student performance.* Thousand Oaks, CA: Corwin.

Bentzen, W. R. (2009). *Seeing young children: A guide to observing and recording behavior.* Clifton Park, NY: Thomson Delmar Learning.

Boehm, A. E., & Weinberg, R. A. (1997). *The classroom observer: Developing observation skills in early childhood settings* (3rd ed.). New York: Teachers College Press.

Cohen, D. H., Stern, V., Balaban, N. & Gropper, N. (2008). *Observing and recording the behavior of young children* (5th ed.). New York: Teachers College Press.

Ferguson, C. J., Green, S. K., & Marchel, C. A. (2013). Teacher-made assessments show children's growth. *Young Children*, *68*(3), 28–37.

Helm, J., Beneke, S., & Steinheimer, K. (2007). *Windows on learning: Documenting young children's work.* New York: Teachers College Press.

Irwin, D. M., & Bushnell, M. M. (1980). *Observational strategies for child study*. New York: Holt, Rinehart and Winston.

Nicholson, S., & Shipstead, S. G. (2002). *Through the looking glass: Observations in the early childhood classroom* (3rd ed.). Upper Saddle River, NJ: Prentice Hall.

第 六 章

汇编并总结信息

(拍摄者:Olesya Feketa/Shutterstock)

译者导读

收集和记录的评价信息是最初的原始数据，要使其发挥作用，需要进行再加工（即分类整理和总结）。总结可以使过去的评价信息保持可使用性，以便根据新收集到的信息对它们进行再分析和解读。

在你开始阅读本章内容之前，请先思考以下两个问题：成长档案袋的内涵、目的、制作方法、内容选择和安排及其与其他评价的关系是什么？小组档案和个人档案的内涵与目的是什么？

随着时间的推移，我们所记录的评价信息的数量也在不断增加，任何人都无法完全记住这些信息。为了保存评价信息，实现评价信息的功用最大化和可持续性，我们需要采取针对性措施对评价信息进行汇编和总结。本章内容主要围绕"评价信息的汇编与总结"这一主题展开论述，全章主要内容共分为两节。

- 第一节重点介绍**成长档案袋**的基本理论知识（**内涵**——成长档案袋是记录幼儿一段时间内发展和学习的、系统的、有目的的证据汇编，是将来源于多种方法的信息保存在一起并进行汇编的方法；**目的**——成长档案袋能确定幼儿的状态和进展、展现教学情况、为报告和交流提供信息，以及对可能会从特殊帮助中受益的幼儿做出初步识别；**基本方法及内容的选择和安排**）。
- 第二节主要阐述**小组档案和个人档案的内涵与目的**（小组档案是对小组中个体行为的质变和量变进行总结，主要用于识别幼儿需求和强项的计划工具，以便教师开展差异化教学；个人档案是将来自课堂评价的信息整合进对特定幼儿能力的总结，帮助教师了解并理解每名幼儿，提供关于幼儿所处水平和教师希望幼儿达到什么水平的一般看法）。

本章的目的是加深教师对成长档案袋的理解和认识，帮助教师解决在实际教育教学活动中存在的关于档案袋评价的困惑，通过节省教师在评价期间的时间和精力，满足幼儿的差异化需求，满足幼儿、家长及教师自身发展的不同要求（参见表 6.1 和图 6.1）。

表 6.1　汇编并总结信息

成长档案袋的基本理论知识	小组档案和个人档案的内涵与目的
内涵：成长档案袋是记录幼儿一段时间内发展和学习的、系统的、有目的的证据汇编，是将来源于多种方法的信息保存在一起并进行汇编的方法。 目的：成长档案袋能确定幼儿的状态和进展、展现教学情况、为报告和交流提供信息，以及对可能会从特殊帮助中受益的幼儿做出初步识别。 基本方法：需要特定的项目；需要给定的发展或课程领域中的证据，而不指定项目；从不间断的课堂活动中收集单独的，通常是自发的样本；前三者的混合体。 内容：内容的选择和安排。	小组档案是对小组中个体行为的质变和量变进行总结，主要用于识别幼儿需求和强项的计划工具，以便教师开展差异化教学； 个人档案是将来自课堂评价的信息整合进对特定幼儿能力的总结，帮助教师了解并理解每名幼儿，提供关于幼儿所处水平和教师希望幼儿达到什么水平的一般看法。
加深教师对成长档案袋的理解和认识，帮助教师解决在实际教育教学活动中存在的关于档案袋评价的困惑，通过节省教师在评价期间的时间和精力，满足幼儿的差异化需求，满足幼儿、家长及教师自身发展的不同要求。	

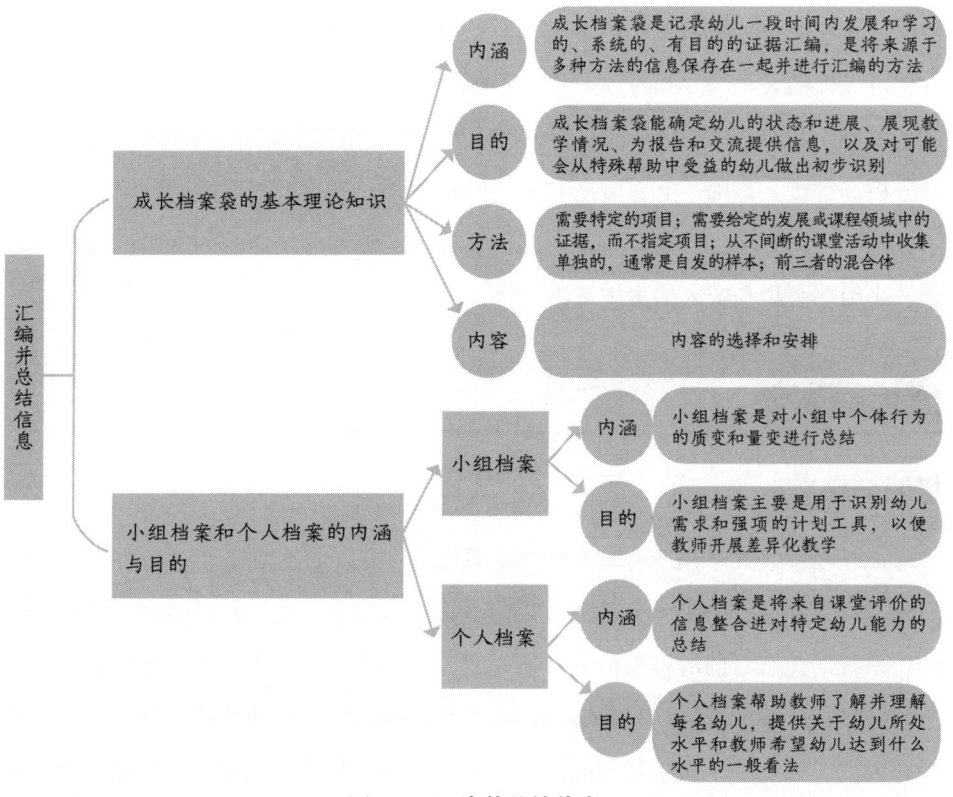

图 6.1　汇编并总结信息

> ☑ **学习成果**
>
> 1. 描述四种主要的成长档案袋以及创建学生成长档案袋所需的步骤。
> 2. 比较在个人和小组档案袋中总结评价信息的方法,并将档案袋的内容与对应的目的相联系。

教师对课堂数据进行汇编和总结,以从不同来源、环境和方法中整合并提取信息,将信息减少到可处理的大小,并保证过去的评价可以在后续的分析和解读中使用。教师对来自课堂的信息进行汇编和总结时,会开始理解作为一个团体的班级,也会理解每名单独的幼儿。

随着时间的推进,记录的数量不断增加——多到任何人都不可能承诺记住。"持续不断的评价所提供的数据财富……可以是巨大的,即便数据被系统化记录……只有通过检核清单、档案和其他总结方法才能将关于每名幼儿的信息量减少到可处理的大小"(Athey,1990,p. 180)。

总结可以使过去的评价保持可使用性,以便根据新收集到的信息对它们进行分析和解读。教师不必查看所有过去的评价,只需查看提取过的数据,这节省了教师的时间和精力。本章讨论了三种互补的汇编和总结信息的方法:成长档案袋、小组档案袋和个人档案袋。

成长档案袋

描述与定义

成长档案袋几乎是所有真实性评价系统的一部分,且在处于教育各个水平的教师、幼儿和家长中都十分普及。成长档案袋是记录幼儿一段时间内发展和学习的、系统的、有目的的证据汇编;换言之,它是将来源于多种方法的信息保存在一起并进行汇编的方法。它向所记录幼儿和其他人展示该幼儿的经验、努力、进展和成就,展示一个人独特的能力,也展示与他人分享的成就。在此过程中,成长档案袋为评价提供了基础和进一步学习和发展的指南。

从物理上来说,成长档案袋是一个文件夹、文件、盒子、计算机磁盘或其他储存学生学习证据的容器（见第九章）。从概念上来说，成长档案袋是一个逐步发展的概念，而不是一个获得一致同意、有准确定义的术语。成长档案袋主要有以下四类。

- 展示幼儿最佳或最喜欢作品的展示成长档案袋。
- 主要包含特定且经过评分的材料的评价成长档案袋。
- 包含幼儿作品和进展证据的记录成长档案袋，其内容的选择是为了对每名幼儿进行综合描述。
- 包含幼儿为大型项目所做的不间断工作的过程成长档案袋，它通常按时间顺序排序且由学生本人进行评论（Valencia & Place，2014）。

人们对不同类型成长档案袋的选择取决于目的，以及什么对某一特定小组的教师和幼儿最好（Murphy & Smith，1990）。

成长档案袋适合整理、储存并保留关于幼儿发展的所有方面的非正式、真实的数据。

- 成长档案袋是灵活、适应性强的。它们可以被改造以适应幼儿的年龄和发展水平、发展或课程领域、学校或幼儿园的目标以及其他考虑。
- 幼儿发展和学习的很多维度都能够由成长档案袋描述。
- 成长档案袋强调幼儿的强项——他们能做到什么。
- 通过对成长档案袋进行记录，幼儿学习为自己的学习承担责任。
- 成长档案袋有助于一段时间内的来自各种评价窗口的取样。
- 幼儿参与选择和反思成长档案袋中适合他们发展的项目和所考虑的项目。
- 成长档案袋可能包含小组中每名幼儿的共同信息，也可能包含每名幼儿的独特信息。
- 成长档案袋提供了不间断的评价，而不是静态的报告、成绩或分数。
- 在与幼儿交流他们的学习时，成长档案袋是一个丰富的信息源。

目的

评价的大部分基本目的都能够由成长档案袋实现：确定幼儿的状态和进展、

展现教学情况、为报告和交流提供信息,以及对可能会从特殊帮助中受益的幼儿做出初步识别。成长档案袋通常还有附加的目的,这会影响成长档案袋中包含的内容以及成长档案袋的整理方式(Arter,1990;Arter & Spandel,1992)。如果成长档案袋的目的是展示幼儿一段时间内的成长,那么需要在一年中的若干时间点上将幼儿的代表性或最佳作品放在成长档案袋中。如果成长档案袋的目的是展示幼儿如何计划并实施一个项目,那么对于所有活动、作业、户外考察、会议、草稿和修订、展示、对过程和作品的反思都可能会被包含在成长档案袋中。其他的目的包括通过反思和自我评估激励幼儿和促进学习(Murphy & Smith,1990)。"复合"成长档案袋(例如幼儿园或二年级成长档案袋)描述了小组的努力、进展和成就(Arter & Paulson,1991)。

成长档案袋不仅对教师有用,也对幼儿有用。教师在检视、比较和解读幼儿成长档案袋时产生的反思、讨论和互动与档案袋的内容一样重要(Hebert,1998;Murphy & Smith,1990)。成长档案袋提醒教师,评价是不间断的且能够促进幼儿的学习(Valencia,1990;Wolf,1989)。另外,关于成长档案袋的开发和会议能够增强幼儿、教师和家长之间的交流。很多教师会开发自己的成长档案袋(包括反思和自我评价),以指导并记录他们的个人和专业成长。

建构成长档案袋的基本方法

建构成长档案袋的基本方法有四种:需要特定的项目;需要给定的发展或课程领域中的证据,而不指定项目;从不间断的课堂活动中收集单独的,通常是自发的样本;前三者的混合体。

需要特定项目。所需项目或"核心"项目(Meisels & Steele,1991)指定了在特定班级或特定水平向所有幼儿收集的特定事物。教师在指定的时间间隔或收集周期内以同样的方法评价同样的事物(例如在学年开始和结束时幼儿用蜡笔画的自画像,或幼儿对统一绘画或写作提示的回应)。卡米哈米哈初等教育项目[1]指定了从幼儿园到三年级儿童的读写能力的六个方面的标准(Au,1997)。这包括对文

---

[1] 卡米哈米哈初等教育项目(Kamehameha Elementary Education Program)是在美国夏威夷实施的教育项目。它始于1988年,致力于支持夏威夷本地幼儿的学习、发展及身份认同等。——译者注

学作品的回应、对文档阅读理解的回应、教师观察、自发阅读日志和用于识别阅读单词策略的连续记录。例如，阿拉斯加州朱诺市的一年级综合语言艺术成长档案袋需要一份关于阅读和口头语言发展的教师检核清单、一项学生阅读态度调查、每季度一份幼儿阅读样本、每季度两份写作样本、对于阅读理解的开放式测验、所阅读书籍的数量、一份语言艺术技能的检核清单，以及在一年级学年结束时进行的标准化测验的分数（Arter，1990）。以上的这些特定要求确保了对于所有幼儿的重要目标的合理记录，并在教师学习成长档案袋研发的过程中发挥指导作用。

需要特定证据。需要特定证据的成长档案袋指定了特定类型的项目（例如一份创造性艺术样本，一份幼儿描绘事件、物体或行动的能力样本，一份语言样本，或高级动作技能发展的证据）。教师和幼儿决定究竟在成长档案袋中包括哪些项目，并实现哪些要求（Valencia，1989）。

个人取样。个人取样依赖从不间断的课堂工作或活动中进行的选择。这些系统更加开放，允许教师、幼儿或两者一起选择能够举例说明幼儿如何感觉、行动或思考的工作及其他记录（访谈、观察、幼儿的互动、参与给定的活动）。它们可以展现每名幼儿独特的方法、进展和理解（Chittenden & Courtney，1998）。它们可能会展示一名幼儿"最喜欢""最好"或"进步最大"的作品。只要每一样物品都能反映幼儿向着重要目标的进展即可，教师并不需要对每名幼儿都收集相似的物品。有些使用这一方法的学校在成长档案袋中只包括由幼儿选择的物品。

这些成长档案袋识别并记录了每名幼儿独特的兴趣、知识及发展和学习的"风格"——他们的"个人签名"（Eisner，1991，p.17）或"学习品质"（Kagan，Moore，& Bredekamp，1995）。这样的理解也能够从其他记录中得出，但在成长档案袋中更容易进行识别、确认和评价。

混合体。所需的核心项目或指标加上由教师和幼儿选择的可选个性化物品似乎对幼儿来说最为合适。它们将关于重要目标的系统性记录与描述自发事件的证据相结合，并且可能对于该幼儿或该情境来说是独一无二的。对成长档案袋的研发有经验的教师表示，合适的混合体会逐步发展。

内容选择

成长档案袋并不只是一个装有学生作品的文件夹，也不是装有所有检核清单、笔记、测验结果、其他信息和记录的文档。它必须被精心地设计和整理。

合适类型的物品。成长档案袋中的物品因幼儿的年龄和发展、教学项目的目标、所考虑的课程或发展领域、成长档案袋的类型和目的及教师的偏好而有所不同。表 6.2 给出了一些可能物品的建议。没有任何学校或幼儿园会使用所有列出的建议，但会针对幼儿的成就选择几种物品的混合体，以提供"多种窗口"——不同来源、方法和环境。

表 6.2　适合放入成长档案袋的物品类型

作品会在幼儿不同的年龄和水平以不同的方式完成，并且处在不同的发展和课程领域。教师和幼儿可以在以下基本类型的基础上做出很多富有想象力的变化。
• 在纸张上完成的工作作品——剪纸、绘画、任何艺术媒介、印花、实践试卷、粘贴、写作——初始草稿、编辑、最终草稿的样本。无法书写的幼儿口述。
• "日志"——数学、科学、写作；反映幼儿经验和成长的绘画、涂鸦、拼贴画。
• 数学、科学、社会研究和健康方面的数据的收集记录。
• 由幼儿或成人完成的幼儿作品略图（积木结构，图案积木、沙子、三维作品）。对于该作品的计划的略图。
• 幼儿参加重要工作或游戏的照片。
• 由一名幼儿或幼儿小组准备的展览和展示的照片。
• 音频和视频记录。
• 在计算机上完成的工作——绘画/水彩画、数学、写作程序、游戏——的打印资料。
• 参与图表——幼儿在特定日期或特定时间段所做的事（包括质量信息）。
• 活动和结果的日志（给幼儿阅读或由幼儿自己阅读的书籍；家长可以提供帮助）。
• 关于幼儿在特定日期或特定时间段所做的事的时间样本或计数。
• 访谈——音频、视频、书面。对于某一过程的引导报告或描述——如何制作喜欢的食物、上学、交朋友、进行游戏、参与"最喜欢的"活动、阅读书籍和做其他的事。幼儿可以画下来，然后向成人口述。
• 结构性观察、表现性评价或动态的评价结果。每天只记录一两名幼儿。
• 根据成长档案袋的类别和（或）时间顺序进行分组的逸事记录或简短记录。使用便利贴、胶纸标签或回收的办公纸张的 1/4（把它们粘贴在逸事记录或简短记录上）。
• 奖项、证书、嘉奖。
• 家长的评语，以及来源于家长—教师和幼儿—教师会议的目标和记录；幼儿给家长的绘画及口述或书面信息。

物品的选择。特定学校或幼儿园里的教师在筛选成长档案袋物品时有很大的选择自由。在讨论并同意他们将要在成长档案袋中放入什么物品后，教师更有可能知道要收集的内容以及在收集过程中应遵从的规则。向成长档案袋无差别地添加物品会很快令人不知所措，但是过于贫乏的成长档案袋并不会有足够的有用信息，也绝对无法提供关于幼儿在一段时间内的进展的多维度证据。

物品应该能够提供有用信息且容易收集，并且应该能够代表有意义的课堂活动（Meisels，Dichtelmiller，Jablon，Dorfman，& Marsden，2001）。能够提供有用信息的物品能够揭示一名幼儿学习和发展的多个方面。包含在成长档案袋中的作品应该经常在课堂上出现，这样教师便能不费力地进行收集。能够产出高质量成长档案袋物品的课堂活动对幼儿是有意义且有趣的。

谁对放入成长档案袋的物品进行选择——教师、幼儿，还是两者一起？以怎样的比例分配？这在很大程度上取决于幼儿的年龄、发展水平和先前的经验。幼儿园里的幼儿和小学生不能为自己的成长档案袋承担主要责任，尽管他们可能会在其中担任积极的角色。幼儿园里的幼儿（3岁和4岁）不太可能辨别出他们想要在成长档案袋中放入什么物品，在月底的时候，档案袋可能会是满的，也可能会是空的；二年级的学生可能能够做出很多选择。教师必须判断幼儿有多少选择和权限并对他们进行监控，以确保不会错失重要的信息（Herbert，1998；Maeroff，1991）。

幼儿的年龄和发展水平。成长档案袋的内容必须适应每组幼儿，或适应某些情况下每名幼儿的发展水平和已有经验。能够熟练读写的幼儿和刚开始读写的幼儿的成长档案袋中的物品并不相同，前者能够对更多的自我评价和反思进行记录，在教师的协助下，他们能够承担更多维护成长档案袋的责任。

内容安排

选择并安排成长档案袋的内容并没有一种最优方法，档案袋需要包含与重大发展领域和教育项目的预期成果相关的内容。

成长档案袋内容的类别或领域。成长档案袋的分区可能是传统的发展领域（即身体、认知、语言、社会和情感发展），科目（例如健康与安全、社会研究、科学、数学及语言和读写），或报告卡类别。刚开始使用成长档案袋的教师可能会将注意力集中在一个领域上［例如语言和读写或读写的一个方面（如新出现的书写技能）］。在这个方面有大量关于适合收集的物品的信息、对过程和作品进行评价的指南和对教师有帮助的优质信息（见"附录 A"中的表 A.7）。作品取样系统®从幼儿园跨越至五年级，它涉及七种类别或领域：个人和社会发展、语言和读写、数学思考、科学思考、社会研究、艺术及身体发展（Meisels et al.，2001）。

有些项目难以分类：它们可能不适合任何类别，又可能适合很多类别。例如计划并约束自我思考和行为的能力（集中注意力或通过自我对话约束行为）并不能正好适合一个课程或发展领域。小学生书写的对学校厨师进行访谈的报告可能适合多个课程或发展领域，它揭示了关于报告者的精细动作协调技能、思考过程、任务坚持性、对于社会角色的理解和在学校社区中的独立性，以及聆听和书写能力。如果报告是合作性小组努力的结果，那么每名幼儿的贡献都要被承认。如果对某一项目的选择是因为某一主要目的，同时兼顾其他次要方面，那么请将其归档到主要原因的类别。例如：如果报告的主要目的是查看幼儿的聆听和书写能力，那么它应被归档于语言和读写能力发展的类别；如果主要目的是记录幼儿对如何将自己安排进社会群体的理解的发展，那么它应被归档于概念发展或社会研究的类别。

　　在单个幼儿的成长档案袋中保存逸事记录的教师可以按时间顺序对记录内容进行安排，也可以根据记录与社会互动、语言或其他类别的关系用不同颜色的笔或贴纸进行编码。将胶纸标签储存在一张纸上。

　　经常检查，以确认所有发展或课程领域中的记录对所有幼儿来说都是足够的。在每个成长档案袋的前面放一张列表，以追踪哪些项目已经收集到了，哪些项目还需收集。表 6.3 展示了一个例子。在复制这样的表格前，可将所需项目写下来，以便每名幼儿的成长档案袋都有相同的要求。在物品被放入档案袋后，在相应的单元格中记录日期。在收集到可选物品或个人物品后，记录下它们的内容以及将其加入档案袋的日期。

　　如果一个成长档案袋中创造性艺术和日志的样本过多，却没有几项关于身体或社会发展的条目，那么要确定发生这种情况的原因，并着手创建一个更为均衡的成长档案袋。出现不均衡可能是一些重要的学校目标造成的，例如：运动和社会发展并不产出"容易收集"的作品，因而必须以其他的方式进行记录；项目的不均衡可能反映了不均衡的课程和安排。

　　成长档案袋有助于工作作品的收集和储存，教师需确保幼儿的思考和学习过程被记录下来。尽管表现样本和工作作品可能会占据成长档案袋中的大部分空间，但任何课堂评价程序都适合包含在成长档案袋中，并且它们对获取关于幼儿进程的足够信息来说是必不可少的。

表6.3 成长档案袋记录表

领域	样本1	样本2	样本3
身体和运动			
社会和情感			
语言和读写			
认知和一般知识			
学习品质			

成长档案袋记录
年级：_____ 幼儿：_____ 教师：_____

个人反思和个人评价。发展幼儿对自身行为和工作的反思和评价能力是发展成长档案袋必不可少的部分。幼儿园里的3岁和4岁幼儿反思自己所做事情的能力有限，年长的幼儿会更加有能力（特别是在他们受到多年的指导和鼓励后）。如果没有这种能力，他们可以学习。不要让幼儿反思所有的事，他们很快就会对过度分析感到疲倦。当教师让5岁的莫妮克讲讲为什么她喜欢特定的书籍时，她首先说："总的来说，这本书很有趣。"她接着说道："它有一个伤感的结局，但我还是感觉挺好的。"她又说："它就是一本很好的书——它对我来说就像摇篮曲一样。"然后，她说："我可以走了吗？"

个人反思和评价是幼儿为自己的行为和学习承担责任的起点。适宜的提示可以帮助幼儿思考他们在特定活动中学到或练习过的内容（见表6.4）。教师或幼儿都可以记录回应，并将其附于项目上。

表 6.4　对自我评价和反思的提示举例

- "告诉我你做了什么。"
- "告诉（展示给）我你是怎么做的。"
- "你为什么决定做……？"
- "当你……的时候，你在想什么？"
- "多给我讲一讲这个东西，你在完成它的时候是怎么想的（有什么感觉）？"
- "这幅画的哪些方面（结构、着色、书写）是你喜欢的？"
- "如果再做一次，有哪些事你会以不同的方式完成？"
- "你为什么想把它放进你的成长档案袋？"
- "你在完成它时学到了什么？"
- "你在完成它时遇到了什么困难？你是怎么解决的？"

　　教师应该示范、讨论并实践具有发展适宜性的反思和自我评价（就像对其他思考过程所做的一样）。不要对初期没有达到目标的回应感到沮丧。刚进入幼儿园的幼儿可能会用"它好看"来形容他最喜欢的自己的画作。一年后，他可能会发现结构不正确的字母，解释原因，并朝着字母的常规结构努力；再一年后，他可能会对自己的写作进行修改，并解释做出修改的原因。

　　幼儿的反思包括无法以其他方式展现的领悟、理解和愉快情绪。一名二年级教师一整年都在教幼儿优秀写作的标准，现在她正让幼儿选择一篇作品收入他们的成长档案袋。安娜选择了一篇达到所有标准的作品。教师十分高兴，询问安娜为什么选择了这篇。安娜回应道："它让我想起了我的狗。"这并不是预期的回应，但它仍然描述了优秀写作的本质。

成长档案袋与其他类型评价的关系

　　成长档案袋与其他类型评价的关系根据环境和档案袋内容的不同而不同。对于有学习障碍或英语水平有限的幼儿，有些学校接受以成长档案袋代替测验。在一些学校里，成长档案袋可能是唯一对幼儿作品的系统化记录和汇编。在另一些学校里，成长档案袋只是综合系统中的一部分。例如，作品取样系统®由三个互补的元素构成：由教师进行的使用发展指南和检核清单的观察、成长档案袋中对于幼儿作品的收集，以及总结报告中对于信息的总结。发展检核清单根据州和国家标准记录了幼儿学习的广泛范围（Meisels et al., 2001）；成长档案袋包含了关于幼儿如何工作以及该工作的本质和质量的深度信息；总结报告对来自检核清单和成长档案袋的关于每名幼儿的信息进行了整合、总结和评估。

我们推荐成长档案袋对个人和小组记录的其他记录进行补充。将需要了解的关于某一幼儿的所有内容都纳入成长档案袋是很困难的,而当记录仅仅基于个人成长档案袋时,确定如何为小组进行计划就更为困难。

为每个成长档案袋项目增加信息

使每个放入成长档案袋的项目提供尽可能多的信息。对工作作品、照片或略图进行识别和注释。如果项目是成长档案袋所需的,那就设计能够使信息最大化的程序和指导,并根据项目所展现出的关于幼儿的内容或他(她)的独特品质选择自发产生的项目。

对每个项目进行识别和注释。用幼儿的姓名和日期对每个项目进行标记。在可能和相关的情况下,包含教师的姓名、环境(户外、写作中心、数学强化课程)、当天时间、年级或小组以及任何其他相关信息。用橡皮图章注明日期,或者让幼儿复制或书写自己的姓名和日期,以作为对字母和数字格式的功能性实践。

注释是一种能够表明成长档案袋中项目重要性的反思、评论和解释,并且能够将以其他方式无法获得的相关信息加入档案袋。教师、幼儿或两者一起都可以对项目进行注释。注释可能包括以下内容。

- 选择该项目的原因。
- 任务变量:环境、被分配或自愿、受到协助或独立完成、协助的数量和种类、指导、可使用的材料、花费的时间和努力。
- 书面或口述的反思、描述、评论和评价。
- 对于问题或提示的回应(见表 6.4)。
- 对于工作及与先前工作的对比所展现的关于幼儿学习内容的分析。
- 对于该项目作为幼儿工作的重要实例的原因。
- 幼儿的个人回应或观察(例如与已有的知识和经验、自豪感、兴趣或偏好建立联系)。

注释应该阐明开发该项目的环境及其重要性。例如:在本的成长档案袋中,那份简单却优美的手写短文是他自己创作的,还是他从布告牌或书上抄写的?亚力克西斯关于豪猪的报告是她在课堂上经过计划、研究后写的，还是在家长的指导和供研究、创作和修改的计算机科技的帮助下在家里写的？这个话题是分配给她的，还是她自己选择的？幼儿会转学，教师会变化，教室工作人员以外的人无法得知赋予成长档案袋项目意义的情境元素，除非这些元素被记录下来。注释也可以包含教师进行的观察（例如，在评价精细动作技能和工具的使用时，教师对幼儿的抓取、力量和协调性进行的观察）。这一信息并不是来自作品本身的证据，但它对于理解作品十分重要，所以应该被记录下来。

通过在项目本身（见图6.2和图6.3）、多用途表格（见第九章）或一张单独的成长档案袋条目纸片（见表6.5）上填写信息，以识别、注释或"说明"（Kingore，1993）成长档案袋项目。将项目与条目纸片固定在一起，以使它们准备好被归档。条目纸片有若干优势：它能够提醒所有人对成长档案袋项目进行说明；幼儿的作品不会有任何分析性评论侵入；有足够的评价空间；观察者能够在幼儿工作的同时注意到重大的过程变量（握铅笔、使用模型、注意力、所花时间），从而节省时间。能够写字的幼儿可以填写条目纸片的一部分或全部。有一所学校将这些条目纸片称作"反思标签"，并有足够数量的纸片以供幼儿和教师使用（Herbert，1998）。

图6.2　提供有用信息的成长档案袋项目：秋季
（经布赖恩·福弗允许使用。）

第六章　汇编并总结信息　　145

图 6.3　提供有用信息的成长档案袋项目：春季

（经布赖恩·福弗允许使用。）

表 6.5　成长档案袋条目表格

幼儿：	日期：
环境 / 情境：	
评论 / 重要性：	

对于不能完全一目了然的成长档案袋项目使用此表格。这样做能够识别并对项目进行注释——"说明"，以保证其含义不会丢失。半张纸对于艺术作品和写作来说就已足够，但你需要一整张纸来记录照片。在记录照片时，你可能还需要厚一些的纸张。

照片可以与幼儿完成的作品——泥土造型、木质雕塑、用积木完成的建筑或排列、沙子造型、户外游戏、图案和其他作品——相关，也可以与幼儿在做的某种重要工作相关。诀窍在于拍摄"重要"的事物——展现幼儿重要的学习或成就、刻画幼儿学习品质的特征、展现在某一目标或标准上的成就或展现你试图培养的某一发展方面。

对成长档案袋项目的评论或反思可以由幼儿、教师或两者一起完成。它们应该解释或强调该项目的重要性——它被加入成长档案袋的原因。评论可以包括以下内容：

• 幼儿的口头或书面评论。
• 选择该项目的原因。
• 教师的观察（给出的指导、使用的过程、工作的方法、工具的使用、工作的时长）。
• 对于该作品展现的关于幼儿学习内容的分析。
• 与此前作品的比较。
• 个人的回应或观察。

"电子成长档案袋"使用数字技术创建、保留和储存幼儿的作品。软件可以从若干商业公司获得。使用数码相机或彩色扫描仪,教师或幼儿可以直接将图像、照片和图片输入由计算机储存和管理的成长档案袋。文字(包括教师和幼儿的反思和评论)可以被创建或导入。声音和运动功能可以用于解说或保存演讲、音乐、戏剧和其他运动表现。选定的项目或整个成长档案袋可以储存,以便家长或下一学年的教师浏览。长期储存和追踪对于跟踪幼儿从一个学年或学校进入下一个进程十分有用。用数码相机拍摄的静态照片和视频片段可以与解释性文字相结合,以在家长会议上进行展示。

低技术的方法可能并不华丽,但它们能够描述幼儿的工作。可以将幼儿参与重要工作的照片用胶棒、胶水或其他适宜的黏合剂贴附在 21.59 厘米 × 27.94 厘米的成长档案袋条目纸片上(见表 6.5),然后识别、注释并归档。如果拍摄照片和打印照片中间有延迟,那么应在拍摄照片时填写表格,以确保你不会忘记拍摄照片的原因。想要获得额外的想法,可以让被拍摄的幼儿研究它,然后让他(她)口述或写下他(她)对照片的重要意义的看法。

研发能够从每个项目获得最大化信息的程序和指导。教师可以通过让幼儿在一个项目中展示若干事物来使成长档案袋项目提供更多有用的信息。例如,教师可以让幼儿画一幅人像画,为教师讲解该画,并将他(她)的姓名写在纸上。这样,教师除了绘画以外,还得到了一份书写样本、一份语言样本、对幼儿协调性和遵从指导能力的观察以及获取很多其他想法的机会。

为表现任务研发连续的指导和程序。在上述"画人像画"的任务中,教师是允许幼儿选择他们想使用的绘画工具,还是教师为他们分配了绘画工具?仔细思考这些看起来微小的细节,然后做出决定;这些细节会影响幼儿的表现和信度。复制并将指导附于成长档案袋条目纸片上,或在条目纸片上对其进行复制。至少要将它们写在作品上(例如图 6.2 和图 6.3):这些简单、容易收集的工作作品包含了关于布赖恩的大量信息(远远超出绘画本身)。它们揭示了他对绘画工具的熟悉程度和各种绘画工具的特点、他的小肌肉动作发展、他对于书写的知识,以及他对于自己从 10 月到 5 月之间的能力、语言和进步的理解。反思和自我评价的开始与长期进行一样重要(例如,布赖恩记得他以前是怎么画人像的,并且意识到他有所进步)。这些图表也展示了重复的指导和情况如何减轻教师的负担,允许教师在事件发生的同时记录观察和评论。

根据信息和独特性选择自发产生的项目。丰富和提供有用信息的成长档案袋项目是幼儿自发的工作和游戏的产物——它们通常揭示了幼儿远超教师预期的能力，因为它们不受成人指导和预期的限制。教师应该寻找这样的项目，因为它们是对于成长档案袋极为重要的补充。要对项目加入所需的解释并针对它们揭示的内容进行研究。

在幼儿园里，杰里米最近画出了制作曲奇过程的图解（见图6.4）。这是他自发进行并在写作中心完成的。他的工作展现了以下特质。

- 步骤之间的顺序清晰、有区别、准确且顺序正确。
- 制作曲奇是在一周前完成的，杰里米在记忆中储存了这些步骤并能够回忆。
- 最上面一行由左至右的书写被流程表示法取代，并仍保持了水平方向。
- 该作品将多种表示类型结合为有章法的图解——包括绘画、写作、口述、使用圆圈划分单独步骤的界限以及使用箭头表示流程——这是一个比仅有一两种类型的表示法更加复杂的任务。
- 这种表示法的概念是幼儿自己想出来的；他并没有借鉴模板。
- 图画和书写之间的联系是有意义的。
- 有些步骤只由书写表示。例如"剪出（幼儿写为'Kut out'）"，揭示了幼儿对于书写本身有含义的理解。
- 图解展现了幼儿对单个"单词"的清晰概念。没有哪些单词是连在一起的。
- 关于时间、温度和测量的抽象概念用在正确的位置且与正确的测量单位（杯、度、时间单位）相联系。对于单位数量的估计（2~3分钟，70度）相比真正的菜谱并不正确，但它们仍表明杰里米理解数字与单位的联系。
- 幼儿自创的拼写表明，他有近乎完美的声音—符号对应能力。在若干词语中使用常规拼写。
- 字母的格式和位置仍在学习中。大写和小写字母混杂在一起。大写字母"L"的方向是反的。

- 绘画和字母的大小、对于箭头位置的控制和小型图解展示了幼儿对手部和手臂小肌肉的控制和协调技能。该控制能力超出了对幼儿园幼儿的一般预期。
- 语言用于解释并向其他人报告；图解展示了对于语言能够指导并控制行动的理解——"菜谱（幼儿写为'resape'）"告诉了读者他们要怎么做。
- 整个图解展示了幼儿对于书写功能的知识以及交流并解释意图的能力。每个圆圈中有像书一样的画，教师试图确定它们的意义，于是进行了提问。杰里米回答道："我们每次都会用菜谱书。"同时他指向过程中的每一步。其他对于意图的解释由幼儿口述，教师进行书面记录。

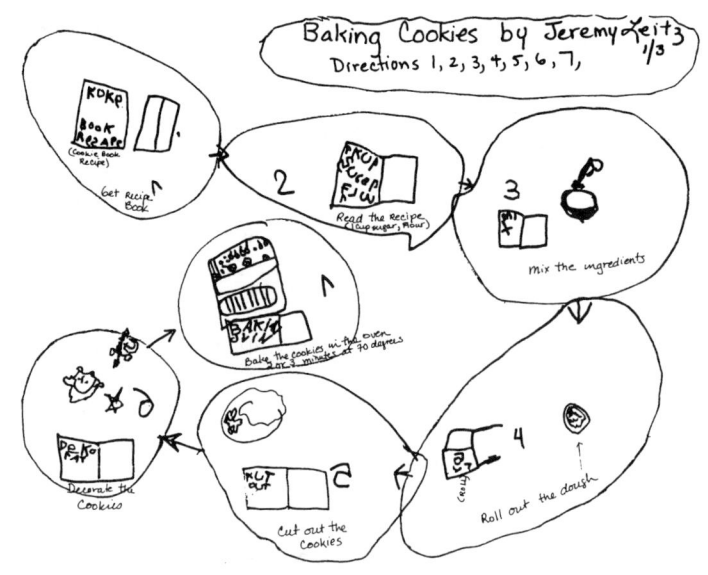

图 6.4　幼儿园幼儿对制作曲奇过程的图解
（经杰里米·莱茨允许使用。）

仅仅是对上述工作作品进行分析就能比测验描述更多的关于这名幼儿的内容——展现书写能力、可代表性和排序过程、认知发展和精细动作技能的使用（特别是当这样的工作作品与幼儿对教师要求解释的问题做出的回应相结合时）。如果需要，可将该作品和对它的解释与认知、读写和精细动作技能的发展预期相比较，与学校和幼儿园的目标相比较，或与幼儿此前完成的类似工作相比较（例如此前他添加注释的绘画）。不论以哪种标准来看，这份作品对于幼儿园幼儿来说都是高质量的。不是所有的工作作品都能提供这么多对于幼儿能力的了解，但通常会有比教师需要花时间理解的更多的有用信息。

小组和个人档案

小组和个人档案是以在教学上有意义的方式对评价信息进行汇编、总结和整理的方法。花时间对评价信息进行总结有若干好处。对数据工作需要反思——对所讨论的问题进行深思熟虑、具有分析性的思考。在进行总结时，教师应该思考每名幼儿、小组、课堂中正在发生什么、他（她）希望达到什么成就，以及有哪些内容可能需要改变。在日复一日的课堂活动中，几乎没有什么时间进行这样的总结。要总结数据，保证没有任何幼儿被忽略，也没有任何重要的发展维度被忽略。进行总结不仅能够帮助教师将注意力集中于小组上，也能够集中于每名单独的幼儿。在忙碌的课堂上幼儿不甚明显的强项和需求可能会在总结的过程中显现；同样，对于改变课程和教学以继续促进幼儿的强项和帮助其达到需求的方法也可能会显现。

对总结进行汇编并没有固定的时间。如果幼儿在学习测量——长度、重量、体积和其他单位——且教师已经对每名幼儿进行了评价，那么此时对信息进行总结以形成对于小组理解的看法便是有意义的。个人档案通常以为家长或学校记录的进展报告的形式完成，或在必须对某一单独幼儿进行深度考察时完成。

总结是解读和使用评价信息的第一步，也是评价的一部分，可将两种参考资料就近存放：标准、目标或教师的预期成果；如"附录 A"所示的发展和学习进程。

已出版的总结表格

使用已出版课程（例如高瞻课程或创造性课程、特定的阅读或数学教学课程）或已出版评价系统（例如作品取样系统®）的学校和幼儿园通常会使用与该课程相匹配的总结表格。学区或州的课程框架经常包括用于总结幼儿进步的表格。

教师通常以等级量表的形式输入已经收集到的关于幼儿的信息，以使用电子数据进行管理。然后，信息管理系统会对每名幼儿和整个班级的数据进行总结。有些软件将单个幼儿的档案与建议的课堂活动相联系，并提供关键格式、关键词和关键短语，这样教师便能使用它们生成每名幼儿或整个班级的进展报告。其他软件会生成能够用于学业问责制的报告，也有一些软件会在线对数据进行打分和储存。高瞻课程的学前儿童观察评价系统（HighScope's Child Observation Record，COR）（HighScope Educational Research Foundation，2003）和"教学策略评价体系"（Lambert，Kim，Taylor，& McGee，2010）都是使用计算机技术对幼儿信息进行总结和管理的、与评价系统相匹配的课程方法实例。Marazon®系统和伽利略幼儿园®提供了能够对建议活动进行计划的档案。作品取样系统®（Meisels et al.，2001）提供了与州标准或特定教学项目的预期成果相匹配的、基于课堂的一般性总结和评价。基本早期读写技能的动态指标®（Dynamic Indicators of Basic Early Literacy Skills，DIBELS）（Moats，Good，& Kaminski，2003）是标准化早期读写测验的一个例子，它能够对信息进行总结和分析，并提供特定的干预建议。

已出版的总结表格很少能为教学目的提供足够的细节。它们会对幼儿在语言和读写、数学、科学思考或社会和身体发展方面的一般性评价进行总结，这样的总结适用于向家长报告和达成学业问责制的目的。教师需要更详细的信息来指导计划。例如，在数学、科学和语言发展中，教师预期幼儿能够对物体、人物、事件和想法以更加复杂和准确的术语进行对比。教师必须确定哪些对比的术语是适宜的、哪些术语已经被某一幼儿理解、幼儿使用哪些术语，以及哪些术语幼儿还需要学习熟练使用。下文中的指导能够帮助教师研发自己的方法，以使用对教学有意义的方式对详细的信息进行总结。

小组档案的描述与定义

小组档案展现了一个或多个有关课堂表现的项目。它们关注课堂行为的范围，并识别有相似强项和需求的一群或一小组幼儿。它们也可以对某一发展领域或整组幼儿的单次评价信息进行压缩。

小组档案能够对小组中个体行为的质变和量变进行总结。质变包括以下内容：一名幼儿准确地向一个方向抛球，另一名幼儿仅仅是在抛球；一名幼儿在讲故事时包含了很少的顺序，另一名幼儿讲了一个富含细节、顺序的故事；一名幼儿在画人像时只用了一个圆圈代表头，另一名幼儿画出了手臂、腿、手指（甚至眼睫毛）。这些信息也可能存在不同程度的复杂性，例如一名幼儿根据一种特质进行分类，而另一名幼儿在分类过程中使用了复杂矩阵。量变与幼儿所表现的行为的数量相关。例如：在扮演游戏中，一名幼儿使用了两个主题并扮演了三个角色，而另一名幼儿只使用了一个主题并只扮演了一个角色；在合作性学习活动中，一名幼儿提供了很多想法，而另一名幼儿只提供了几个想法。

小组档案的目的

小组档案主要是用于识别幼儿需求和强项的计划工具，以便教师计划有差别的教学。教师使用小组档案以识别有相似兴趣、强项、需求或表现水平的一群幼儿，而不是对幼儿所了解的知识和能做的事进行预测。了解了这些，教师就能够为小组的需求进行计划，并对小组的需求进行回应。

小组档案可以对全班幼儿的成长和成就进行评价。通过对在重点强调的学习前后完成的小组档案进行比较，教师既能够判断幼儿从该经验中学到了什么内容，也能够判断哪些幼儿学到了。冈萨雷斯老师在开展一个关于太阳系的项目之前对幼儿进行了评价，并将该评价与在项目之后完成的档案相比较。他发现只有一小部分在项目之前就对太阳系很了解的幼儿从这个项目中学到了知识。小组档案帮助他发现哪些幼儿没有从项目中受益并分析出原因。小组档案也可以帮助教师对自己的教学技能做出评价，并提高效率。

选择和整理小组档案内容指南。为了建构特定班级的小组档案，可以选择或绘制一个合适的空白表格，如表 9.7 或表 9.8 所示。在左侧列出幼儿的姓名，然后遵循以下指南。

确定档案的内容。档案的内容取决于教师的计划需求。表 6.6 展示了可以直接用于记录幼儿社会表演游戏的观察表格。表 5.10 展示了可以直接用于记录幼儿对描述尺寸的术语的理解和使用的表格。当来自评价的信息被记录时，它可以展示幼儿的强项和需求，教师也可以对其进行"归档"，从而识别在学习特定内容时需要帮助的幼儿。

在可能的情况下，将现存的小组记录转化为档案。针对每一群幼儿或每个子

表 6.6 记录幼儿社会表演游戏的观察表格

[在一周内进行观察。注：打钩（√）= 是]

日期：
姓名：

有假装情境	道具		角色			主题			社交技能			整合教师的建议和支持
	使用实际的道具	象征性地使用道具	识别角色（妈妈、宝宝等）	扮演多于一个角色	像演员一样使用道具	整合多个主题	整合来自户外考察、文学等的主题	将读写与主题整合（读书、书写等）	解决游戏过程中出现的社会问题	与所有幼儿一起游戏，不排斥其他幼儿	在中断后再次开始游戏（第二天或同一时间段内）	

群体使用不同颜色的记号笔，并圈出或强调属于同一集群的表现。

如果需要，可以为小组档案创建一个独立的表格。有时，虽然信息在每名幼儿的个人记录上都有所体现，但教师也需要一份小组档案。这通常在使用工作作品、成长档案袋或逸事记录完成小组总结时发生。将识别出的分区或群体置于纵列中，并将处于该群体中的幼儿的姓名写在适当的列中。

在每份档案上放置标识，以识别群体或子群体。如果使用颜色编码，那么应在该页的最上方写下代表群体的颜色。

划分表现的范围。设立对教学有重要作用的部分——即教师要教什么内容、如何教。以下是一些例子。

- 使用幼儿的需求作为分类的基础，例如"需要初次介绍""需要练习"和"需要更多的挑战"。
- 使用描述不同精通程度的分组，例如"没有证据""正在发展"和"掌控"，或"开始做""做"和"已经掌握"。
- 使用子技能划分表现的范围，例如"能迅速地剪""完成整个剪的动作""剪直线"和"剪曲线"。
- 使用基于表现水平的集群，例如"表达性语言""接受性语言""识别"和"回忆"。
- 使用内容作为集群的基础，例如数学中的"加数"。
- 使用已识别的技能习得步骤，例如，使用描述读写发展的技能水平——"萌发的阅读者""早期阅读者""独立阅读者"和"流利阅读者"。
- 使用在适宜的量规中识别的表现水平。

尽快汇编并使用小组档案。小组档案可用于课堂计划，但如果它们是几周前完成的，那就没什么用了。

在计划时使用小组档案。使用档案以确定为特定幼儿或幼儿小组设计的活动。随着时间的推移，对小组档案进行比较，以确定教学所需的改变。如果幼儿并没有在学习知识，那么教学就可能需要改变。

个人档案的描述与定义

个人档案能够将来自课堂评价的信息整合进对特定幼儿能力的总结。总结可以将注意力集中于一个发展维度，也可以呈现关于幼儿的总体情况。

档案有很多种。教师通常使用的两种档案素材是检核清单和书面总结。检核清单通常根据技能获得、目标表述或报告卡划分类别和子类别。检核清单和其他工具一样有其优势和局限（特别是，除了清单上的信息，几乎不涉及其他信息）。

书面的、不间断的总结可以被记录在纵栏记录表上（如同很多项目中的逸事记录表格）。表格条目是在特定项目中强调的发展和学习领域（如表 9.10 所示）。教师可以在每一列中写下关于幼儿状态和进展的总结陈述并记录日期。为了证实该条目中的内容，教师还可以写下关于在哪里寻找该陈述所基于的证据的注解。教师的忧虑、反思和需要监控的事项也可以被包含进来。随着幼儿的发展，新的总结也会被加入。当将信息整合成进展报告时，涵盖学校所强调的领域的历史和现有数据都已经是可获得的了。确实，在必要时，记录表可以起到累积性总结的作用。

个人档案的目的

个人档案能够帮助教师了解并理解每名幼儿，同样能够提供关于幼儿所处水平和教师希望幼儿达到什么水平的一般看法。它们记录幼儿的能力和行为模式，为计划提供信息并显示信息的缺失。它们也在关于兴趣、发展和学习的信息出现时记录单个幼儿的进展。个人档案能够帮助教师研究单次评价难以发现的学习模式。

另外，个人档案能够帮助教师计划，以满足幼儿的强项和需求。例如，在汇编贾巴尔的档案时，西姆斯老师注意到贾巴尔从不参与艺术活动，但他喜欢数字、数数和可操作性材料。她可以使用这一被识别出的兴趣吸引贾巴尔去艺术区。教师可识别一名有交友困难或不参与对话的幼儿，并为他计划活动。个人档案也可以帮助教师检查有哪些遗失的文档。

教师可以使用这一汇编后的信息来准备叙事性总结、报告卡和累积性总结，也可以将其用于与其他专业人士的合作。基于全年收集的证据的报告比那些基于教师记忆的报告更为准确。对于报告给家长的幼儿进展实例，请见表 11.3。

选择和整理个人档案内容指南。 为了使个人档案中的总结信息最大化，使用能够明确告诉教师信息含义的符号系统是有帮助的。通过这种方式，当查阅档案时，教师可以在不阅读每个注释的情况下理解信息。例如，使用不同符号来表示进展与达到某一标准的关系——使用填满一半的圆圈表示部分完成，使用填满的圆圈表示完成。此外，可考虑以下建议。

限制档案中教育和发展类别的数量。6～10个类别对于大多数班级来说已经足够。为班上的每名幼儿设计一张有相同类别的表格。在表格中包含发展和学术领域——社会情感发展和自律以及读写和数学。

使用与档案记录和总结记录相似的类别。教师应该对档案进行计划，以便它能够对报告卡和年底总结起到帮助作用。通过向成长档案袋填充信息，教师可以对其中的数据进行总结。如果使用了州或区标准，则应将它们列入参考书目。

为支持性证据使用一致的参照系统。写下初始信息记录的日期以及它的类型和在教师文档中的位置。自始至终地使用同样的缩写。初始信息记录应保持条理并与档案相匹配。例如，如果初始信息记录储存于幼儿成长档案袋中，那么要写下"成长档案袋"对其进行标记。这种标记允许任何人查看原始记录。

使用所有可获得的信息。它们包括相关工作样本、小组评价、逸事记录、表现样本、引导得出的信息、小组和个人项目、参与图表、频率统计以及包含在幼儿成长档案袋中的信息。

一次对一个领域及一名幼儿的信息进行汇编。回顾玛丽亚所有与认知发展有关的评价和作品，然后回顾她的语言发展评价，继续进行直到完成她的档案。完成玛丽亚的档案后，再着手达沃的档案。通过一次对一名幼儿的档案进行汇编，教师能够获得对该幼儿个体的理解。如果教师同时处理多名幼儿的档案，那么他（她）便无法得到这样的结果。

展示成长或学习中重大进展的趋势。比较不同时间收集的评价。寻找发展趋势指标的趋同性。条目能够总结进展或在发展顺序上从一个位置到另一个位置的移动。条目也可能展示一名幼儿在小组档案中从一组移动到另一组，或一个行为模式如何发生改变。例如，在学期开始时，当路易斯的妈妈把他留在教室里时，他表现出了严重的悲伤情绪，但在第三周结束时，他就不再哭了。

总结幼儿的独特特征。描述跨越不同评价的学习品质（例如坚持和动机水平）。你在查看某次评价时看到，法伊扎试图用积木建造一座大型城市，她的坚持和动机十分明显,在建筑结构倒塌了 11 次后,她才勉强接受搭建一个更小的结构。寻找在不同情境下的相似行为。法伊扎在其他任务中也这么坚持不懈吗?

包含需监控的项目。通过标记需要追踪的项目,档案能够起到提示或"备忘录"的作用。例如,扎图思老师感到忧虑,因为米娅在课堂上很安静,也不参与活动。他将此记在档案上,以提醒他检查米娅在课堂互动方面的进展。

在特定时刻更新档案。在学年初输入信息,以将其与之后收集的信息进行比较。在一年中,对个人档案的内容进行几次回顾——学年中、学年末以及在报告和家长会前。在学年中,回顾新增内容并创建新条目;在学年末,回顾档案,添加条目,以记录幼儿在学年中期的成长,并描述其学年末的状态。教师越频繁地更新档案,它在课堂中就越有用。

随着行为模式发生变化,在合适的栏中记录那些变化。教师也应该记录他(她)的推论和反思。如果新信息表明一项推论或行为趋势是不正确的,那就将其划掉并记录新的解读。

按时间顺序创建条目。按时间顺序汇编信息,以确定行为模式的变化。

总　　结

教师应对信息进行汇编和总结,以整合和提取来自不同来源、方法和环境的信息,将其减少到可以处理的大小,并保证过去的评价可以为持续的分析和解读所使用。汇编和总结的三种互补方法是成长档案袋、小组档案和个人档案。

成长档案袋提供了深思熟虑的、有序的证据汇编,记录了幼儿随着时间推移的发展和学习。成长档案袋可以被分为四类:展示成长档案袋,其展示幼儿最佳或最喜欢的作品;评价成长档案袋,其大部分内容是特定且经过评分的;记录成长档案袋,其包含关于幼儿作品和进展的选定证据,以建立对该幼儿的综合描述;过程成长档案袋,其包含幼儿为大型项目所做的不间断工作。成长档案袋可以实现大多数课堂评价的基本目的。

建构成长档案袋的基本方法有四种:需要特定的项目;需要给定的发展或课程领域中的证据,而不指定项目;从不间断的课堂活动中收集单独的,通常是自发的样本;前三者的混合体。适宜的成长档案袋项目根据幼儿的年龄和发展及学校的目标而不同。优质的成长档案袋条目能够提供有用且容易收集的信息。项目应该被识别和注释，以表明其重要性。帮助幼儿学习选择、评价和反思成长档案袋项目是该过程的中心。来自成长档案袋的可获得信息可以通过对每个项目的识别和注释、能够使信息最大化的过程和指导，以及根据信息和独特性选择自发产生的项目得到增加。

教师可以从出版商处获取帮助其汇编并总结评价信息的表格和图表，也可以建构自己的表格和图表。小组档案能够总结幼儿在教室里的表现范围，并识别有相似强项、需求或兴趣的幼儿小组。它们对班级整体的活动计划最为有用。

个人档案追踪幼儿与课堂目标相关的成长。它们依据教育和发展成果对幼儿的基本能力进行总结，并不仅仅是孤立的技能、表现、内容行为的目录。教师可以使用个人档案以满足幼儿的个体需求、为家长撰写进展报告以及达成官方目的。

自 我 反 思

1. 我们向刚开始研发幼儿成长档案袋的教师提供以下几个建议，以逐渐学习这个过程：从一个发展或课程领域、一个特定主体、一个学习过程或其他能够被评价的发展和学习开始；对你的个人兴趣、经验和技能进行评价。哪种方法在此时最适合你？
2. 假设你现在要建构一个成长档案袋，用以展示并记录自己的发展和学习，这其中会包括哪些类别？你想在其中包含哪些内容？解释你的选择。

进一步学习与讨论

1. 识别四种建构成长档案袋的方法的优势和局限：需要项目；需要证据；个人的独特项目；混合体。对于刚开始工作的教师和有经验的教师来说，优势和局限会有怎样的不同？
2. 如果你要为学前班的幼儿建构关于小肌肉发展、数学、语言和读写领域的成长档案袋，确定三件你会收集的证据。解释你为什么会选择它们。使用

"附录 A"中的评价和分析指南。

3. 如果要为一年级学生建构个人档案，确定你会包含在档案中的三个发展和学习方面的内容。确定三种你会用来记录幼儿各方面成长的评价。解释你为什么会选择它们。

推 荐 阅 读

Clemmons, J., Laase, L., & Cooper, D. L. (1993). *Portfolios in the classroom: A teacher's sourcebook.* Jefferson City, MO: Scholastic.

Ferguson, C. J., Green, S. K., & Marchel, C. A. (2013). Teacher-made assessments show children's growth. *Young Children*, *68*(3), 28–37.

Harris, M. E. (2009). Implementing portfolio assessment. *Young Children*, *64*(3), 82–85.

Helm, J., Beneke, S., & Steinheimer, K. (2007). *Windows on learning: Documenting young children's work* (2nd ed.). New York: Teachers College Press.

Laski, E. V. (2013). Portfolio picks: An approach for developing children's metacognition. *Young Children*, *68*(3), 38–43.

National Education Association. (1993). *Student portfolios*. West Haven, CT: Author.

Shaklee, B. D., Barbour, N. E., Ambrose, R., & Hansford, S. J. (1997). *Designing and using portfolios*. Boston: Allyn and Bacon.

Shores, E. F., & Grace, C. (2005). *The portfolio book: A step-by-step guide for teachers*. Upper Saddle River, NJ: Pearson.

Stone, S. J. (1995). *Understanding portfolio assessment: A guide for parents*. Reston, VA: Association for Childhood Education International.

Wortham, S. C., Barbour, A., & Desjean-Perrotta, B. (1998). *Portfolio assessment: A handbook for preschool and elementary educators*. Olney, MD: Association for Childhood Education International.

第七章

解读评价信息

(拍摄者:AntonioDiaz/Shutterstock)

译者导读

心理学领域认为，评价是收集儿童的生活迹象信息并组织、阐释这一信息的过程[1]。对评价信息的汇编和总结是对收集和记录的原始信息的"粗加工"，不能直接利用。只有教师对评价信息的汇编和总结进行"细加工"，了解信息的含义并使用信息帮助幼儿发展和学习，才能发挥评价的作用。

在你开始阅读本章内容之前，请先思考以下两个问题：如何保证评价数据的真实和可信？如何解读评价信息的含义？

解读是一个高水平的过程，需要对信息进行分析、将信息与其他数据整合、将其与发展指南和课程预期比较以及创立关于其含义的有效假设，这一切都要建立在专业知识和专业判断的基础上。本章内容主要围绕"**解读评价信息**"这一主题展开论述，全章主要内容共分为两节。

- 第一节主要讨论**确保数据真实和可信的方法**（比较两次或两次以上的表现，以监控进展；在汇编和总结的基础上进行工作；寻找模式，包括错误模式，而不是孤立的实例；考虑幼儿的发展、气质、兴趣和学习品质模式；识别令人忧虑的领域）。
- 第二节重点呈现**理解评价信息的含义的方式**（对可能的含义生成若干假设，但只是暂时保留这些假设；将表现看作幼儿机能发展的区间进行分析；考虑环境对幼儿行为的影响；将证据与发展或课程预期相比较；分析信息以得到关于学习过程和策略的线索）。

本章是对收集到的评价信息的分析、解读和理解的集中说明，旨在帮助幼儿教师通过客观信息与敏感判断做出真实的评价。同时，评价信息解读的结果能够为帮助教师决定如何促进幼儿发展和学习提供重要的线索和依据（参见表 7.1 和

---

[1] McAfee, O., Leong, D.J., & Bodrova, E. (2004). *Basics of assessment: A primer for early childhood Professionals Washing*, DC: National Association for the Education of Young Children.——译者注

图 7.1）。

表 7.1　解读评价信息

确保数据真实和可信	理解评价信息的含义
比较两次或两次以上的表现，以监控进展； 在汇编和总结的基础上进行工作； 寻找模式，包括错误模式，而不是孤立的实例； 考虑幼儿的发展、气质、兴趣和学习品质模式； 识别令人忧虑的领域	对可能的含义生成若干假设，但只是暂时保留这些假设； 将表现看作幼儿机能发展的区间进行分析； 考虑环境对幼儿行为的影响； 将证据与发展或课程预期相比较； 分析信息以得到关于学习过程和策略的线索
帮助幼儿教师通过客观信息与敏感判断做出真实的评价。同时，评价信息解读的结果能够为帮助教师决定如何促进幼儿发展和学习提供重要的线索和依据。	

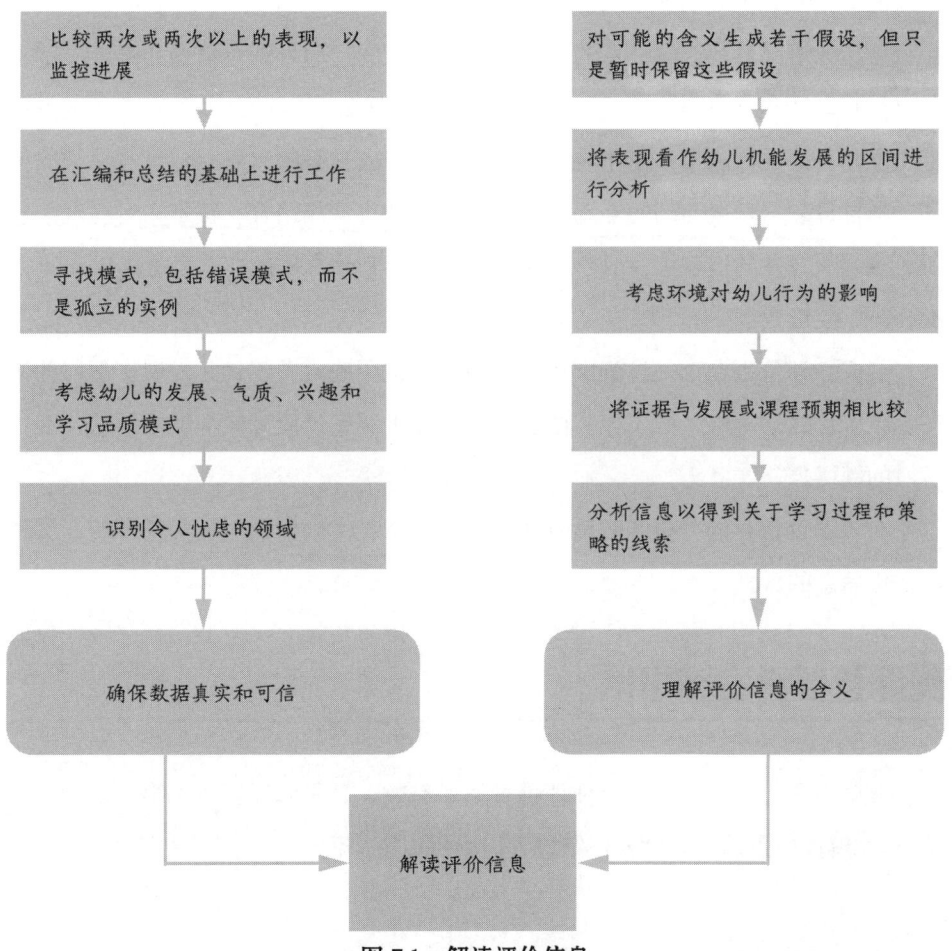

图 7.1　解读评价信息

> ☑ **学习成果**
>
> 1. 描述确保评价数据真实和可信的方法。
> 2. 分析可能会妨碍对评价信息进行准确解读的因素,并解释如何在评价过程中进行弥补。

教师要了解信息的含义及如何使用信息帮助幼儿发展和学习,否则评价并没有什么作用。本章将集中说明对收集到的信息的分析、解读和理解。第八章将展示如何使用这些理解设计课堂活动和程序,以支持幼儿的成长、发展和学习。当教师能够根据幼儿的即时需求有技巧地调整材料和互动时,这两个步骤可以合并。在其他情况下,理解信息的含义可能是困难的,而根据对信息的解读决定采取何种行动可能更困难。这两个过程都需要专业知识和判断,因为一项至关重要的合并正是在这两个步骤中发生的——教师将已被系统收集、记录和总结的信息与来自日复一日地与幼儿互动的理解、领悟和直觉相结合。正是在对客观信息和敏感判断合并的过程中,对于幼儿的评价才以其最真实的方式发生(Barnett & Zucker,1990)。

形成性评价也在这一过程中发生。当教师试图确定关于幼儿发展和学习的信息意味着什么的时候,她(他)便能够获得关于调整经验和教学以帮助幼儿获得学习的领悟。

对于评价信息的分析和解读有两个主要步骤:①确保数据真实和可信;②理解评价信息的含义。

确保数据真实和可信

教师在进行工作时,要保证评价可信、有效、公平和适宜(见第二、四、五章)。在解读信息前,教师要仔细检查以确保以下方面:

- 有足够的样本;
- 样本对于所评价的内容具有典型性;

- 样本是均衡的且体现了不同来源、方法和环境；
- 以不同方法获取的证据能够汇于一点；
- 通过不同时间、来源、环境和方法获取的信息是相符的（但是，有时可能出现重大的不一致）；
- 证据符合实际——证据一般与幼儿发展和学习的其他方面相匹配，而且在与相同年龄幼儿及发展水平对比时是合理的。

当从记录幼儿的行动进展到解读它们的含义时，以下的附加保护措施能够保证评价的真实和可信。

比较两次或两次以上的表现，以监控进展

时间间隔应该足够大，以揭示幼儿的发展和学习。间隔的长短取决于教学内容和评价内容。确保在此期间为幼儿提供学习机会。测量应该是可比较的，即书面样本可以与此前的书面样本相比较，口头阅读可以与此前的口头阅读相比较。

在汇编和总结的基础上进行工作

一份或两份记录幼儿向着重大目标进展的总结表综合了来自许多来源的信息，并使其可用于解读和后续使用。要使用记录下的信息，不要只依靠记忆（Barnett & Zucker, 1990）。

寻找模式，包括错误模式，而不是孤立的实例

在对关于行为的信息进行汇编时，稳定的模式通常会出现。例如，出勤和迟到就是关于模式如何帮助教师理解幼儿、家长和学校的简单例子（Almy & Genishi, 1979; National Forum on Education Statistics, 2009）。幼儿在一周中的第一天或最后一天缺勤可能表明家中有情况发生（例如周末去探访无监护权的家长）。有些家庭可能没有形成有规律的、准时送幼儿去学校的习惯，或可能存在交通或经济上的困难。如果这是幼儿参加项目的第一年，那么他（她）可能会感染同班同学的疾病，可能会存在抵抗力、体力或缺乏医疗护理的问题。由于经常生病的幼儿会错过很多内容，所以这一模式会揭示需要进一步探讨的线索。这种

连续的行为模式可以使教师意识到哪些幼儿需要帮助。

考虑幼儿的发展、气质、兴趣和学习品质模式

迪伦的母亲告诉教师，迪伦对于他的发展"不慌不忙"——不急于坐起身、长牙、走路、说话或做其他任何事。他的幼儿园教师评论道："他会按照适合自己的时间做事情。"这样的信息可以帮助迪伦现在的教师理解她收集到的数据。卡里塔追求完美的倾向是显而易见的，她避免参加自己不擅长的活动，并在对她重要的事情上努力追求完美，甚至到了流眼泪的程度。在教师尝试理解特定信息的含义时，幼儿的独特兴趣和此前的知识可能会成为证据。

识别令人忧虑的领域

一名幼儿当前的技能和进展是否令该幼儿、家长、教师或学校职员忧虑？如果是，教师应该对所忧虑的发展或课程领域进行深度探察，以更广阔的角度看待所有的发展领域，在另一环境中评价技能或行为，并且再次核对幼儿需要特殊帮助的指标。记住，可以向专业人士咨询。

假如一名幼儿无法听从指挥，在讲故事时间漫不经心，不管是在室内还是在户外都几乎不与其他幼儿一起游戏，在对话和讨论中不适当地回应，并且经常缺勤。很明显，已有的信息显示出了一项忧虑。教师需要更多不同的信息以确定问题的来源并设计行动方案。家长在家里看到了什么？这名幼儿的医疗记录和发展历史中有什么线索吗？在哪些情况下这名幼儿能听从指挥并集中注意力？在哪些情况下她无法注意周围发生的事？言语和语言专业人士怎么说？

理解评价信息的含义

理解评价信息的含义需要教师用多种视角查验证据。第一个视角是警示性的：教师应该对评价信息的可能含义生成若干假设，但只是暂时保留这些假设，以便后续可以选择其他解释。其他四个视角是分析幼儿信息的基本指导方针或方法。下文中的内容分别强调了每个指导方针，但当处理总结和初始信息时，教师可能会同时使用它们：将幼儿的理解和表现设想成处于一个范围之中或一个区间

之内,而不是范围中的特定一点;考虑环境对幼儿行为的影响;将幼儿的理解和发展与发展或课程预期(目标、标准)相比较;为他们正在使用的学习过程和策略分析信息,以获取证据。所有这些方法都会产出与促进幼儿学习相关的信息。

对可能的含义生成若干假设,但只是暂时保留这些假设

避免从必然和绝对的角度思考问题。没有过于简单化的解读公式——如果一名幼儿做了 X,那就代表着 Y,且只有 Y。信息可能有若干含义,这取决于教师选择哪个方向。人类的发展是复杂的,并且不总是容易理解的。所有与课堂决定相关的方面都必须被考虑到。对于幼儿努力解决现实生活中的算数问题的记录,可能在以下不同情况下会有不同的解读:如果教师在分析错误模式、如果教师在判断幼儿对于算数的态度、如果教师对于幼儿的发展水平感到忧虑。教师可以与其他同事商议,他们可能会提供其他的理解,并帮助你将注意力保持在幼儿的发展和需求上,而不是将问题归咎于幼儿自身、幼儿的家庭生活或上一学年的教师(Johnston,2003)。

解读应该只反映教师实际了解的内容。例如,如果一名幼儿没有按照评价的预期做事,那么教师只知道幼儿没有做,并不知道幼儿完全不能做。积极结果比消极结果更可信。如果一名幼儿做了一些事——大声朗读、举手过肩投球、帮助同班同学、在课堂讨论中有所贡献——那么我们就会知道该幼儿有上述能力。我们不知道幼儿完成没有表现或表现不足的任务的能力(Lidz,2003)。

幼儿的改变十分迅速。一个人对于幼儿发展的知识和理解也会改变,会产生对于幼儿所做事情的含义的新看法,以及看待和回应幼儿行为的新方法。即便是在最好的情况下,教师拥有的评价信息也只是幼儿实际所做事情的一个小样本——主要基于学校或幼儿园相关行为的样本,这样的样本可能会也可能不会反映出幼儿的总体能力。一些关于幼儿及其成就的重要信息很难被记录——动机、熟练掌握某事的内驱力、做出努力的意愿及家庭的支持和鼓励。

保持对于幼儿全面的看法很重要。过于关注在某一项目中被认为重要的发展或学习方面可能无法揭示出幼儿的其他强项。大多数幼儿教育项目中对语言和读写的突出强调可能会掩盖幼儿在数学、科学、艺术和社会关系方面的强项。

将表现看作幼儿机能发展的区间进行分析

最好将发展看作一个连续体，它向着更为复杂和成熟的行为移动（Bodrova & Leong，2007；Vygotsky，1978）。幼儿已经完成或正在做的事表明了幼儿处于一个更大的范围或区间中，这个范围或区间反映了此时他（她）的能力的上限和下限（Russell & Airasian，2011；Woolfolk，2012）。有若干原因解释了为什么区间能够比一个准确的点或分数更好地描述幼儿的表现：测量中的错误、发展和学习中的正常变化、发展过程的性质及协助的性质和数量造成的影响。

测量中的错误。教师应该可以预料到自己获取的信息中会有一些错误。例如，表现性任务或情境性任务经常需要幼儿给出口头或动作回应。如果幼儿不回应，那么教师并不能得出幼儿不能回应的结论——只能得出他们没有回应的结论。在任何语言中，对于幼儿口头语言能力的估计都是很难实现的。如果幼儿在学校里使用的语言并不流利，那么错误的可能性就会更大。对于任何受到测量的技能或概念，总会有种可能是幼儿在另一环境下能够表现出比在特定评价中更高的水平。幼儿对外界影响很敏感，例如饥饿、疾病、令人分心的事物或家中的问题，都可能导致测量错误。

测量错误可能在一组幼儿中比另一组幼儿发生得更多。换言之，一项评价可能会很好地区分"平均"的幼儿和"离群"的幼儿（那些在连续体的高低两端的幼儿），但它并不能很好地区分"处于中间"的幼儿之间更精细的区别。此外，测量错误可能只是由教师在记录幼儿行为时发生的错误引起的。

发展和学习中的正常变化。被认作"典型"的发展和学习有广泛的变化——什么时候获得成就的变化和获得技能的速率或速度的变化（Berk，2013）。幼儿发展的常态和顺序通常是从大量的幼儿观察中得出的，并且没有人预期单独的幼儿与其完全"相符"。出于这个原因，已出版的幼儿发展指南通常会指明一个范围或区间，而不是一个固定的点。幼儿有独特的、个人的发展模式。"正常"的幼儿会在 9~18 个月的任何时间开始走路——在短时间内发生极大的变化。如果这样的差异存在于通用的、与生物学相关联的发展里程碑中，那么教师至少也可以在其他发展方面和与预期成果相关的幼儿表现中预期相同的变化。

发展过程的性质。幼儿的发展是动态的，它日复一日、周复一周地发展和变化。幼儿在今天无法完成的事情，明天他（她）可能就可以完成了，特别是在给予其适当协助的情况下。幼儿可能会因为疾病、压力或其他因素退步。在特定的发展领域或所有的发展领域中，发展都可能是不均衡的。幼儿可灵活使用的词汇可能会围绕家庭和朋友，他们在学习抽象概念时可能会需要帮助。在其他领域都发展得很正常的幼儿可能会在社会技能上落后。

协助的性质和数量造成的影响。要考虑幼儿接收到的协助的性质和数量。这两者在解读幼儿的回应时非常重要。对于任何一项幼儿正在掌握的新技能或概念，他（她）的学习都可以被描述为两个水平之间的连续体。较低的水平或限度是幼儿的独立表现——幼儿能够自己完成的事；较高的水平或限度是幼儿在得到最大限度的协助时能完成的事（Bodrova & Leong，2007）。在这一最近发展区中的是得到部分协助的表现水平（Vygotsky，1978）。

幼儿使用建议和提示的能力提供了关于幼儿思考和参与社会互动的经验、技能水平、他（她）准备好学习的任务范围的线索（Bodrova & Leong，2007；Campione & Brown，1985；Vygotsky，1978）。动态评价结果（见第四章）能够帮助教师探索幼儿在完成任务时从协助中获益的能力（Campione，Brown，Reeve，Ferrara，& Palincsar，1991；Feuerstein，1979）。寻找处于形成性阶段的发展和学习，并给出提示、建议和线索，以了解幼儿得到这样的帮助后能够做些什么。

以下是一个关于教师如何给幼儿提供协助及如何解读幼儿对协助的使用的例子。哈里森老师带来了各种各样的贝壳，并让幼儿以自己的方式检视、分类和分组。有些幼儿可能会立刻理解各种可能性，然后以想象和感知的方法对贝壳进行分组和再次分组。他们不需要提示，事实上，建议可能会扼杀这些幼儿对于该任务的创造性方法。有些幼儿可能无法感知到任何事，除了它们是一堆贝壳；他们并不注意提示和建议，不管是语言还是非语言的。但是另一组幼儿可能一开始什么也没有看出来，或只看出了最为明显的分组，然后迅速地注意到最小的线索。放置在贝壳旁边的浅色美术纸会引导幼儿根据细微的颜色差异进行分类和排序。一列按大小排序的贝壳会引导他们根据尺寸进行分组。奥德丽的评论——"你看这个贝壳上的纹路多深呀"——会引起根据纹路定义的检视和分组。正是这些幼儿能够从成人的协助中获益最多，并促进自身的发展（Bodrova & Leong，2007；Rogoff，1990）。彩纸和哈里森老师的建议都在学生的最近发展区之内。

记录并解读幼儿如何使用提示、线索和建议是个很好的想法。那些无法注意到提示的幼儿可能需要更简单的经验、更多或不同类型的协助。那些超出提示的幼儿可能需要扩展其最近发展区内的想法，或需要更多具有挑战性的任务和协助。除非教师知道幼儿接收到的协助的性质和数量，否则他们无法理解幼儿所做事情的含义。

考虑环境对幼儿行为的影响

教育者不能脱离社会文化环境对幼儿的行为进行解读（Goodenow，1992）。环境包含了互动的对象、内容、时间和地点：幼儿和谁互动、使用了什么材料以及何时和在哪里。寻找两件事：环境可能阻碍发展和学习的方式，以及环境可能支持发展和学习的方式。两者都能帮助我们理解幼儿的行为及未来应采取的措施。

阻碍物（包括家具和器材）的摆放，可能会带给幼儿关于应该做什么的错误信号，例如一种鼓励幼儿彼此探访而不是完成任务的安排，或一种鼓励幼儿失控地在体育馆中或运动场上奔跑而不是使用器材的安排。这可能包含了对材料的选择——幼儿不再感兴趣的书籍、游戏、活动和歌曲；过于困难或过于简单的材料；对攻击性行为有促进作用的材料。成人可能会预期幼儿在他们刚刚开始学习的任务中表现熟练。

一般的支持包括：提供对于幼儿应该做些什么的清晰的指导，安排环境以促进想要的行为，准备好足够的适宜材料，以及提供特定的支持，以让幼儿能够做他（她）应该做的事。一些例子包括：确保幼儿能够看到并听到教师和同班同学，减少令人分心的事物，以及提供对预期行为进行指导和练习的工具。对环境和幼儿进行研究，以识别并减少阻碍物，进而根据需要识别并增加或调整支持。很重要的一点是要记住，如果使用一种工具或支持的时间过长，它可能会变成一种依赖。勤于查看幼儿是否仍需要支持，或他们现在是否能够在没有支持的情况下表现。

将证据与发展或课程预期相比较

预期发展和课程成果能够帮助我们确定评价内容（见第三章）。此时，可对那些预期成果进行回顾，将其作为解读评价信息的基础。

比较证据与一般发展顺序。发展指南或发展连续体可以用于建立对于幼儿的了解，以及确定幼儿在基本发展领域（身体、社会和情感、认知和语言）中的知识和理解的现有状态。"附录 A"中的评价和分析指南对相关知识进行了总结，以供参考。可以将一名或多名幼儿的表现与适当领域中的指南相比较。确定幼儿在连续体中的大致位置——哪些先前的发展已经被掌握、哪些后续的发展正在萌发或已经显而易见。注意：要将发展顺序作为指南，而不是严格的里程碑。记住这些顺序并不是精确的，它们也并不涵盖发展的每一个方面。另外，一个人对于幼儿在某些领域中的发展的理解是有缺口的。

确定幼儿正在发生的进展是否适宜，或学习和发展的机会是否需要进行调整。很多发展和课程目标需要很长时间才能达到。如果 11 月的检查显示一名幼儿（或整间教室里的幼儿）离年底目标还有很远的距离，不要恐慌，要确认幼儿在发展连续体中处于何处，以确定当前的课程方法是否足够或是否需要调整。

使用简化的例子查看发展和课程状态以及进度如何。表 7.2 展示了对于莎娜进行表演游戏的两次观察，这两次观察相隔大概 3 个月。表格右侧是该类型游戏的发展顺序。将第一次于 9 月 23 日完成的观察与发展顺序相比较，教师得出结论——莎娜的行为似乎与平行游戏最为接近。在查阅其他证据后，教师发现了一个或两个社会性游戏的例子及一些轮流进行游戏的行为（但并没有很多）。

表 7.2　幼儿游戏行为的两次评价与游戏的发展顺序的比较

莎娜·史密斯选定的社会发展记录的摘录	2.5—6 岁同龄人游戏的发展顺序（由 Howes，1980 改编）
9/23——表演游戏 装扮成妈妈。宣布："我要去洗盘子了。我要做晚饭了。"清洗盘子、锅、银器并将它们放进沥水架。看向身边拿起毛巾的幼儿，莎娜也拿起一条毛巾。两人没有互动。	水平 1：简单平行游戏 非常靠近，但没有眼神接触，也没有参与任何社会性行为。 水平 2：平行游戏，互相注意 参与相似活动，偶尔看向对方。可能包含模仿。
12/27——表演游戏 用高跟鞋和女士钱包进行装扮。椅子被摆成一条线，以作为公共汽车。莎娜坐进第一把椅子，说道："这是我的公共汽车。我要开车。加芙列拉，把你的钱给我。去那儿坐下。"加芙列拉说："我能开车吗？"莎娜没有回应，而是发动了公共汽车，她发出开车的声音。	水平 3：简单社会性游戏 互相间直接的社会性行为。活动不协调。 水平 4：互补/交互意识游戏 轮流使用物品。没有语言交换。 水平 5：互补/交互社会性游戏 参与互补对话。反复轮流使用物品，有社会性互动。

为了确认一段时间内的进展，对幼儿在两次或多次间隔之间的同类型行为样本进行对比。我们来看一下关于莎娜的两项条目，第一项条目是在 9 月 23 日完成的，第二项条目是在 12 月 27 日完成的（见表 7.2）。与第一个样本相比，在第

二个样本中莎娜与其他幼儿直接交谈且有更多的互动。12月的样本准确地与简单社会性游戏匹配。莎娜还没有与他人交换玩具，也没有参与反复互动。其他关于莎娜在运动场上、积木区中与可操作材料游戏和互动的证据揭示了相似的行为。莎娜在发展顺序上已经前进了一个水平，她的发展速率与其他同龄人相似，并符合发展顺序。

在对小组档案进行解读时，要确定发展和学习的范围——最成熟或高级的行为和最不成熟或低级的行为。将这两个极端与发展或学习表格相比较，以查看它们是否处于该年龄的预期范围内。将档案中的行为群组与典型预期相比较。

表7.3展示了两个对于幼儿小组在精细动作技能发展方面的状态和进展的评价实例。关于用剪刀剪的证据被记录在检核清单上。注意在9月11日进行的评价中，幼儿的表现范围是从"迅速地剪"到"剪曲线"。若干幼儿有相似的技能：莎娜、丹尼和加芙列拉能剪直线；杰里和弗兰能剪曲线；博比能迅速地剪。

表7.3 对于幼儿小组在精细动作技能发展方面的课堂评价

对9月11日和12月18日的评价进行比较可知,幼儿表现的范围发生了变化。在第一个样本中,表现的范围是从"迅速地剪"到"剪曲线"。在第二个样本中,表现的范围是从"剪直线"到"剪曲线"。另外,幼儿的群组也发生了变化。第一个样本中有三个群组:博比迅速地剪;莎娜、丹尼和加芙列拉剪直线;杰里和弗兰剪曲线。第二个样本发生了变化:博比和加芙列拉剪直线;莎娜、杰里、弗兰和丹尼剪曲线。成长档案袋中的工作作品和在观察艺术中心活动期间完成的简短记录都可以进一步提供关于幼儿进展的证据。在接近年底时记录的第三个样本应该能够揭示出更多的信息。

这些进展是否足够,幼儿是否需要附加的高级动作技能经验?若干幼儿在入校前从来没有用过剪刀。这时解读就可以发挥作用了。对于剪这一动作的发展顺序预期为测量进展提供了信息,如表7.4所示。另一份是教学项目的目标。幼儿在学年底是否应该能够剪出形状及准确地移动纸张和剪刀?解读含义需要整合所有考虑、根据需要收集更多的知识并对其进行判断。

表7.4　使用剪刀剪的发展顺序

水平1:迅速地剪。可能不正确地拿纸张和剪刀。 水平2:使用剪刀进行一次完整剪的动作。可能不正确地拿纸张和剪刀。 水平3:剪直线。可能正确地拿纸张、不正确地拿剪刀。 水平4:剪曲线。正确地拿纸张和剪刀。 水平5:剪出形状。

比较成果与课程目标和标准。为了理解评价信息,可以将它们与预期成果相比较(不论它们阐述的是哪一方面)。有些目标和标准很宽泛,需要在评价或对评价信息进行解读前进一步说明。有些目标和标准已经得到了阐述,以便可以进行直接而不是一般的比较(特别是如果它们识别了特定的目标、知识或技能)。

假设一个目标阐述了"幼儿应该能够比较物理世界和社会世界中的物体、事件和经验"。这是一个综合的目标,包含了语言和重大的主题领域,也包括了基本学习策略(Marzano,Pickering & McTighe,1993)。它与所有年龄的学习者都相关。特定的预期会根据幼儿的年龄和发展而变化。如果对于幼儿教育的预期是幼儿能够理解并使用关于对比和比较的词语——例如一样和不一样、像和不像、相同和不同、相似和不相似——并将其与适当的描述性术语相关联(形状、大小、颜色、数字、位置、功能、方向等),那么教师就知道做什么能够帮助幼儿学习、评价的内容是什么，以及根据什么比较他们的表现。

多个标准可以以相同的方式使用。国家数学教师委员会（National Council of Teachers of Mathematics，NCTM）提出的一项针对幼儿园至二年级幼儿的标准是，他们能够"理解模式、关系和功能"（NCTM，2000）。该委员会官方网站上的匹配材料可以帮助教师识别每一年级水平的指导和评价重点，以确保幼儿达到该标准。例如，幼儿园幼儿的重点是对物体进行分类，而对于学前班和一年级的幼儿来说，重点将转移到识别、描述和扩展各种各样的模式。因为学前班和小学幼儿对所有类型的图案进行过实验、建构、重复和识别，所以收集证据以将幼儿的作品与标准相比较是相当容易的。

让我们来看一个例子。一年级的莱斯莉和班上的其他幼儿在纸上画"X"的行中创造了ABAB（每隔一个重复）模式。莱斯莉的作品（见图7.2）表明她已经完成并以二维方式扩展了简单的ABAB模式。下一步是让莱斯莉反思并解释她的作品。可以用录音机记录她的解释。很明显，莱斯莉也能够识别和描述AB模式，包括指出有模式的行与空白行交替出现，垂直方向的内容组成了另一个ABAB模式。对于可操作材料的结构性表现评价表明，她也能够扩展模式。与标准的比较告诉我们，该幼儿已经达到标准中对于简单ABAB模式的要求，并且已经准备好完成变化后的模式：不同形式的扩展，例如行动或声音的扩展；更复杂的重复模式或不同类型模式的挑战，例如"成长"模式；在其他模式并不十分明显的环境中的应用；其他模式和关系的变化。标准和暗含的基准（在二年级前，幼儿应该能够识别、描述并扩展模式）为比较提供了基础并为规划更多的经验提供了指南。

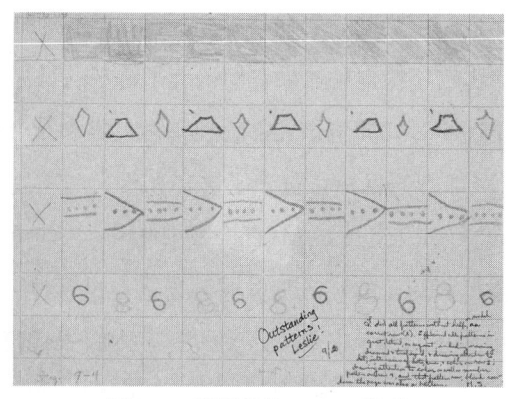

图7.2 莱斯莉的ABAB模式

（经莱斯莉·阿拉玛允许使用。）

量规。大多数标准通常是宽泛的且包括很多复杂的行为，教育者研发量规以帮助判断幼儿朝着标准和相关基准的进展。

如果教师已经收集到了与量规中描述的行为相关的证据，那么识别幼儿的技能水平便不会很困难，识别他（她）在哪些方面需要帮助也不再困难。为了分析和达成教学目的，数字并不重要。对于行为的描述能够帮助教师识别幼儿做了什么、没做什么。年长一些的幼儿能够使用量规对学习进行自我评价（Jacob & Crowley，2014）。第五章包含了关于量规的附加例子和更多信息。

分析信息以得到关于学习过程和策略的线索

理解幼儿的学习策略并不专注于结果（例如阅读一篇选定文章，运用加、减、乘、除法，正确地解读他人的社会意图）；相反，它针对的是思考和学习的过程，这两者都是难以描述和解读的。这些学习策略和过程——例如将现有的学习与之前的知识相关联，建构"理论"和概括，将学习从一种情况迁移至另一种，或使用提示、暗示和线索——适用于所有的发展和学习。例如，很多人都尝试过"忘却"错误的网球挥拍方法或高尔夫球挥杆方法。错误的先前知识会妨碍人以正确的方法学习。

随着关于认知过程的知识和发展的扩展，重点在于帮助幼儿理解和使用有效的学习策略。学习并不总是线性的、按顺序的过程；有时它会不规则地进行。随着学习者从新手发展到专家，概念被不断完善并重新定义。知识、策略和思考过程在学习过程中的不同阶段会发生改变（Rogoff，1990）。即使在识别出幼儿学习过程中的障碍（例如来自文化差异或先前知识的阻碍）后，适宜的行动也不总是清晰的。但是让幼儿"再努力一点"和"自己努力"这样的命令并不能代替找出造成幼儿问题的原因和做出能够帮助他们克服问题的事。

发展和学习过程通常会在幼儿的行为中显示出来：幼儿犯的错误，使用先前知识的方法，给出的解释，使用提示、线索和建议的方式，从掌握简单的技能和知识进步到具有复杂、协调的行动和思维模式的方法。

检视潜在的精神过程。幼儿正在学习集中注意力、有意识地记忆及控制自己的认知和社会行为的技能（Bodrova & Leong，2007）。他们的学习不那么被动，学习变得更加深思熟虑和有意识。但是，元认知能力的缺乏会在所有的发展领域中显示出来。例如，4岁的安德鲁很难在小组时间集中注意力和在队伍中等待，还会把积木区变成保龄球场。他可能在潜在的自律技能方面有些问题。因为他的反应性很强，所以其注意力和行动会受到当时他想做的事的驱动，这导致他无法控制自己的行为、集中注意力、有意识地表现或在做一件事前考虑后果。尽管当安德鲁的问题行为在小组时间、游戏或其他活动中出现时，教师可以对其进行干涉，但他潜在的反应性才是根源问题。

为了确定幼儿是否需要关于发展潜在认知技能的帮助和练习，可以在不同环境下对他们进行观察。比较不同的观察，哪些环境倾向于产出更多成熟的行为，哪些环境又倾向于产出最不成熟的行为？有反应性行为的幼儿通常在全神贯注于某一自己选择的活动时表现良好，在离开该活动时有困难。当没有全神贯注时，他们可能会从一个活动迁移到下一个活动。他们无法忽略令人分心的事物并专注于手头的任务，可能会在与物体、同龄人或教师的一对一关系中表现得更好。

分析错误模式。错误不应该被认为是"学生随机、不小心或懒惰的行为，但……根植于复杂和符合逻辑的思考过程"，它是可以修正的（Glaser，1987，p. 333）。幼儿会犯错误，因为他们有错误的想法或片面的理解。对于错误的分析经常被用于阅读教学，并对任何内容和表现领域都十分有用。例如，在数学方面有重组困难的幼儿可能会向教师展现其困难的来源。

检查错误的数量、类型和模式，以确定它们是否符合下列任一类别（Gage & Berliner，1992）。

- 系统性错误有连续的模式，这意味着幼儿一次又一次地犯相同的错误。通常，系统性错误表明幼儿并不理解一项规则或一个事实，并不断地错误使用。解读可能会根据发展水平有所不同。很年幼的幼儿可能只是需要时间和经验，例如幼儿在学习写作时做出的过度系统化调整。安德烈知道了他的名字里有一个字母的上面有个点。然后，他开始在自己名字中的每个字母上面都点一个点。这样做了几次后，他不再这样做了，因为他知道了那个点只出现在字母"i"上。在其他情况下，有技巧的提问、解释、适宜的材料或经验可以帮助打破一种更多时间和经验可能无法校正的模式。想一想加入一个小组的社会技能。很多幼儿（和成人）会一次又一次地犯相同的错误，他们会从指导和示范中受益良多。
- 随机错误并没有一种可预测的模式。它们通常意味着幼儿由于没有可以应用的事实或规则而在进行猜测。为了理解随机错误模式，教师必须敏感地考察幼儿的思考。错误的原因可能因不同的幼儿而有所不同。例如，幼儿可能不具备能够让其给出合理回应的先前经验或知识。一些居住在城市的幼儿可能对植物、山丘、山谷、河流和关于自然世界的其他方面知之甚少；居住在农村的幼儿对城市生活的知识可能只包含了他们在电视上看到的内容。上述两组幼儿都不具备可以应用的准确事实或规则；教师可能有必要为其提供经验并针对信息和技能进行教学或再次教学。
- 跳跃错误是"搞砸了"。除非它们成为确定的模式，否则这些错误并不具有意义。跳跃错误是幼儿在他（她）通常能够正确完成的事物上犯了错误。跳跃错误的一个例子是，马蒂忘记将她名字的首字母大写，而她通常记得要这样做。一般来说，匆忙、无兴趣、注意力缺失或焦虑会造成这些错误。

确定先前知识及它与当前理解和表现的关系。幼儿的信仰、知识和过往经验能够为当前的学习提供基础（Glaser，1987）。例如，雷娜塔对于宠物的认识限于猫、狗、兔子、荷兰猪和其他毛茸茸的生物，当教师向她介绍一只宠物乌龟时，雷娜塔描述它有"凹凸不平的皮毛"——对于她先前经验符合逻辑的扩展。由于幼儿的背景和经验大不相同，教师不能假设他们具有关于任何事情的共有知识。在幼儿的发展和学习中，可能没有其他方面像他（她）所处的家庭、社区、先前学校和其他经验一样易使其受影响。先前知识可能会帮助新的学习，也可能会妨碍新的学习（Winne & Marx，1987）。如果幼儿在没有必备技能或背景的情况下处理新的信息或技能，对于知识的缺乏会妨碍这一过程。

为了评价幼儿对教师将要教学的知识和技能的熟悉程度，可将其与幼儿已经知道的内容相比较，分析由幼儿的回应建构的"地图"或"网络"，以识别需要考虑的错误想法和先入想法。回顾关于技能发展的记录也是一个好办法。例如，在家里或先前学校里学习了一种字母格式（"a"而不是"A"）的幼儿可能会在学习使用大写字母时犯错误。研究幼儿的回答或解释，以找出其先前知识和理解的迹象，并确定他们是否将该知识与当前学习联系在一起。无兴趣可能意味着知识的缺乏或对事物的不精通，例如，幼儿在算数故事中的困难通常与他们无法将计算技能迁移至不同情境相关。"幼儿需要培养在不同环境中发现或创造相似点的能力。"（Rogoff & Gardner，1984，p. 961）成人可能需要引导幼儿，以帮助其创造他们已经知道的内容和正在试图学习的内容之间的联系，例如："还记得我们学习了怎么测量并画出你的成长图表吗？今天我们要开始学习怎么测量并画出植物的成长图表。"

在分析学习过程时，教师可能会发现在不同类型的应用和迁移技能中的问题。负向迁移在先前学习妨碍新的学习时发生。幼儿在需要不同回应的情境下使用了一个他（她）熟悉的回应，或使用与学习内容相反的、凭直觉得到的理解。例如，在家里或社区里可接受的社会行为可能会妨碍幼儿在学校里学习一种不同的社会行为。正向迁移在先前学习和技能帮助幼儿学习新的技能时发生。旧的学习和新的学习之间的联系能够帮助幼儿更好地记忆和表现。当幼儿试图在新情境下应用其了解的知识和做能做的事情时，教师可能会看到正向迁移和负向迁移。

直觉理论或先入想法也可能会妨碍当前的学习（Ginsburg，1997；Glaser，1987）。在幼儿理解世界的过程中，他们会建构关于为什么事物是它们自己的样子的理论。这些理论可能不准确或不完整。如果教师能够准确识别并解读一些先入想法，那就可以对它们进行处理。奥马尔在玩一个计算机游戏，游戏为他呈现出以下的简单加法问题：

$$\begin{array}{ccc} 11 & 13 & 16 \\ +\ 1 & +\ 1 & +\ 1 \end{array}$$

在输入他的答案——3、5和8——后，他变得愈发不快。计算机并不接受这些答案。只有当教师查看了错误的模式后，奥马尔关于加法的"理论"才变得清晰。教师能够直接向幼儿说明并帮助其学习加法的法则。只查看正确和错误答案的数字并不能显示出奥马尔所需要帮助的类型，但是，对于错误的分析能达到这一目的。

在另一个说明理解错误模式的重要性的例子中，幼儿可能会发展出自己对他人行为的理解——通常误解社交线索或将对一组社交线索的理解迁移至另一个该理解并不适用的环境中。表现出攻击性行为的男孩可能会将友好的社交线索误解为有攻击性的（Dodge, Pettit, McClaskey, & Brown, 1986; Dodge & Somberg, 1987）。

分析解释和描述。学习涉及学习者对知识的积极建构（Bredekamp & Rosegrant, 1992, 1995; Mayer, 1992）。通过倾听幼儿彼此之间或来自教师—幼儿互动的解释，教师能够得到关于幼儿如何选择、整理并整合信息的理解。

幼儿对于"你是怎么得到那个答案的？""你是怎么做到的？""你为什么那么想？"和其他类似问题的回应，能够为幼儿发展和学习的很多方面提供线索。有些幼儿可能能够完成一件事，但无法描述或解释方法或原因；其他幼儿可能会给出对他们来说完全合乎逻辑的解释，但呈现出由感知主导的发展水平及无法同时考虑的若干变量。对一名正在用浮起和沉没的物体进行实验的幼儿的访谈能够展现这样的情境：

教师：你觉得为什么有些物体会浮起来？
幼儿：就是因为它们得浮起来。木偶会浮起来，因为它很轻。一个胖的人能浮起来。
教师：一个瘦的人能浮起来吗？
幼儿：能，因为他轻。
教师：但是胖的人轻吗？
幼儿：不，但如果他不动，胖的人就能浮起来。木柜子不能浮起来，因为它太沉了。

对回应的分析揭示了幼儿思考的质量和水平，并能够提醒教师幼儿有多少内容需要学习以及他们的知识和理解有多么不完整。对于访谈回应的分析也可能揭示出幼儿当前的思考过程和问题解决策略（Ginsburg, 1997）。

当教师问"你怎么知道那是一头狮子？"时，一名幼儿可能除了表明"我在电视上看过"外无法进一步详细阐述，也无法证实他（她）关于识别的学习能力。另一名幼儿可能会立刻识别出狮子的独特特征（例如它的鬃毛），并展现出更高水平的知识。倾听幼儿对于"为什么有人会那样做？"的回应，或他们对于在课堂或运动场上发生的事件的看法，能够帮助教师理解幼儿拥有的社会知识。

认知研究表明，不好的问题解决者和优秀的问题解决者之间的差异在于适宜策略的激活和对思考过程（元认知）的监控（Gardner，1991；Mayer，1992）。表现不佳的学生可能具备必备的知识和技能，但不能正确地使用它们或不能在适当的时间使用它们。这些学生缺乏灵活性并可能坚持使用一种策略，即便这种策略并不能引出成功的解决方案。幼儿回应"在得到这个答案之前，你都尝试了哪些方法？"等问题的描述和解释通常能够揭示出其元认知的多个方面。

寻找质量和数量的差异。评价信息能够帮助教师理解幼儿了解的知识和能做的事情的变化，以及他们在从初学者到熟练学习者的旅程中表达的变化。初学者可能会前后不一致，存在质量和数量的差异（Glaser，1987）。例如，露西是一名初学者，她对"哺乳动物"这一词语可能只有模糊且不完整的理解。其片面的知识、不完整的理解和思考过程可以被准确地形容为"一系列"的想法，而不是一个真正的概念（Hanfman & Kasanin，1937；Sakharov，1994；Vygotsky，1986）。随着露西将碎片式的想法整理成一个真正的概念，她能够用自己的语言对"哺乳动物"进行定义，将非常具体和准确的概念正确应用于新情况并解释一只哺乳动物与动物王国中的其他成员之间的关系。

为了分析一名幼儿的表现水平，可以将记录的行为与学习中重要部分的分解相比较。例如，图案模式需要学习者能够进行一对一匹配、感知物体之间的相似和不同以及识别模式的重要特征。当史蒂文试图重复一个由两个红色圆圈和三个蓝色方块交替出现的模式时，他首先正确画出了两个圆圈，然后依次画出了一个蓝色方块、一个红色方块和一个黄色方块。史蒂文具备一些必备技能。他能够识别特定数量的圆圈和方块的重复特性，并能一对一地进行匹配，但他忽略了方块的颜色元素。通过将他的行为与必备部分相比较，教师能够识别史蒂文能够完成和不能完成的部分。

教师要求幼儿完成需要将若干子技能整合为一个复杂行为的任务，对于幼儿在不同部分中表现的分析能够帮助其理解。例如，教师几乎不能预期一名无法在站立时接住球的幼儿在跑动时接住球。类似地，如果她不能双脚跳起，那她就不能单脚跳跃。在其他情况下，一名幼儿可能具备子技能，但无法整合它们。他可能能够阅读单独的词语并识别单词的含义，但无法阅读一篇文章并解释其含义。

有时，所需的步骤数量会使学习者不胜负荷而无法继续。不完整的表现可能意味着幼儿必须处理的事务数量过于巨大。教师必须识别处理每项事务的子技能部分、它们的关系以及幼儿的表现，并分析幼儿在何处有困难及其原因。

总　　结

解读是一个高水平的过程，需要对信息进行分析、将信息与其他数据整合、将其与发展指南和课程预期比较以及创立关于其含义的有效假设。这样做能够混合客观信息与敏感判断，从而得出真实的评价。它也能够得出帮助教师决定如何帮助幼儿发展和学习的线索。

为了确保信息可信，检查评价的公平性、有效性和可靠性。要确保有足够的、典型的和均衡的样本，以不同方法获取的证据汇于一点，在一段时间内的样本是相符的（除非样本的不一致性本身是有意义的），证据符合实际。为了保证分析和解读过程中的质量，应遵循以下步骤：①比较两次或两次以上的表现，以监控进展；②在汇编和总结的基础上进行工作，而不是凭借记忆；③寻找模式，而不是孤立的实例；④考虑一名幼儿或一组幼儿的独特的发展、气质、兴趣和学习品质模式；⑤对于令人忧虑的领域或需要更多信息的领域进行更深、更广泛、在不同情境下的观察或再次检查。

教师在分析和试图理解信息时，应该使用以下指南：

- 对可能的含义生成若干假设，但只是暂时保留这些假设；
- 将表现看作幼儿机能发展的区间，而不是一个特定的点；
- 考虑环境对幼儿行为的影响；
- 将证据与发展或课程预期相比较；
- 分析信息以得到关于学习过程和策略的线索。

自 我 反 思

1. 本章提出课堂的社会文化环境可能支持幼儿的表现，也可能阻碍幼儿的表现。反思你观察或工作过的课堂。关于这一原则，你看到过哪些证据？在你对自己班级中幼儿的表现进行记录和解读时，它对你有哪些启示？
2. 回想某次你关于某一主题的先前知识没有被你的老师识别。回顾这一场合，有哪些方法可以让你的知识被确认，然后被识别并充分利用？

进一步学习与讨论

1. 查看表 7.3 所示的关于使用剪刀技能的表现范围和群体。对于以下信息有哪些可能的解读：①如果幼儿都是 3 岁且他们是第一年进入幼儿园；②如果幼儿都是 5 岁且已进入学前班？基于这些解读，概述与这些幼儿使用剪刀技能相适宜的课堂策略。
2. 你正准备检查幼儿在语言发展方面的进展。记录包括幼儿绘画和书写的阶段性样本，他们喜欢"阅读"或听的书籍清单，对于他们理解关于空间、时间和物体属性概念的两次不同时间完成的检核清单，以及完成需要遵循成人给出口头指示的任务的表现样本。在有足够的典型性样本以对幼儿的语言进展进行解读前，你还需要哪些其他信息？概述获取这些信息的策略。
3. 获取学前班或小学中的一名儿童的一个或多个工作作品。分析工作作品，以得到关于儿童的信息。解释你的解读。如果你不能获取工作作品，那就对图 4.2 和图 4.3 进行深度分析，然后比较和对比两个作品。
4. 对使用课堂评价的一名刚开始工作的教师和一名有经验的教师进行访谈，看看他们如何解读其收集到的信息。比较并对比他们的回应。在你教学生涯的这一节点上，他们的回应给你带来了什么启示？

推 荐 阅 读

Bodrova, E., & Leong, D. J. (2007). *Tools of the mind: The Vygotskian approach to early childhood education*. Englewood Cliffs, NJ: Merrill.

Bredekamp, S., & Rosegrant, T. (Eds.). (1992). *Reaching potentials: Appropriate curriculum and assessment for young children* (Vol. 1). Washington, DC: National Association for the Education of Young Children.

Bredekamp, S., & Rosegrant, T. (Eds.). (1995). *Reaching potentials: Appropriate curriculum and assessment for young children* (Vol. 2). Washington, DC: National Association for the Education of Young Children.

Ginsburg, H. P. (1997). *Entering the child's mind: The clinical interview in psychological research and practice.* Cambridge: Cambridge University Press.

Levine, K. (1995). *Development of prewriting and scissor skills: A visual analysis.* Boston: Communication Skill Builders.

Rogoff, B. (1990). *Apprenticeship in thinking: Cognitive development in social context.* New York: Oxford University Press.

Tharp, R. G., & Gallimore, R. (1988). *Rousing minds to life: Teaching, learning, and schooling in social context.* New York: Cambridge University Press.

Wortham, S. C. (1995). *The integrated classroom: Assessment-curriculum link in early childhood education.* New York: Macmillan.

Yates, T., Ostrosky, M. M., Cheatham, G. A., Fettig, A., Shaffer, L., & Santos, R. M. (2008). *Research synthesis on screening and assessing social-emotional competence.* The Center on the Social and Emotional Foundations for Early Learning.

第 八 章

使用评价信息

（拍摄者：Golden Pixels LLC/Shutterstock）

译者导读

著名学者斯蒂金斯（Stiggins，2002）提出："教师对于评价信息的运用十分重要。教师评价素养的结构主要分为两个方面，其一是收集可靠的关于学生发展和成就信息的能力，其二是有效地运用这些信息将学生成就最大化的能力[1]。"由此可见，教师对于课堂评价信息的合理有效使用对幼儿发展与学习最大化至关重要。

在你开始阅读本章内容之前，请先思考以下两个问题：使用评价信息的策略有哪些？在真实的教学情境中使用评价信息的图景是什么样的？

对于幼儿教师来说，基于评价信息来改进课堂教学内容并再次基于改进的课堂教学内容来完善评价信息，是一项重要的专业能力。本章主要围绕"**课堂评价信息使用策略及实例**"这一主题展开论述，全章主要内容共分为两个部分。

- 第一个部分主要介绍课堂评价信息的**使用策略**（在本书中，教师对于课堂评价信息的使用策略主要包含三项内容，即计划策略、个人和小组策略以及课程和课堂调整策略三节。其中计划策略包含：计划并整理有意进行的改变；在计划时参考预期成果和评价信息；预留反思时间；计划满足幼儿的被评需求的方式；有意识地整合大量可获取的信息、资源和策略等。个人和小组策略包含：针对一两名幼儿、针对若干幼儿、针对混龄班级、针对整组幼儿的策略。课程和课堂调整策略包含：用不同方法分配时间和空间，以达到不同结果；选择并安排材料，以对评价结果做出回应；使用明显的顺序；使用结果来计划支架；考虑需求，以对步骤进行可能的改变；重新考虑并调整结构，以满足幼儿"所处的位置"）。
- 第二个部分主要呈现课堂评价信息的**使用实例**（游戏计划、小肌肉/精细动作技能发展、早期读写能力发展）。

---

[1] Stiggins, R. J. (2002). Assessment for Learning. *Education Policy & Reform*, 7(1), 143–150.——译者注

本章的目的是帮助幼儿教师妥善应对并有效利用评价信息，处理好评价与教学的关系，在提升自身评价素养与专业能力的同时，帮助每一名幼儿在教师支架下获得最大程度的发展（参见表 8.1 和图 8.1）。

表 8.1　使用评价信息

课堂评价信息的使用策略			使用实例
计划策略： 计划并整理有意进行的改变；在计划时参考预期成果和评价信息；预留反思时间；计划满足幼儿的被评需求的方式；有意识地整合大量可获取的信息、资源和策略等	个人和小组策略： 针对一两名幼儿、针对若干幼儿、针对混龄班级、针对整组幼儿的策略	课程和课堂调整策略： 用不同方法分配时间和空间，以达到不同结果；选择并安排材料，以对评价结果做出回应；使用明显的顺序；使用结果来计划支架；考虑需求，以对步骤进行可能的改变；重新考虑并调整结构，以满足幼儿"所处的位置"	游戏计划； 小肌肉/精细动作技能发展； 早期读写能力发展
帮助幼儿教师妥善应对并有效利用评价信息，处理好评价与教学的关系，在提升自身评价素养与专业能力的同时，帮助每一名幼儿在教师支架下获得最大程度的发展。			

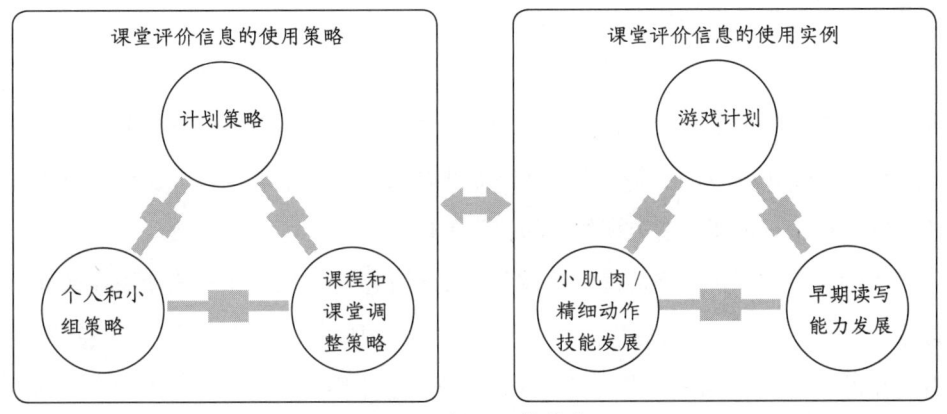

图 8.1　使用评价信息

> ☑ **学习成果**
>
> 1. 解释教师如何在计划过程中使用评价结果。
> 2. 识别教师在使用评价信息进行差异化教学时的策略。
> 3. 描述教师在使用评价数据时对课堂材料和课程进行的调整，以实施差异化教学。
> 4. 分析教师使用评价信息的实例。

　　课堂评价的主要目的是使幼儿的发展和学习最大化。对于任课教师来说，这意味着将课堂上的教学内容与评价揭示的信息相匹配：幼儿在他们的学习和发展中处于哪一阶段，以及他们已经取得了哪些成就。将这两个元素结合起来是一个具有艺术性的过程，而不是一个机械的过程。教师不能仅仅说"如果扎克做不出这道题，那就翻到第59页看看书上的活动"或"重复第八课"。解决方法比这要复杂得多。了解一名幼儿的强项、需要和兴趣并不总能告诉教师下一步做什么。为了直接使幼儿受益并将教学中千丝万缕的关联整合成型，深思熟虑、敏感、具有艺术性的计划是教师拥有的最好过程。

　　组成课堂学习和教学的活动、内容、分组、教学互动和其他元素必须基于幼儿当前的能力和潜力，这是由评价决定的，而且是为了引导他们继续前进而设计的（Stiggins，1997）。除非教师有意识地计划使用评价结果，否则获得的感悟和收集的信息很有可能会遗失在匆忙的课堂事件中。

　　教师可以将评价与发展适宜性课程和**差异化教学**相联系（不论使用什么计划过程）。下文中的基本原则几乎适用于所有发展领域或课程目标，它们是基于教育对象的年龄范围（3—8岁）提出的，并反映了不同的课堂组织和不同水平的重点。建议和实例是典型的，既不是指定的，也不是穷尽的。我们的目的是向教师展现来自评价的信息如何能够通过计划策略、个人和小组策略及课程和课堂调整策略为课堂实践提供信息并改进课堂实践。本章中的具体实例呈现了如何将评价信息与为幼儿计划适宜的经验相联系。

　　"课程"和"教学"这两个术语包括了教师为促进幼儿学习所提供的所有经验。当一名教师准备一个活动区来介绍一个新的想法或观点、为积木建构区引进不同配件或为戏剧表演提供新服装时，他就在进行"教学"。当一名教师准备法兰绒道具来帮助幼儿缩小听故事和复述故事之间的差距、计划过渡时间来帮助活跃的幼儿规范他们的行为、为理解几何概念有困难的幼儿提供积木和适合成人—幼儿的语言互动或深思熟虑地选择并读一本能够让整个小组参与其中的书时，她就在进行"教学"。

计划策略

计划能够让教师对评价结果的用途进行反思，并提供一个对可能涉及环境、教学过程和程序改变的行动步骤进行概述的机会。

计划并整理有意进行的改变

尽管有很多计划从未被落实到书面上或写下来（Clark & Yinger，1987），但是将评价结果转化成帮助所有幼儿学习的差异化教学和活动可能需要的计划比教师头脑中所承载的还要多。仔细思考并概述自己计划做些什么对于教师（和学生）是有益的。为每日和每周教学计划记笔记或附一张卡片，以便教师能够在实施活动时查阅。回顾来自科学或社会学习指南的一节课以整合该评价表现出的问题解决和批判性思维是有必要的。为与幼儿进行多层次活动的成人发布示例问题或评论，以使每名幼儿都能够与成人有适宜的互动。教师应该做必要的指导并提醒自己及教室里的其他成人可能做出的调整。

在计划时参考预期成果和评价信息

忽略活动的预期成果（标准、核心内容）很容易发生。定期参考成果陈述（例如研究评价总结表和班级档案），以进行符合逻辑、灵活的分组（大组）和再分组（小组）。回顾笔记和幼儿的作品能够提醒教师幼儿在哪些方面需要帮助，在哪些方面正在令人满意地进步。评价可能会识别一项幼儿还未精通的具体事实或技能，这可能是在相关领域中其他缺失的知识或技能的指示。考虑知识或技能可能代表的更广泛的预期成果（见"附录A"）。另外，检查评价计划能够确定教师是否需要为成长档案袋收集核心项目、计划一次作为科学和数学持续工作的一部分的关于幼儿估算和测量能力的成就测验或追踪缺失的信息。

预留反思时间

应留出足够的时间对评价结果进行深思熟虑和反思，不要试图一次计划所有的事。初步做笔记以提供一个框架，然后逐步地填入细节，整合来自阶段性和持续性评价及其他在教室里工作的人的领悟。

计划满足幼儿的被评需求的方式

当一个特定的需求被识别后，便不太可能通过偶然的学习或时间的流逝来满足该需求。例如，自身背景没有提供用来处理学术任务的自律能力、经验和语言的幼儿会需要特定的帮助，以填补该空白。

有意识地整合大量可获取的信息、资源和策略

关于幼儿发展和学习的知识正在迅速地扩展，但是除非教师计划使用那些知识，否则他们会继续使用同样的办法。对特定发展或学习领域不熟悉的教师应该阅读专业期刊（例如《阅读的教师和幼儿》，该期刊总结了当前的研究并给出了实践建议）。"附录A"提供了关于幼儿的发展和学习进展的实例，章末"推荐阅读"部分的书籍也可以作为宝贵的资源。

对于尝试不同方法持开放性态度。假设你总是将户外时间作为每个人都可以享受的完全非结构化、无计划游戏的时间；评价表明，那些在进入学校时大肌肉技能就已经发展良好的幼儿变得更好了，而那些需要进步的幼儿却停滞了。这时候教师应该重新思考安排户外时间的方法，使用表明幼儿能够从适宜的身体和运动发展中获益的信息（Gallahue & Ozmun，2014；Poest，Williams，Witt，& Atwood，1990；Sanders，2002）。

评价通常能够识别出那些对区别数学中的重要符号有困难的幼儿，也能识别出那些对阅读、保持注意力、回忆或解决问题有困难的幼儿。那么，教师能做些什么来帮助他们呢？例如，做什么能够帮助对识别镜像字母（如"b"和"d"）有困难的一年级幼儿？研究表明，在实际的阅读情境下有打印或印刷的经验而不是阅读孤立的字母，能够让幼儿对这些字母及其他特定的阅读感知线索更加敏感

（Casey，1986）。由于这一建议与当前的语言和读写研究相匹配，所以可以为它做计划。

为教室里的其他人制订计划并与他们一起实施计划

在很多提供幼儿教育的教室里有课堂助教、家长和祖父母志愿者、年长一些的幼儿和特定情况下的专业人士。额外的人员使更多的学习机会成为可能，但这些机会必须被计划好。将经常出现在教室里的人员——协同教师、助教和专业人士——列入计划。对于满足被评价需求的方式，他们可以提供不同的观点或视角。

与大多数教师相比，在计划方面其他人使用评价结果来帮助幼儿学习几乎总是需要更高的特异性。针对成人在教室里的位置和他们的所说所做制订计划，以支持幼儿的学习。例如，在教师进行评价时，很明显有几个幼儿在社会互动方面需要很多帮助。几乎每天都会发生课堂中断的情况，这证实了上述结论。你制订出一个行动计划，意在防止课堂中断并教授幼儿适宜的行为。如果你想让该计划成功进行，那么教室里的所有成人都要保持一致。因此，需要对其他成人进行指导。

向他人展示并解释他们要做些什么。教师可以使用索引卡来提醒和提示自己和助教，如何根据孩子的学习水平来表达要求、指导和解释。在活动区放置的小型海报会提醒成人志愿者活动的目的，并提示他们使用适宜的语言。一个很好的想法是将游戏说明粘在盒子里，附一份使用不同水平的学术词汇的稿子说明游戏如何进行。例如，让幼儿使用新词汇通常是困难的，应建立允许成人与幼儿交谈的情境，帮助他们使用诸如"和……的形状相同""和……的形状不同""和……的声音不同""和……的纹理或质地相同""和……的大小不同""不同的长度"等语言。教师不需要组织语言小组来做上述的事情；相对而言，他们必须改变与幼儿互动的方式，以支持并扩展幼儿的语言方式并与幼儿有意识地对话。大多数教师需要关于如何做到这一点的提醒——其他人也一样。

正在学习社会和组织技能来改编或重述故事的幼儿，可以通过使用法兰绒形象从成人的协助中获益。为了扩展幼儿的机会，应该教授志愿者或助教如何与一个小组的幼儿一起做这件事。计划能够确保道具、空间、时间和教练都是可获得的。不是所有的支持都要由成人提供——幼儿也可以支持彼此的学习。对于特定的技能，可将一名能够胜任的幼儿与另一名接近胜任的幼儿配对，当他们一起工作时会呈现出"专家"协助"新手"的画面。

为了让幼儿支持彼此的学习，教师也可以以其他方式进行计划。以下是一个大组的幼儿在故事时间的例子。教师给幼儿读了一个故事，然后抛给幼儿一个讨论提示，例如："告诉你的同伴你最喜欢故事的哪一部分""描述在故事的结尾，饥饿的毛毛虫发生了什么""还有什么方式可以帮助小朋友解决他们的问题"。然后，每名幼儿与坐在他（她）身边的幼儿组对并讨论该主题，轮流进行短暂的谈话。教师通过总结一些幼儿的谈话内容结束讨论，例如"我听到很多小朋友说他们很喜欢罗西"或"我听到了很多有趣的描述毛毛虫变成蝴蝶的方式"。所有的幼儿都有机会发言，而不只是自愿发言或被教师叫到名字的几名幼儿发言。为了使上述活动获得成功，计划是必需的。幼儿必须学习所预期的内容，而教师必须选择适合讨论的书籍、设计优质的讨论提示、给幼儿足够的时间分享他们的想法并知道如何结束讨论。

平衡想要做的事和可能做到的事

为单个幼儿和整个班级设定优先事项。先做出简单的改变。在一个独立的教室里，改变时间表以使其更加适合幼儿的个人发展和学习方法是相对容易的。将对阅读的教学从长期使用的方法改为另一种方法可能要花费更长的时间。

从明显和重要的需求开始。如果评价向教师揭示一名认为自己理解英语的幼儿其实并不理解英语，那么这就存在明显和重要的需求。类似地，如果评价向教师揭示一名幼儿频繁地打断课堂活动，或在课堂活动中总是被拒绝，那么这也存在明显和重要的需求。

个人和小组策略

评价通常能够揭示很多"还要学习"的事情。在有些发展和课程领域中，只有一个幼儿需要挑战或协助；在有些领域中，若干幼儿能够获益；在另一些领域中，所有幼儿都能够从不同水平的学习和发展机会中获益。平衡单个幼儿和整个幼儿小组的需求是对教师最有挑战性的任务之一。当前关于差异化教学的教学实践和研究提供了很多指导和线索，但没有最终的答案。我们需要考虑一两名幼儿需要特殊的关注、部分幼儿能够获益和整组幼儿能够获益的情境，也需要考虑混龄班级。

针对一两名幼儿

有时，一两名幼儿需要特殊的帮助，这可能是因为他们仍在学习，也可能是因为他们需要挑战。通常，他们的需求可以通过与整组幼儿一起学习或在小一些的小组中学习得到满足，或者通过参与多水平活动得到满足，几乎没有必要将幼儿从小组中移出。教师可以计划一项特殊的活动，这项活动适合包括那一两名需要帮助的幼儿在内的若干幼儿。坐在需要关注的幼儿身旁，在你与整组幼儿一起工作时为他或她（们）提供适宜的帮助。也许在其他幼儿很好地理解并正确使用"更少"和"更多"（或"比……少"和"比……多"，如果幼儿是在比较数量）时，那一两名幼儿还只能对物体的数量进行计数。给予一名在理解一个想法的边缘的幼儿关注的机会通常能够产生神奇的效果。

有时，机会必须准确地依照需求和兴趣量身定做。如果幼儿在经历一些困难，那就需要分析评价结果以得到关于问题的线索。例如，一名二年级的幼儿在将单词按字母顺序排列上有困难，因为他并不完全理解应用于位置顺序的"在……之前"和"在……之后"。可以帮助该幼儿学习这些术语，如果有必要，应回顾使用具体材料的经验。如果该困难起源于混淆"h"是否在"k"之前，那么就要为他提供一份字母表，以便该幼儿能够学习字母的正确顺序。

对于需要挑战的幼儿也应该一样深思熟虑。多水平活动、项目工作和合作性小组能够让他们享受到小组互动的益处。个人活动能够让幼儿可能在不会去探索的领域（例如创造性问题解决、科学调查、作曲或作诗以及掌握策略和技能游戏）挑战、扩展、拓宽并丰富他们的发展和学习。幼儿知识的扩充（Zaporozhets & Elkonin，1971）可以影响其对自我发展水平的理解的深度和广度。挑战并不是加速的同义词。

有时，单个幼儿不愿意参加诸如剧烈的户外游戏、艺术、戏剧表演、集中的技能发展或口头介绍活动。首先要寻找明显的原因：游戏是否过于剧烈，竞争性过强？技能是否超出了幼儿的发展水平？是否有性别标志，使得男孩或女孩无法参加？幼儿的不情愿是否只是这名幼儿在加入一项新活动时的保留态度？与社会文化差异是否有关系？评价幼儿当前的机能和技能水平，以找出导致上述不情愿的可能线索。设计幼儿喜欢并能够成功完成的活动，将其与其他领域相联系或扩展，例如逐步将积木区和戏剧表演区结合，或设置能够吸引幼儿兴趣的、多功能的艺术、科学或写作材料。

也许参与性观察能够确认其他人的发现——尽管在户外幼儿可能没有参与大肌肉活动（Poest et al., 1990）。重新安排活动和体育游戏器械，将它们放置在运动场中明显的位置。安排非竞争性的游戏和活动，以防止不适宜的竞争性。这种竞争性通常令那些最需要鼓励的幼儿感到沮丧。选择或改变活动，使幼儿不必等待很长时间才能轮到。加入活动，以指导幼儿并为他们提供榜样。

在所有的情境中，教师要提供支持、指导、非正式教学和鼓励，也要帮助幼儿发展使其参与活动更加容易的技能（Bodrova & Leong, 2007；Rogoff, 1990）。为无法扔球和接球的幼儿提供一对一教学，以使他们能够参与运动场游戏。逐步地教授口头介绍技能，在幼儿感到舒适时让他们与另一名幼儿或在一个小组中练习。他们会逐步地为自己的表现承担更多的责任（Rogoff & Gardner, 1984）。对课堂互动过程进行改编，承认社区和文化实践，例如在演讲中给予幼儿更多的回应时间或暂停时间（Gage & Berliner, 1992）。

针对若干幼儿

课堂档案通常能够识别若干对同一技能有困难、需要更多机会进行练习或因为很熟练而需要额外挑战的幼儿。教师可以使用很多灵活的分组策略，可以选择友谊小组、兴趣小组、成就小组、独立合作性小组、工作和学习技能小组、自选小组、非正式技能小组、正式分配技能小组、随机小组、两人小组等。两人小组可以形成作者、编辑配对，其中每名幼儿都能够学习重要的写作、阅读、编辑和演说技能。两名幼儿可以"思考、配对、分享"，以提供机会进行讨论、报告或分享，而不受循环的"展示并描述"或报告的死板常规的约束。能够书写的幼儿可以与仍然在口述的幼儿组对。如果幼儿在加入一个同龄人小组时有困难，那么可以让他们和更年幼的幼儿一起游戏或工作。在和更年长或更高大的幼儿在一起时，有攻击性的幼儿可能会减少攻击。将一名害羞的幼儿与另一名友好、外向的幼儿组对，组成一个让不那么外向的幼儿感到受欢迎的小组（Wittmer & Honig，1994）。

避免不变或半永久的能力或技能小组；研究表明，它们可能会污名化并跟随幼儿，限制他们的学习机会（Manning & Lucking，1990；Oakes，1991；Slavin，1987）。基于技能对幼儿进行分组，并将分组与特定发展或学习领域相关联，而不是基于幼儿对能力或成就的整体见解进行分组。有技巧地分组，教师可以组成子小组，完成目的后解散。有意识地改变分组，以便幼儿在与彼此、与教室里的成人互动时体验计划的多样性。独立合作性学习小组将具有不同技能和知识的幼儿混合在一起，这样幼儿能够互相学习；小组本身也成了学习社会技能和学术技能的方式（Newman，Griffin，& Cole，1989）。

活动能够匹配一个小组的需求，如果其他人想要参加也可以。那些已经精通某一特定发展或学习的幼儿通常会享受并从重复活动中获益（比如再次阅读最喜欢的书籍）。设计一个游戏旨在帮助一个特定小组的幼儿学习"更多""更少"和"一样多"的概念。有些幼儿可能在学习这些概念，有些幼儿可能会听到并重复这些术语，另一些幼儿可能自发地在对话中或在作为游戏领导者给出指示时使用这些术语。

针对混龄班级

典型的幼儿教育分组是基于年龄的。混龄班级为满足幼儿的被评价需求提供了新的可能性。有迹象表明，幼儿的社会发展（特别是领导力和亲社会行为）会在混龄班级中得到提升。能力较差（"新手"）的幼儿和能力较强（"专家"）的幼儿之间的互动可能对两者都有学术和社会方面的益处。年龄稍长、能力稍强的幼儿可能处于另一幼儿的最近发展区（见第七章）中，因此能够提供适当数量的模范和指导，可以帮助学习者（Katz, Evangelou, & Hartman, 1990）。如果想要实现这一方法带来的益处，幼儿需要一些具体的指导。凯兹等人（1990）提出：幼儿应该在要求和提供协助方面得到帮助；教师应提防过度将年长幼儿作为帮手使用，并应该防止根据年龄划分的刻板印象；教师应该使幼儿对同龄人的情感需求保持敏感，并帮助他们了解如何做出回应；幼儿应得到帮助，以了解同龄人的兴趣、需求和能力。幼儿帮助同伴的机会可以增强其成为"专家"的动机，也可以促进实际的学习（Webb，1983）。上述很多策略都可以在任何小组中使用，因为小组中总会存在混合的能力和兴趣。

针对整组幼儿

几乎小组中的所有幼儿都能够从为整组幼儿提供的经验中获益：班会、小组或圆圈时间、音乐、舞蹈、运动、有氧锻炼、小组讨论和问题解决、听被大声朗读的书以及其他活动。即便在传统上被认为是自我选择或个人的活动也可能有整组参与的部分。例如一些身体发展专家建议，户外游戏时间以小组"热身"开始，每个人在参加他们选择的活动前一起走路，然后快走。每个人也应该参与"放松"活动，以作为从户外游戏到下一项活动的过渡。一项"个人适宜"的活动并不意味着幼儿要自己做所有的事。

吸引人、有趣的活动区是另一个使每名幼儿都可以获得学习经验的地方。幼儿根据自己的兴趣、可用的时间、水平和速度在活动区里工作。例如，教师可以预期那些正在学习用书写表达自己的幼儿在一天中的某个时段在写作中心里工作。什么时候进行写作是幼儿自己的选择。教师可以预期那些参与项目工作的幼儿解决与该项目相关的特定数学问题。所有幼儿可能并不会同时工作，也不会以相同的方式工作，但每名幼儿都会有相关的经验。教师要监控幼儿的参与情况。如果有些幼儿不参与，那么在确定该方法没用之前，可以尝试改变布置、材料、相互竞争的活动、时间和成人的参与。幼儿的参与不是必须每天发生，而是可以在一段时间内发生。

如果活动足够有趣，并且幼儿有足够长的时间进行自己的选择，那么幼儿选择或自由选择的活动也可以影响到小组中的所有幼儿。对幼儿的参与进行监控，以确定哪些需要该经验的幼儿参与其中。

幼儿也可以以固定间隔循环被分配到适合活动的小组中，尽管确保这样的小组足够灵活以适应幼儿变化的兴趣水平、任务取向和节奏是很困难的。另一种选择是让幼儿作为个人参与"每个人都要做"的活动。选择有趣且对幼儿内在有益的活动，并经常为他们提供这样的活动。使用计算机、骑三轮车、读书或看书、书写、拼拼图、开展艺术活动、进行科学观察及很多基于可操作材料的项目都可以作为个人活动。

课程和课堂调整策略

对课程进行区别，以使其能够响应幼儿的强项和需求，这是由需要调整的课堂活动评价所决定的。

用不同方法分配时间和空间，以达到不同结果

对于在一个目标、主题或活动上花费多少时间，教师会做出大部分的决定，他们也会决定教室里的空间安排。这些容易操控的变量可以使教室更好地支持幼儿的学习，并更好地响应幼儿的需求。以下几个例子说明了这些变量的重要性。

幼儿的行为在很大程度上受空间和时间使用方法的影响。在幼儿彼此打扰、推搡和争吵时，评价可以识别看上去像缺乏自律——甚至具有攻击性——的行为问题。研究情境——课堂环境——可能揭示这些问题与空间和时间的使用有关。一些例子如下。

- 幼儿要穿过积木区才能走到卫生间。
- 在故事时间，幼儿要站起来或靠在其他幼儿身上才能看到图片。
- 幼儿早早地完成了工作且没有其他事情可以做，他们只能去看其他也应该在工作的幼儿。

改变时间和空间的分配也是为特定活动或课程领域提供更多或更少强调的方法。但是，教师要小心监控时间和空间对幼儿参与和学习的影响，以保证"更多"不会成为"太多"。下面是一些需要考虑的问题。

- 表演游戏中心里的幼儿太多可能意味着积极的社会互动和优质的表演游戏无法发生，因为幼儿会争夺稀缺的道具或不断地碰撞到彼此。
- 开放性班会中的拥挤可能会导致很多社会性问题，但将幼儿分散得太开意味着幼儿过于零散，以至于教师无法保持他们的注意力，他们无法看到视觉资料——即便是"大书"——作为小组的感觉就不见了。
- 假设评价表明，大多数幼儿能够从对于数学可操作材料的大量工作和游戏

中获益。教师决定将能够拼在一起的边长为2.5厘米的立方体放在外面，让幼儿随时取用。对于幼儿的监控表明，幼儿对立方体的使用立刻增多了，然后当它们与架子混在一起时使用率急剧下降。再次计划，教师尝试了另一种方法。能够拼在一起的立方体、有图案的积木和其他数学可操作材料被循环放置，循环时间根据使用程度决定。

一个相关的问题是，教师只有很少的时间，无法帮助幼儿掌握大量的预期成果。对预期学习进行整合，以便幼儿同时学习若干事物。幼儿不能区分一个发展领域或主题内容与另一个的不同。关键学术概念和词汇——例如用于对比和比较、表达关系、描述物体和事件的词语——应该在课程的各个方面得到使用。

读、写、听、说和文学可以同时学习。科学、数学、问题解决、符号表征、身体发展和其他学习能够与幼儿的工作、游戏和可操作材料的实验、水和沙子、称重和测量、烹饪、音乐、运动和艺术融合在一起。这种整合——与活动区、个人活动和灵活的小组相结合——允许教师摆脱死板的时间段，并创造一个允许幼儿以自己的节奏享受对主题进行"深度"探索的课堂。这可以在一天内发生，也可以在一段时间内发生。那些需要充足的时间和练习才能掌握关键概念和技能的幼儿不会被落下。

选择并安排材料，以对评价结果做出回应

设备、物资和活动应该包含一个小组中可以找到的能力范围。小组档案可以揭示这一范围：3名幼儿没有掌握模式的概念；2名幼儿可以复制并扩展几乎任意模式，并能够创造自己的模式。2名幼儿在阅读；2名幼儿无法认出任何字母（包括他们名字的第一个字母）。4名幼儿能够建构并阅读他们自己的地图；3名幼儿不知道地图是什么。其他幼儿处于上述范围内的任意一点。

幸运的是，幼儿参与的几乎任何活动、内容或过程都可以变得更加简单或更加复杂（Hendrick & Weisman，2013）。多水平活动和材料能够让每名幼儿成功和持续地学习。最好的幼儿学习材料是开放式的：计数立方体、无图案积木、有图案积木、塑形泥土、书籍、绘画和书写材料、动作、音乐、艺术材料以及其他材料。计划对同样的基础材料和活动做出改变，以满足特定幼儿已被评价出的需

求。教师通常必须为幼儿开放不同的可能性，例如为扩展的积木游戏提供配件、标志和建议。

如果班上有语言和读写能力需要发展的幼儿，那么教室里应该有显著的、不断变化的、多样的书籍、功能性标志、海报和其他对于幼儿的兴趣和背景来说很关键的书面材料。正在学习分类的幼儿需要很多机会来探索大量自然的、具有结构性的材料，并解决特定的分类问题。萌发的读写能力——不论什么年龄——需要教师将书写用具和各式各样的纸张有策略地放置在教室里。材料和活动应该是性别中立的或清晰地包含男孩和女孩。对步骤进行计划，以确保幼儿对计算机、科学和数学设备、玩偶、积木和具有挑战性的体育游戏有同等的使用机会，避免可能出现有性别刻板印象的活动。

使用明显的顺序

尽管不是所有事情都可以被排序，但使用已知的学习序列是有意义的。为幼儿提供经验，以帮助他们在教师预期其说出并理解表示一个概念的词语前理解该概念。在教师预期幼儿遵循指导前，确保他们理解这些指导。在让幼儿分享和轮流做事前，先向他们展示如何做。使用"附录 A"，以识别来自幼儿发展和学习研究的顺序。

从幼儿的发展方式来看，有些顺序是相当明显的。大一些的可操作材料（珠子、木钉、能够拼在一起的积木、拼花地板）通常比小的可操作材料更容易使用；直接用手混合、敲击、挤压和滚动橡皮泥比使用工具更容易；沿着剪出的样板的内沿画线比沿着外沿容易；书写较大的字母时不考虑是否在线上书写比在线上书写更容易；整只手的手指游戏比那些需要单根手指运动的手指游戏容易，但单根手指的手指游戏又比复杂的、需要两只手相互协调的手指游戏容易。很多成人在做小小蜘蛛[1]向上爬的手指游戏时，在交替活动食指和拇指上还有困难呢！

---

[1] "小小蜘蛛"（Eensy Weensy Spider，也作 Itsy Bitsy Spider）是一首用手指游戏展现蜘蛛在排水管上爬上爬下的儿歌的名字。——译者注

使用结果来计划支架

"支架"这一术语（Wood，Bruner，& Ross，1976）指的是教师、材料、其他幼儿或幼儿与其他人的互动所提供的帮助幼儿完成一项任务的支持。它是一种提供适合任务且在幼儿最近发展区内的协助或支持的教学技术。就像建筑物上的脚手架一样，它是一个暂时的支持系统，并在不再需要时被逐步移除。支架是一个相对简单的想法，但如果想让它满足幼儿已被评价的需求，教师就要进行深思熟虑的计划。它与动态评价相关，包括找出幼儿在独立时能够做到什么以及在不同水平的协助下能够做到什么（见第四章）。

在重要的任务中，基于幼儿的需求对支架幼儿表现的方法进行计划。考虑多种方法以提供不同水平的协助，给予教师提供更多（更少）支持或一种不同支架的灵活性。让我们一起看一个为一名正在学习按照尺寸对正方形（或其他物体）进行分类的幼儿提供支架的例子：语言线索、示范、完成任务的一部分及提供手把手的支持。（还有其他的方法。）例子涵盖了最少量的协助（语言线索）到最大量的协助（手把手协助）。

- 提供语言线索。指出幼儿可能遗漏的或至关重要的任务特征。例如，如果贾森正在按照尺寸对物体进行分类，但他却不断改为按颜色进行分类，那么教师（摩根老师）可以说"颜色不重要"并等着看这一提示是否帮助了贾森。改变语言指导的数量。例如，摩根老师可能只给出一个提示，也可能需要完整地向贾森讲解任务。
- 提供语言线索并示范应该做些什么。摩根老师可以说："把大的方块放在这儿，小的方块放在那儿。"同时示范应该将哪一块放在何处。然后，她可以要求贾森和她一起说或在她说完后重复。另外，也许摩根老师可以问："我应该把这个方块放在哪儿？"然后让贾森回答。
- 只完成任务的一部分。例如，初始任务可能是对一种颜色的方块（物体）按照尺寸进行分类，或者只有足够建立分类基础的方块。教师会对过程进行陈述（"把大的方块放在这里……"）并让贾森重复这些单词。
- 提供手把手的支持。摩根老师可以把她的手放在贾森的手上并将方块放入正确的一堆中以提供手把手的支持。重复几次后，她应该尝试放手，以观察贾森是否能够继续该行动，或者他是否需要自始至终的帮助，同时她和贾森会谈论他们正在做的事。

如同墙壁能够自己屹立后脚手架就会被移除一样，教师必须执行让幼儿逐步为任务的表现负责的计划。支架还有另一个含义——教师知道最终技能的样子以及如何达成最终技能，因此，应以培养幼儿的能力使其最终能够独立表现的方式为其提供支持。支持和支架的移除都要以有意识的方式提供（Bodrova & Leong, 2007）。

另一个例子是，一名教师通过抓着幼儿的手并向其展示在计数时手指该如何移动，为幼儿的计数提供支架。在他们工作时，教师开始省略一个数字以查看幼儿能否自己说出这个数字。当幼儿看起来能够自己说出数字时，教师只和幼儿一起指向数字。下一步，教师不再指向数字，而只是简单地看着幼儿一边指着数字，一边大声数数。幼儿从受到协助或受到支架的计数进步到了独立计数。

幼儿也可以为彼此提供支架。一名无法记住自己正在试图写的故事细节的一年级幼儿可以有一个同伴，同伴的工作是帮助他记起他想说的内容。通过为"回应同伴"讲一遍故事，幼儿能够写出比自己之前写的更为复杂的故事。随着这名一年级幼儿成为更加流利的作者，他会需要更少的来自同伴的支架，他从受到协助或受到支架的写作进步到了独立写作。

考虑需求，以对步骤进行可能的改变

假设参与图表表明，有超过一半的幼儿很少在班会、小组讨论、圆圈时间或任何教师领导的活动中讲话——这并不是一个不寻常的发现。在怀疑幼儿有什么问题前，教师应该检查自己的互动模式。例如，他是不是叫那些准备好的幼儿进行回应？他是不是回答自己的问题？他是否只提供很少的等待时间，以至于深思熟虑的幼儿还在思考一个问题的时候，他就提出下一个问题了？因此，应计划互动技术，以鼓励更多的幼儿参与，例如让所有幼儿回答问题并重视他们的回应。

重新考虑并调整结构，以满足幼儿"所处的位置"

很多幼儿并不与课程指南、活动手册或目标的预期顺序相匹配。每名幼儿之

间都存在差异——性格、认知发展、学习倾向、社会技能以及其他方面。专业教师必须足够了解幼儿的发展和预期的教育成果,以便能够简化、删除、扩展、详细阐述和布置课程内容和过程,使它们对于幼儿来说具有发展适宜性和个体适宜性。教师必须在不存在指南的情况下了解如何建构课程。

使用评价信息以指导教学的例子

教师使用评价信息为教学提供信息和指导的方法在前面的章节中已经给出。我们的目的是展示多种可能性,而不是规定一种单一的方法。以下几个简单的例子是从幼儿教育的典型课程领域中选出的,其他例子可以查看本章末尾的"推荐阅读"部分。

游戏计划

弗兰克尔老师在表演游戏时进行的评价表明,托尼、拉泰萨和杰里有时在参与游戏时会变得愤怒,有些时候甚至会出现身体上的暴力。他试图让他们三个解决问题,但通常会导致哭泣和游戏的瓦解。如果弗兰克尔老师想要拿走他们产生争论的所有道具,那么游戏房中就什么道具也不剩了。当他问他们下次怎么做才能避免争吵时,三名幼儿都能够表述符合情理的选择:"我们应该用语言交流""我不应该打他""我们应该轮流玩"。但是,一旦他们开始游戏,只有在弗兰克尔老师进入表演游戏区并直接干预时,他们的争吵才会停止。这些幼儿需要学习与他人互动的更好的策略,而不是实践不恰当的策略。如果没有干预,他们很可能无法学习或实践积极的社会技能。弗兰克尔老师考虑了两种选项:幼儿计划和社会导师。

幼儿可以在他们开始游戏前自己计划游戏(Bodrova & Leong,2001)。在计划的过程中,幼儿可以发展一个共同的主题、选择他们会使用的道具并分配角色。幼儿可以在纸上进行计划,画出(不需要画出细节,只是作为一个提醒)他们要做的事,如图8.2和图8.3所示。让计划去同一个表演游戏中心的幼儿决定他们要一起进行什么游戏,以及他们需要哪些道具。如果幼儿需要选择恰当的主题或在不争吵的情况下分配角色,那就协助幼儿完成计划。如果他们能够独立进行计划，那就让他们在完成计划后进行展示和解释。我们还没见过计划打架的幼儿呢！他们通常计划一起工作，并做一些有趣的事。

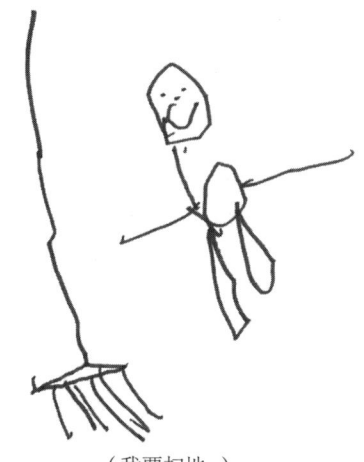

（我要扫地。）

图 8.2　幼儿的游戏计划——口述（1）

（经安德烈·谢苗诺夫允许使用。）

（我要喂宝宝吃东西。）

图 8.3　幼儿的游戏计划——口述（2）

（经安德烈·谢苗诺夫允许使用。）

计划自己的游戏能够防止幼儿为了物件和角色产生很多争吵。如果只有一套芭蕾舞演员的服装，那么幼儿可以找到一种解决办法。幼儿提前带着对于"一套服装"的解决办法进入游戏区，他们通常就不会打斗或吵架了。计划也能够避免关于角色的冲突（例如谁来当医生）。教师可以提出其他吸引人的相关角色（接待员、技术员、护士）或不同类型的医生（外科医生、心脏医生、X光分析员）。

不要忘记：医生需要病人！

　　计划游戏允许教师远离争吵。向幼儿提问"这是你计划的一部分吗？"，通常就足够让争吵停止并让所有人回到他们原本的路线。更重要的是从长期来看，这样的计划能够帮助幼儿学习提前思考、互动、解决潜在问题并让他们的游戏更有成效。他们开始模仿并实践教师希望他们学习的高级社会技能。这一深思熟虑的方法也会导向高级认知技能（Bodrova & Leong，2001）。

　　弗兰克尔老师也可以将托尼、拉泰萨和杰里与其他有更先进社会技能的幼儿配对，或将他们与来自另一间教室的较为年长的幼儿配对。每名幼儿可以单独与"社会导师"一起游戏，这样他（她）便不会感到压力过大。

小肌肉 / 精细动作技能发展

　　对于幼儿精细动作技能发展的评价能够识别出若干名使用剪刀有困难的幼儿。他们既拿不住纸张，也拿不住剪刀，无法成功剪纸。一名家长解释道，她在家里禁止幼儿使用蜡笔、铅笔、水彩笔和剪刀，因为他们之前在墙上乱涂乱画，把房子搞得乱七八糟。另一些家长连为幼儿提供食物都有困难，更不要说剪刀和纸张了。

　　教师应该为所有类型的精细动作技能发展做计划。偶然的学习（例如在未经计划的可操作材料游戏或艺术中发生的学习）可能并不足够。提供一个能够聚焦幼儿需求的学习中心或区域，或将技能发展整合到已存在的、适宜的功能区域或中心。用废弃的手机、纸张和铅笔、剪刀、键盘、鼠标、便利贴和其他办公用具设立一个办公室区域。用写字、绘画和剪切工具设立一个中心。改变可操作材料区域以提供幼儿所需的技能发展。整合"实际生活"中的材料，为多种精细动作技能增加兴趣、多样性、选择和实践——纸张打孔机、拉链、曲别针、螺母和螺丝、扳手、螺丝刀、手钻、打蛋器、各种能够拧紧和关闭的物件——任何能帮助幼儿发展力量、灵巧性、协调性和控制的适宜工具。

　　为那些仍在学习使用剪刀的幼儿提供特别的协助。用关于剪切的发展顺序为该协助排序。向幼儿展示如何"大拇指朝上"拿剪刀和纸张，然后说出"大拇指朝上"作为提醒。在大拇指应该放置在纸张上的位置点一个点。将这个点和"大拇指朝上"作为提示或"中介物"。从纸条开始剪切，随着幼儿的学习逐步加宽纸张。当幼儿需要练习以从快速地剪进步到流畅地单次剪切时，让他们假装为马和牛剪"稻草"或为假装的零食剪出想象的椒盐卷饼、胡萝卜和芹菜棒。让幼儿剪出纸条或用打孔机做出纸屑，以用于拼贴画。教师的工作并不是拒绝提供协助，而是支持那些在学习特定技能时需要帮助的幼儿，然后让幼儿自主完成。幼儿自己就有足够的、需要学习的内容。通过观察年长一点的幼儿和成人笨拙和费力地用钢笔和铅笔书写，教师能够更好地领会指导和为幼儿提供精细动作技能实践的重要性。

早期读写能力发展

对于学前班幼儿的一个典型评价是"写名字"（即幼儿书写自己名字的能力）。对于这一状况的评价揭示出了广泛的课堂能力。伊根老师已经在区域活动时间单独对幼儿进行了评价，她让每名幼儿在纸上写下自己的名字，以便她能够确定谁在哪个活动区域。她花费了两天时间观察每名幼儿写名字的尝试。梅甘（Megan）和埃斯特凡（Estefan）已经能够轻松地写出自己的名字；马丁（Martin）倒着写名字——"nitraM"，但是认识所有的字母。有些幼儿只认识他们名字中的一部分字母，例如克里斯（Chris），他只认识"C"和"i"。阿万（Awan）是另一组幼儿中的典型。他并不认识自己的名字，也不能写出任何字母。每天早晨，幼儿需要在个人签到表上的日期旁边写下自己的名字。幼儿知道在签到之后，他们就能够自由选择活动了。由于伊根老师不需要监督每一名幼儿，所以她便有时间对一些幼儿单独开展工作。

作为写名字支架的一部分，教师为每名幼儿都提供了名字的模板。当她单独对幼儿开展工作时，她会调整模板，以提供不同水平的支持。模板是一个"名签"——一张 6 英寸（约为 15.24 厘米）宽的塑封标签纸，上面用大写和小写字母写出了幼儿的名字；名签的背面写了幼儿的姓氏。每一张名签都对应幼儿所需的支架，再没有更多的内容。每天名签都会被放在签到桌上的不同位置，这样幼儿就必须识别他们自己的名字。以下例子说明了为处于不同能力水平的幼儿提供支架的方法。每个例子都从对幼儿独立表现水平的描述开始。

阿万不能认出自己的名字，也不能写出名字中的任何字母。在阿万的名签上，伊根老师暂时在他名字的第一个字母旁边贴上了他的照片，然后用能够擦除的记号笔在"A"下面画了一条线（见图8.4）。当阿万走进教室时，教师会帮助他找到他的名签。当他找到自己的照片时，伊根老师会指出另一种找到他的名字的方法，即寻找她在下面画了线的字母"A"。她会帮助他写出字母"A"。第二天，教师鼓励阿万寻找字母"A"，而不只是寻找他的照片。伊根老师把照片折叠起来，以观察阿万是否能够利用第一个字母找到自己的名字。如果他不能，教师会让他看看自己的照片是不是附在名签上。这样，他就能知道名签上是否是自己的名字——在没有教师帮助的情况下。（如果有两名幼儿的名字都以"A"开始，那就在两个或更多的字母下面画线，而不是只在第一个字母下面画线。）伊根老师鼓励阿万写下字母"A"，然后尝试写下其他字母。随着阿万不断地进步，她会为阿万增加类似于克里斯的名签上的支持。

图8.4　幼儿名字样本（1）

克里斯能够写出他名字中的一些字母。伊根老师将克里斯的名签有名字的一面向上放置。当克里斯签到时，她指出他已经知道怎么写"C"和"i"，她会让他试着写字母"h""r"和"s"，同时她指向名签。如果他不能写出"h"，那么老师会向他展示怎么写，并用记号笔在"h"下面画线以帮助他记忆（见图8.5）。在克里斯能够写出"Ch"之后，伊根老师擦掉"h"下面画的线，然后进行下一个字母——"r"。像克里斯这样的幼儿可能能够一次学习两个甚至三个字母。教师将继续在每个她想让克里斯记住的字母下面画线。在接下来的日子里，她会对克里斯进行语言提示并在需要时示范书写。

图8.5　幼儿名字样本（2）

马丁认识他名字中的字母，但却以倒序书写这些字母："nitraM"。在马丁的名签（名字向上）上，伊根老师使用可擦除的记号笔在马丁名字的第一个字母下面点了一个点，并从这个点延伸出一个直到他名字最后一个字母的箭头，表明他应该书写的方向（见图8.6）。当马丁签到时，教师会在他的签到表上也画出点和箭头，以使其与他的名签匹配。她鼓励马丁从点的位置开始写字母"M"，再写"a"，然后写"r"，之后沿着箭头的方向继续下去。第二天，伊根老师会给出语言提示。一旦她认为马丁理解了他要书写的方向，她就可以将箭头擦除。当他不需要支持就可以写出自己的名字时，教师就可以将点擦除。接下来，马丁就做好写自己的姓氏的准备了。

图8.6　幼儿名字样本（3）

对于像梅甘·约翰逊（Megan Johnson）和埃斯特凡·拉米雷斯（Estefan Ramirez）一样能够根据记忆正确写出自己名字的幼儿，教师会将他们的姓氏展示在名签上以开展活动（图8.7和图8.8）。当他们签到时，伊根老师会让他们写下自己的名字和姓氏。在幼儿能够写出自己的名字和姓氏后，伊根老师会拿走名签，因为她现在想让幼儿根据记忆写出自己的名字。

图8.7　幼儿名字样本（4）

图8.8　幼儿名字样本（5）

在提供暂时的支持时，一旦幼儿能够自己表现，就可移除支持。还有很多其他的活动也能够帮助幼儿练习姓名识别和姓名书写。例如，需要练习识别自己名字的幼儿可以玩将他们的名字剪成单独字母而做成的拼图，幼儿可以将他们名字中的字母按顺序摆好。当幼儿要排队解散或去另一间教室时，教师可以展示一次名签上的一个字母，直到幼儿能够认出自己的名字，然后这名幼儿就可以进行下一项活动了。教师也可以将名签放在午餐桌上的不同位置，幼儿会坐在有自己名字的位置。在不同情境下的功能性实践也能够起到作用。幼儿可以签到，并排队在某一中心进行游戏。他们可以在参与图表上写自己的名字，也可以在展示他们最喜欢的食物或颜色的表格上写自己的名字。幼儿还可以在艺术作品和其他纸张上写自己的名字。教师对于幼儿书写自己名字的能力水平的评价是计划和实施有效的学习支持的第一步。

总　结

通过设计深思熟虑的计划的组合、以多种方式满足个人和小组的需求，调整教室和课程以匹配幼儿的被评价需求，教师可以使用评价信息来帮助幼儿发展和学习。深思熟虑的计划包括：计划并整理有意进行的改变；在计划时参考预期成果和评价信息；预留反思时间；计划满足幼儿的被评需求的方式；有意识地整合大量可获取的信息、资源和策略；为教室里的其他人制订计划并与他们一起实施计划；平衡想要做的事和可能做到的事。

满足课堂环境中单个幼儿的需求是一项挑战。当一两名幼儿需要特别的关注、若干幼儿能够受益、整组幼儿能够受益及在混龄班级中，不同的方法有助于差异化教学。

为了成功地调整课程和课堂以满足幼儿的需求，教师必须选择并安排设备、材料和物资以响应评价结果，使用恰当的顺序以简化或增加复杂程度，考虑课堂程序可能改变的需求，在需要时重新考虑并调整结构。通过使用支架的概念，教师可以计划对一名特定幼儿或整组幼儿能做的事提供支持，然后在幼儿能够独立表现时移除支持。

在发展适宜性课程的情境下，计划特定活动和有意图的教学以满足幼儿的发展和学习需求。这样的需求不太可能只通过偶然发生的学习得到满足。若干例子展示了如何完成上述计划。

自 我 反 思

1. 最大程度地利用助教和志愿者被认为是满足评价所识别出的教学需求的一种策略。对你的知识、态度、技能和感觉进行反思,考虑制订指导和训练教室里的其他成人的计划。
2. 每个人都会以不同的方式进行计划。有些人会在一个时间段里进行所有的计划;其他人会将计划分摊开,将他们随时得到的领悟加入计划中;另一些人会使用不同的方法。我们推荐你在计划时为评价结果和课堂过程留出反思时间。检视你的计划风格,并反思它在什么时候发生。

进一步学习与讨论

1. 对一或多名教师进行访谈,了解他们如何进行计划以满足课堂上幼儿的被评价需求。在你的成人学习小组中(大学班级或职工发展小组),对来自学前班和小学的代表进行访谈。作为一个小组或作为个体,分析他们的回应,你能够得出什么结论?
2. 评价已经揭示出了一个幼儿园小组中的若干需求:3名幼儿在加入室内或户外的游戏或工作小组时有困难;4名幼儿在比较相似性和区别时明显感到迷失(特别是他们既不理解也不使用"相同"和"不同"这两种术语);2名幼儿在根据除了可以观察到的特点(颜色、形状、尺寸)对物体或物体的图片进行分类时有困难。从上述的需求中选择一种,计划一个行动步骤以在发展适宜性课程的情境下帮助幼儿。
3. 在进行了几次评价后,你发现了3组有着相似技能的幼儿。组1需要练习单脚跳,组2已经掌握了该技能,组3完全不能单脚跳。讨论你可以怎样设计多水平的活动以使所有幼儿都能获益。描述几种你可以对幼儿开展工作的方法。

推荐阅读

Bodrova, E., & Leong, D. J. (2007). *Tools of the mind: The Vygotskian approach to early childhood education*. Englewood Cliffs, NJ: Merrill.

Calkins, L., Hartman, A., & White, Z. (2005). *One to one: The art of conferring with young writers*. Portsmouth, NH: Heinemann.

Copley, J. V. (2000). *The young child and mathematics*. Washington, DC: National Association for the Education of Young Children and National Council of Teachers of Mathematics.

Epstein, A. S. (2007). *The intentional teacher: Choosing the best strategies for young children's learning*. Washington, DC: National Association for the Education of Young Children.

Genishi, C., & Dyson, A. H. (2009). *Children, language, & literacy: Diverse learners in diverse times*. New York: Teachers College Press.

Gronlund, G. (2006). *Make early learning standards come alive: Connecting your practice and curriculum to state guidelines*. St. Paul, MN: Redleaf; Washington, DC: National Association for the Education of Young Children.

Guss, S. S., Horm, D. M., Lang, E., Krehbiel, S., Petty, J. A., Austin, K., Bergen, C., Brown, A., & Holloway, S. (2013). Using classroom quality assessments to inform teacher decisions. *Young Children*, *68*(3), 16–20.

Hirsh-Pasek, K., Golinkoff, R. M., Berk, L. E., & Singer, D. G. (2009). *A mandate for playful learning in preschool: Presenting the evidence*. New York: Oxford University Press.

Hyson, M. (2008). *Enthusiastic and engaged learners: Approaches to learning in the early childhood classroom*. New York: Teachers College Press.

Miller, D. (2008). *Teaching with intention: Defining beliefs, aligning practice, taking action*: K–5. Portland, ME: Stenhouse.

Neuman, S. B., Copple, C., & Bredekamp, S. (2000). *Learning to read and write: Developmentally appropriate practices for young children*. Washington, DC: National Association for the Education of Young Children.

Neuman, S. B., & Roskos, K. (2007). *Nurturing knowledge: Building a foundation for school success by linking early literacy to math, science, art, and social studies*. New York: Scholastic.

Sanders, S. W. (2002). *Active for life: Developmentally appropriate movement programs for young children*. Washington, DC: National Association for the Education of Young Children; Champaign, IL: Human Kinetics.

Schickedanz, J. A. (2008). *Increasing the power of instruction: Integration of language, literacy, and math across the preschool day*. Washington, DC: National Association for the Education of Young Children.

Tyner, B. (2009). *A differentiated teaching model for beginning and struggling readers* (2nd ed.). Newark, DE: International Reading Association.

第九章

为评价进行整理

（拍摄者：Image Source）

译者导读

美国著名教育学家、课程理论专家、评价理论专家泰勒曾言:"评价是教学的一部分。"[1] 华东师范大学钟启泉教授曾提出:"所谓教学与评价一体化是指重视评价在课堂教学中的作用,使评价最大限度地有助于课堂教学。"由此可见,评价与教学相辅相成,相伴相生,你中有我,我中有你。

在你开始阅读本章内容之前,请先思考以下三个问题:如何整合评价与教学?评价计划该如何研发?怎样才能有效地整理评价文档和表格?

对于幼儿教师来说,将评价与教学顺利整合,制订出合理可行的评价计划,高效地整理评价文档和表格,是高评价素养的重要行为表现。本章内容主要围绕"**评价与教学整合的一般支持策略与具体支持策略**"这一主题展开论述。全章主要内容共分为两个部分。

- 第一个部分主要介绍将课堂评价整合至教学的**一般支持策略**(在本书中,教师关于将课堂评价整合至教学的一般支持策略主要包含:安排活动以保证有时间进行评价,逐步地开始并进行评价,从简单、适宜的技术开始,保持条理性、即时性,让评价成为课堂生活的一个常规部分,寻求其他人的协助)。
- 第二个部分主要讨论将课堂评价整合至教学的两个**具体支持策略**,即**研发评价计划**(对评价计划的考虑,评价计划样本,使用计划)及**整理文档和表格**(笔记本、文档和成长档案袋,表格,其他帮助)。

本章的目的是帮助幼儿教师接受将评价与教学整合的理念,掌握将课堂评价融入教学的一般与具体的方式和方法,理性地设计评价目的、内容及时间,科学整理评价资料,将评价作为教学改进的工具和手段,进而做到教学反哺评价,更新评价的目标与内容(参见表9.1和图9.1)。

---

[1] 布鲁姆,等.教学评量[M].邱渊,等译.台北:五南图书出版公司,1989:39.——译者注

表 9.1 评价与教学整合的一般支持策略与具体支持策略

为评价进行整理	
评价与教学整合的一般支持策略	评价与教学整合的具体支持策略
安排活动以保证有时间进行评价,逐步地开始并进行评价,从简单、适宜的技术开始,保持条理性、即时性,让评价成为课堂生活的一个常规部分,寻求其他人的协助	研发评价计划:对评价计划的考虑、评价计划样本、使用计划; 整理文档和表格:笔记本、文档和成长档案袋,表格,其他帮助
帮助幼儿教师接受将评价与教学整合的理念,掌握将课堂评价融入教学的一般与具体的方式和方法,理性地设计评价目的、内容及时间,科学整理评价资料,将评价作为教学改进的工具和手段,进而做到教学反哺评价,更新评价的目标与内容。	

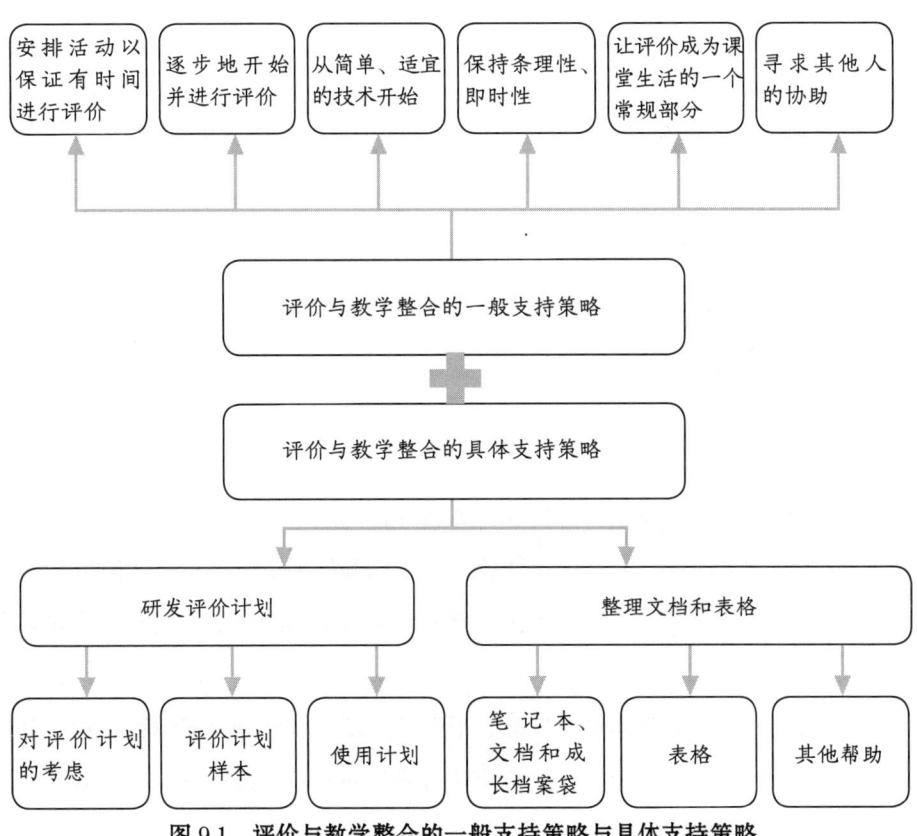

图 9.1 评价与教学整合的一般支持策略与具体支持策略

> ☑ **学习成果**
>
> 1. 解释如何将评价和教学与学前教师的日常活动整合。
> 2. 列出教师在计划评价时需要考虑的因素。
> 3. 描述使评价更为有效的课堂评价材料的整理方法。

了解评价什么、什么时候进行评价及如何收集并记录评价信息，在教师评价幼儿时可提供不同的选择。教师如何将这些整合在一起，以创建一个切实可行的课堂评价过程？本章讨论了三种能够帮助教师开始的过程：整合评价与教学、研发评价计划及整理文档和表格。

整合评价与教学

课堂评价的关键是将其嵌入常规的课堂活动中。以下指导方针提供了一些综合、实用的方法，随后还有关于在大多数学前班和小学课堂中可以找到特定评价机会的小建议。

一般指导方针

如果教师试图一次完成所有的事，那么评价的工作量会过于巨大。因此，教师可以安排活动以保证有时间进行评价，逐步地开始并进行评价，从简单、适宜的技术开始保持条理性、即时性，让评价成为课堂生活的一个常规部分，并寻求其他人的协助。

安排活动以保证有时间进行评价。帮助幼儿学习自己进行工作和游戏，以及在工作和游戏时与成人互动。教授幼儿独自或与同学一起进行下一项活动、寻求帮助、规范行为和解决问题。

向幼儿解释评价是教学的一个必备部分。一组小学教师将幼儿的帮助纳入了评价。每名教师都研发了一个可视的标志，表示她正在记录幼儿的学习——一副插在头发中的旧太阳眼镜，或缠绕在脖子上的亮色印花头巾。当幼儿看到这些标志时，他们就知道教学的一个重要方面正在进行，便不会打扰教师。如果安排了必需的评价，那就要相应地计划其他的活动。

逐步地开始并进行评价。 教师很容易会尝试完成过多的内容。只有教师自己才了解他（她）的其他个人和专业承诺、先前知识和技能、教学负荷，以及幼儿园、学校和家长的预期。教师应该从一个发展或课程领域开始，然后集中注意力完成该领域，直到对过程感到轻松，或者由四五名幼儿开始，随着他们的学习加入更多的幼儿。不要尝试为每名幼儿每天记录一则逸事记录；相反，在一天之内将注意力集中在两三名幼儿身上。

从简单、适宜的技术开始。 教师应该从相对简单并具有发展适宜性的评价技术开始。能够阅读和书写的幼儿可以创作出很多作品，为他们的学习提供证据。收集和整理这些作品能够帮助教师学习分析阅读和书写过程——一个更有挑战性的任务。

保持条理性、即时性。 很多教师会在每天的最后花几分钟时间将笔记、完成的图表和其他信息归档。确实，这件事应该一周完成一次。当有足够的信息支持时进行总结。教师应该保证信息足够新，这样的信息在课堂中才是有用的。教师需要上个月的笔记来记录幼儿的进展，但它们对计划明天或下周的活动并没有什么帮助。

让评价成为课堂生活的一个常规部分。 课堂评价的一个巨大优势是，教师不需要为了一整周的测验——不管是筛查测验、入学准备测验，还是成就测验——暂停活动。信息是在活动的过程中收集到的，目的是使收集和记录信息"看起来是持续进行的课堂步骤的一部分，并且集中在（幼儿的）学习上"，而幼儿几乎意识不到它的发生（Almy & Genishi, 1979, p. 9）。

- 将用于记录的物品放在每一个活动区域中。在开展常规活动的区域附近放置一叠纸或准备好的检核清单。如果家长送幼儿到学校，那就将纸和笔放在其经过的位置。去户外时，在你的兜里放一支笔、索引卡或一个小型螺旋笔记本。笔记本上的螺旋铁丝内可以放一根短小的铅笔，这是一个方便存放的位置。将整理好的物品放在幼儿书写主题日记、完成阅读日志、计划项目或游戏、书写或口述故事的活动区附近；幼儿会自己完成很多记录。将用于记录的物品放在多个位置能够使教师在监督和与幼儿一起工作时易于记笔记、标记检核清单或填写等级量表。

- 有规律地收集信息，让每个人都习惯。小学教师应该计划使用短小的纸笔测验，并经常进行这种测验（而不仅仅是在填写报告卡之前）。如果使用成就样本作为学习证据，那么教师应该经常在互动教学中使用它们（而不仅仅是在"评价时间"）。通过对幼儿进行常规的访谈并召集他们开会，幼儿便不会觉得难堪。有规律地为幼儿拍照和录像，这样幼儿就不会"做鬼脸"。

- 不要介入。教师要学习熟练地收集并记录信息；在幼儿旁边坐下或站着，而不是不断徘徊。在适宜的时间，教师要融入背景中。记录表格应该储存在关键的位置，教师可以在这些位置坐下或站着，同时看到整个教室。在幼儿工作和游戏时，几分钟的记录能够得到很多有用的信息。将记录设备放在不显眼的位置。

- 当幼儿问你在做什么时，要实事求是。"我正在写下我们做了什么、说了什么，这样我就能记住了。""我在记录我们已经学到了哪些内容，还有哪些内容要学习。""我在做的事能够帮助我更好地教你们。"为那些想要乱涂乱画或模仿教师做记录的幼儿拿出一些多余的废纸和剪贴板，这是个很好的主意。有些幼儿可能会以这样的方式完成他们的第一份功能性"写作"——这是放入成长档案袋的一个很好的样本。

- 保持"双重注意力"。教师可以在他（她）记录的同时监控一组幼儿的活动，或在查看幼儿的参与时长或水平的同时进行一项学习游戏（Kounin，1970）。保持双重注意力是同时处理两件或两件以上事情的能力——一项会随着练习进步的技能。这一技能可以在教师记录信息时使课堂活动持续进行：面向教室或运动场，让自己处在能够看到最大空间范围的位置，经常扫视该区域，并对小组的气氛保持敏感。

- 建立保存学年初期作品的习惯，帮助家长和幼儿理解其原因。教师应该培养在教室、大厅和展示柜中展出幼儿工作作品的习惯；为成长档案袋保存一些作品并让幼儿带一部分作品回家。如果一名幼儿很想将某件作品带回家，同意他（她）这么做是明智的。教师无法了解一件作品对幼儿意味着什么。有很多作品样本的一个优势是，任何一件作品都没有过度的重要性。如果需要，可以对作品进行复印。

- 保持可靠性。不要保留很多作品，最终只是将它们扔进幼儿或家长能够看到的垃圾桶。如果有些作品需要被扔掉，那么教师应该谨慎处理。

寻求其他人的协助。专业人士、课堂助手和助教、志愿者、家长和实习生是评价过程中必不可少的部分，他们可以从自己的角度收集信息。对所有非专业人士进行关于保密性的训练，也向他们说明应该做些什么。只有专业的学校人员才能处理机密信息，但志愿者可以查看幼儿能够将球踢多远、将沙包扔多远，记录幼儿在对物体计数时数到几或数得是否准确。助手或志愿者可以每天为几名幼儿写下客观的描述以熟悉幼儿，并贡献他们对幼儿的理解。他们可以进行听写、观察幼儿小组、帮助幼儿记录阅读样本、在几乎任何活动中查看幼儿的参与类型和水平及进行其他的评价任务。在教师对一个幼儿小组进行评价时，这些人员也可以对课堂活动有所帮助，有些志愿者甚至能够填补课堂、家庭和社区之间的语言和文化差距。

不要忘记将幼儿的帮助包括在内！幼儿可以记录自己在学习活动中的出勤和参与，识别并为他们的工作标注日期，将成长档案袋项目放进篮子或作品文件夹，检查拼写或算数，完成阅读日志及在很多其他与评价相关的任务中有所表现。这样做的附加益处是，幼儿开始为自己的学习承担责任。

研发评价计划

教师需要一份将评价整合进教学活动的计划。对幼儿进行评价并将其作为教学必不可少的一部分时，教师可以根据他们发现的关于幼儿的情况对互动或使用的材料进行调整。换句话说，教师可以使用形成性评价。计划能够使评价保持系统性、与预期成果相匹配，并使将评价嵌入持续进行的活动更为容易。它也允许教师将评价过程分散在一年之中，并逐步地为总结报告收集信息。因此，教师能够避免在家长会上有过多关于某些幼儿的信息，而没有关于另一些幼儿的信息；教师不会匆忙地收集足够的信息，而且收集信息的好机会也不会被错过。计划也允许教师关注收集、汇编并总结学期末或学年末的评价信息，积累的记录会成为家长会和正式报告的基础。

第三章中的"何时评价？"这部分内容中有若干关于计划的建议。我们建议你在研发计划时回顾该材料,并将所有需要的评价、报告项目和与评价相关的活动填写在一份主日历中。即便是必需的评价及读写、数学或科学材料和指导方面的评价,教师也需要在发展或课程领域获取更多的信息。下文展示了一种在对特定学习领域进行深度探索时,教师对评价内容和方法的思考。

表9.2展示了一种计划方法。教师系统性地考虑基本评价决定:为何评价、评价什么、何时评价及如何收集和记录信息。首先,教师有意识地考虑并写下计划。当评价成为常规后,他们便可以在脑海中更快地完成某些步骤。有经验的教师发现,一些步骤总是需要被写下来——可以在课堂月计划或周计划上记录,或在如表9.2所示的更为短小的表格中记录(例如,要使用的评价内容和评价窗口通常都会被写下来)。

表9.2　为幼儿园和学前班评价读写发展状态和进展的评价计划样本

评价计划:8月20日至6月20日 评价目的:监控状态和进展 发展/课程领域:语言技能		
评价内容	何时评价	评价窗口和记录程序
阅读 1. 对待书籍:了解书籍的正面和背面,正确地拿着书、翻页。 2. 追踪文字:在阅读时指着单词,用手指扫过长单词,用手指扫到下一行。 3. 理解文字的功能:注意到单词和字母,试图阅读商标、指示牌和其他环境中的文字。 4. 识别字母和单词:能够将手指放在一个字母的周围,将手指放在一个单词的周围,指出单词中的字母,通过名称识别出字母,读出名字,读出部分或全部单词。	1和3:年初、年中和年末	1. 小组读写活动中的表现样本。在小组矩阵检核清单上记录。 2. 游戏时的逸事记录。 3. 家长会时引导家长给出的家长报告。
书写 1. 在游戏中,用乱涂乱画和绘画代表文字。 2. 减慢口述故事的速度,以匹配教师的书写。 3. 使用字母代表声音,使用自己发明的拼写方法。 4. 可以正确地拼写一些简单、熟悉的单词:the、is、are。	2:年初、年中和年末	1. 游戏时的逸事记录。 2. 区域活动时间内与游戏活动相关的表现样本,或小组读写活动时的表现样本。 3. 一天之内在很多书写机会中收集的工作样本。
态度和倾向 1. 喜欢书籍。 2. 在自由活动时间选择看书。 3. 使用书籍找出信息。 4. 渴望在书写活动时书写。 5. 在游戏和其他不涉及读写的活动中进行书写。	读写和其他活动时	1. 自由游戏时间的观察。 2. 读写活动时的观察。

对评价计划的考虑

评价目的。在评价表格的最上方写下评价的目的。由于评价可以服务于多个目的，所以应选择一个会对其他计划产生影响的主要目的。例如：如果主要目的是追踪幼儿的进展，那么教师应在不同时间收集来自幼儿的信息；如果主要目的是对接下来的项目或主题进行计划，那么教师应在项目前、项目中和项目刚结束时收集信息。如果适宜，列出一个不妨碍信息用于其他功能的目的。

发展/课程领域。接下来，教师会识别他（她）计划评价的一般发展或课程领域，并将其写在适当的空格中。在每个区域至少放置一份评价计划表；如果评价的领域很广，教师可能需要多份表格。例如，语言可以被分为口头语言和书面语言或阅读和写作。

评价内容。为了进行评价，教师必须明确了解"社会及情感发展""身体健康"或"地理概念和技能"对幼儿意味着什么。在明确了解幼儿的情况后，人类行为和学习中宏大且复杂的领域必须被整理并分析，以得出学习的"指标"。例如，社会发展可以包括子类别——积极的同伴互动、交友技能和合作性学习技能。但是哪些具体的合作性学习技能是教师能够评价的？教师可以观察并收集关于一名幼儿"接受其他人的想法""对小组做出贡献"或"有技巧地拒绝一个想法"的证据。另一个例子是，关于地图的知识和技能是地理学的重要方面。教师可以通过确定一名幼儿是否能够"在地图上指出一条街""创作一份个人的虚构地图""画出具有代表性的地图""描述能够在地图上找到的信息"或是否了解"地图的作用"，以对这些知识和技能做出评价。（可参考表 9.2 的第一栏。）

对于幼儿的预期成果的表述（标准、必要的学习或课程框架）通常已经经过整理和分析。教师可以使用内容中的部分或子部分；如果这些项目是适合的，那就将它们能够评价的项目包含在内。正在研发自己的预期成果的教师应该参考如"附录 A"一样的指南。为了使特定行为与更大目标之间保持清晰的关系，在计划表格上识别这些目标。

何时评价。在表 9.2 的第二栏中，识别评价的大致时间或"收集时间段"。教师可以写下评价的具体月份，也可以写下评价的大致时间安排。教师应该考虑他（她）已经识别的目的、领域、幼儿的能力和特定的学习。评价的完成可以通过在项目被评价后对其进行核查并做记号来得到核实。

评价窗口和记录程序。在表9.2的第三栏中，教师对他（她）将要使用的评价窗口——来源、方法和环境——以及记录程序进行描述。教师应该考虑如何将评价嵌入课堂活动，并根据教室里现有的资源选择一种适宜的来源、方法或环境。表9.2展示了一些例子，更多的例子见表4.13。接下来，教师必须决定如何记录信息（见第五章）并将其记录在计划表中。除非学校购买新器材，否则组建一个复杂的障碍跑道就是不可能的，那么这就不合适。实际一点！（如需更多指导，请参考第四章。）在表9.2标注"评价窗口和记录程序"的一栏中写下评价窗口。

表9.3 不同评价窗口的典型记录程序

窗口类型	记录程序
观察、引导得出的回应、自我报告、描述、表现样本	简短记录、检核清单、扩展检核清单（含简短记录）、频率统计、计时样本、视频或音频记录、图表和略图（网络或语义地图）、描述性叙事和逸事记录
参与的证据或在活动中花费时间的证据	参与图表、时长样本、检核清单、教室察看记录
工作作品	作品本身、检核清单、略图、图表、等级量表、自我评价、视频和音频记录（用简短记录或叙事记录记下关于行为或过程的补充性信息）
来自家长和其他成人的信息	描述性叙事、简短记录、等级量表、音频记录、家长对提前准备的问题的回应

评价计划样本

表9.2、表9.4和表9.5是可以在幼儿园和小学课堂中研发的评价计划的例子。表9.2展示了为幼儿园和学前班课堂记录幼儿在读写发展领域中的状态和进展的计划。表9.4是评价社会研究主题的计划样本，表9.5是关于科学、数学和社会研究的基本概念的评价样本。注意评价窗口——来源、方法和环境——的多样性以及评价时间的变化。

表 9.4　幼儿园或小学课堂关于社会研究的评价计划样本

评价计划：10 月 20 日		
评价目的：计划课堂活动		
发展/课程领域：社会研究主题——我的家庭		
评价内容	何时评价	评价窗口和记录程序
关于家庭的基础知识：之前是否研究过家庭？能够识别自己的家庭成员，包括大家庭的成员（祖父母、叔叔和阿姨）。能够讨论相似性和差异性。	在主题前 在主题后	1. 大组活动——讨论我们知道的关于家庭的内容。在概念地图上记录。 2. 关于家庭的开放性问题引导出的回应。在小组矩阵、检核清单上记录。
关于家庭手工艺品的基础知识：能够描述来自日常生活的手工艺品是什么样的、怎么使用。能够讨论家庭手工艺品之间的相似性和差异性。	在主题前 在主题中	1. 在活动前，向家长提供问卷，向他们寻求帮助，让他们与幼儿一起找到一件家庭手工艺品，并描述幼儿对家庭手工艺品的理解。 2. 活动中幼儿关于其手工艺品的绘画作品。包括简短记录。
态度和倾向 1. 对自己文化身份的自豪。 2. 对文化的差异性和相似性的好奇、享受和共情认识。 3. 文化差异引发的适宜回应。	在主题中发生时	1. 关于手工艺品的若干活动。使用参与图表记录幼儿的参与。 2. 观察幼儿表达自豪、享受、好奇和共情的特定实例。在个人逸事记录上记录。

来源：主题和想法改编自 L. Derman-Sparks and A.B.C. Task Force. (1989). *Anti-bias curriculum: Tools for empowering young children*. Washington, DC: National Association for the Education of Young Children.

表 9.5　认知发展状态和进展的评价计划样本——幼儿园课堂中的分类

评价计划：9 月 20 日至 6 月 20 日		
评价目的：监控状态和进展		
发展/课程领域：基本概念——科学、数学、社会研究		
评价内容	何时评价	评价窗口和记录程序
将物体分为两组：使用一致的特质自发进行分类；能够说出特质。能够自发重新将物体以另一种方式分类；能够说出特质。能够根据给出的新特质重新将物体分类；能够说出特质。	每两个月：9 月、11 月、1 月、3 月、6 月	1. 表现样本。在小组矩阵上简短记录。 2. 工作作品，例如绘画或对幼儿分类的描述。
完成模式：自发完成简单的 ABAB 模式；能够说明模式。复制简单的 ABAB 模式，能够说明模式。自发完成更为复杂的模式，如 ABCABCABC 或在空间中旋转的模式。能够在纸张上用图形表达模式。	年初、年中和年末发生时	1. 表现样本。用含有笔记的略图进行记录。 2. 模式活动。对参与活动的幼儿进行逸事记录。
态度和倾向 1. 享受分类和完成模式。	在活动中：年初、年中和年末	1. 在选定的持续进行的分类和模式活动中。使用参与图表或逸事记录。

使用计划

教师应该在整理和计划一周或一日课堂活动时经常参考评价计划——就如同对学期或单元课堂计划做的一样。查看表9.2中"何时评价"一栏。教师是否应该为一个特定领域计划评价？查看并思考活动和项目。在理想情况下，评价应该适合即将发生的项目或学习主题。教师可根据需要系统地回顾并修订计划。

整理文档和表格

做好准备和整理可使幼儿评价成为教学中不可缺少的一部分。切实可行、有效的归档和储存系统能够节省时间，并防止珍贵的记录被放置于错误的位置、在一叠纸张中被遗失或被意外地扔掉。很少有教师会使用所有可获取的记录表格和整理系统；他们会选择或改编那些最适宜的系统或幼儿园和学校愿意使用的系统，并对其进行实验，以找出哪些系统能够最好地发挥作用。教师要考虑的内容包括：幼儿的年龄、教育项目的预期、哪些记录是必需的、哪些记录是可选的以及个人偏好。以下是一些典型的例子。

笔记本、文档和成长档案袋

笔记本和文档可以帮助追踪不同类型的信息。

笔记本和记录本。班级名册和出勤记录程序通常是由幼儿园或学校决定的。教师可以在记录本的左侧标明幼儿的姓名，在该页剩余的位置上标明日期和周数。计算机化的记录系统有所不同。

活页笔记本是为单个幼儿整理记录的便捷载体，它也可以便于对一个小组的信息进行总结。根据你想要追踪的事项为分隔页按字母贴上标签（例如表演游戏、大肌肉动作发展、读写、数学和社会发展）。在准备好总结表格后打孔，并按照时间顺序将最新的条目放在活页夹的最前面。为了储存单个幼儿的记录表，可用幼儿的姓名标记分隔页，并将其根据幼儿的姓氏按字母顺序排列。

如果教师使用笔记本，那么一个明智的做法是使用两本笔记本，或一本分为两个部分的厚笔记本——一个用于对单个幼儿的记录，一个用于对小组的记录。教师也需要合适的装订或活页笔记本来保存自己的个人反思和发展日志。

文档。一些行政文档储存于中央办公厅。教师在课堂中所储存的文档有所差异。至少，教师会需要幼儿的个人文档和成长档案袋文档。

将每名幼儿的个人文档储存在幼儿或未经授权的成人无法接近的文档抽屉或文档柜中。内容可能有所不同，但这份文档中包含了标准筛查或诊断测验的结果、来自专业人士或其他教师的报告、来自家长的敏感信息、医疗信息（如果未被储存于独立的健康文件夹中）、午餐缴费状态、监护权安排以及其他隐私信息。按照幼儿姓氏的字母顺序安排文件夹。留下足够的空间，以便能够加入更多的项目，最新的条目放在最前面。有些教师将所有评价信息储存在标准文件夹中；还有些教师计划在索引卡上进行标注和记录，并希望将它们独立储存，他们会需要一本有空白分隔页的卡片档案。

成长档案袋。为了收集和整理幼儿的作品，成长档案袋需要至少两个储存系统：一个"工作文件夹"和一个更具永久性的档案袋。两者的不同目的影响了操作和储存系统。在工作文件夹中，幼儿暂时储存教师需要检视的、还在进行中的作品和已完成的作品。年幼的幼儿将他们的作品放在贴有标签的篮子或"有把手"的浅托盘中。到了学前班或小学时，幼儿能够识别标记并自己进行归档。开放的文件夹架子很好使用，幼儿能够轻易地接触到那些文件夹（见图9.2）。教师每天或每周快速浏览幼儿的进展，记录观察，与幼儿讨论，决定哪些作品或信息应该被转移至成长档案袋中，并让幼儿将剩余作品带回家。由于这些作品并不是个人或隐私的，所以工作文件夹被放在外面，以便教师和幼儿能够向其中添加作品或信息。

成长档案袋需要更多空间和灵活性。放置于开放式便携架中的法定规格（27.94厘米×35.56厘米）的悬挂式文件夹很好使用（见图9.3），因为它们能够容纳年幼幼儿创造的大型作品。悬挂式文件夹有塑料索引签。可滚动的架子和一些塑料文件"箱"能够容纳信纸大小的文件夹（21.59厘米×27.94厘米），也能够容纳法定规格的文件夹（27.94厘米×35.56厘米），这取决于它们的配置（见图9.4）。教师应该有额外的文件夹，以储存检核清单、地址标签和条目表格等物品。另外，设置"待归档"文件夹也是一个很好的主意，应至少有一个用于小组作品的文件夹以及一个杂项文件夹。不同颜色的文件夹可以使不同的发展或主题领域显而易见。

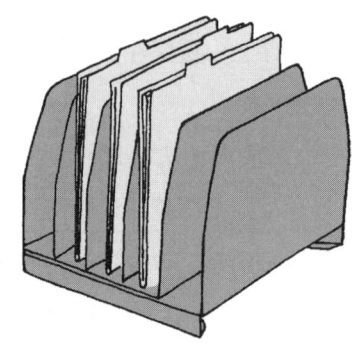

图 9.2　装有工作档案袋的开放文件夹架子

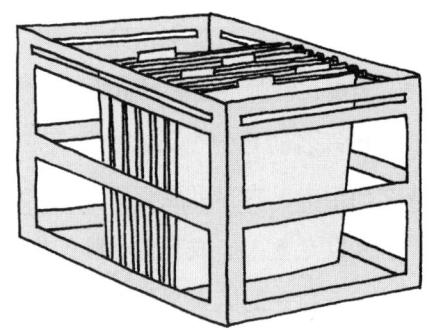

图 9.3　装有悬挂式文件夹的便携架

图 9.4　装有悬挂式文件夹的可滚动的架子

箱子可以让教师轻易获取文档，但很快就会被装满（见图 9.5）。有些教师会为每名幼儿准备一个大型的可扩展文档信封（见图 9.6）。它们有标准和法定的尺寸。折叠封盖和封闭的侧面可以防止将项目放置于错误的位置。

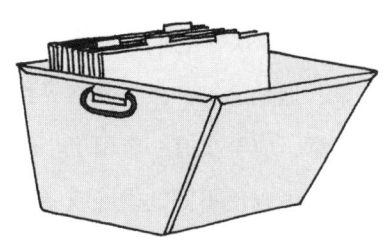

图 9.5　文档箱

图 9.6　个人文档信封

如果预算不允许购买这些配件，那就用胶带加固瓦楞纸箱的箱角——大量纸张会接触的箱角——然后用大型手工用纸折成文件夹。在一个侧面留出 2.5 厘米，以写下幼儿的名字。小一些的纸箱，例如比萨包装盒或衬衣包装盒，可以单独储存一名幼儿的成长档案袋。将小组项目中的壁画、地图或图表等卷起来，并将其储存在地图圆筒中或用橡皮筋绑起来；或者将它们折叠并与其他小组项目的记录一起放在成长档案袋后面。

表格

以下几页内容展示了若干教师使用的图表的实例。学校或幼儿园可能有与其目标相匹配的已经设计好的记录表。教师可以选择两三种他（她）认为最有用的表格，然后准备好进行几周的试验，教师也可以对它们进行调整或对其他种类的表格进行试验。尝试从空白的半页纸记录表或网格表开始，决定哪些表格是最合适的，并对其进行复制、归档，然后将其放在会被使用的地方。使用小型笔记本、胶纸标签、便利贴，或将"回收的"办公室纸张剪成四份，以快速记录。很多商用的评价系统提供了所有的表格（包括已打印好的便利贴）。

为表格准备一个标准的表头，表头内容涉及幼儿姓名或小组名称（例如：迈克尔·别林斯基，二年级）、观察者姓名、日期（包括年份）和环境等（见表 9.6）。如果当天的时间很重要，那就将其写下。记录日期的横线上的斜线可以帮助教师记得将年份记下。如果要使用代码和符号，那就需要在表格中对其加以解释。不是所有人都记得或了解"×""/""+"等符号的含义。

表 9.6　整页或半页纸记录表格样本

```
曼科塔幼儿园
幼儿_____ 日期 ___/___/___ 时间 _____
观察者 _____ 环境 _____
小组 _____ （如果需要）
```

一致的格式可以帮助教师了解哪些信息应该填入哪个位置，并提醒他们填写完整的信息。没有幼儿姓名或日期的记录毫无用处。所有观察者和访谈者都应该在记录上写下名字的首字母或签名。另一种选择是做一个印有表头的橡胶印章（例如，一个印有表9.6的橡胶印章）。这对于回收的办公室小型纸张特别有用。

半页纸。逸事记录、快速记录、略图、关于表现性任务的笔记、成长档案袋条目纸片及来自其他成人的关于单个幼儿或幼儿小组的信息可使用半页纸进行记录。

索引卡。在索引卡上复制标准表头，并在可获取的地方存放若干叠可以用于记录或做略图的索引卡，或者在索引卡的一角打一个孔，然后将一叠索引卡用铁圈串在一起。为了更加系统化地使用索引卡，可使用不同颜色代表不同兴趣领域——发展或内容领域、活动区、经验或进行记录的任何内容。在完成了一次或多次观察后，移除该索引卡，然后将其归档。剩余的索引卡可以提醒教师特定领域中还有哪些未被观察的幼儿。直接在大型索引卡上复制简单的表格（例如参与表格）。索引卡很方便，因为它们足够坚硬，可以在不使用写字夹板或其他坚硬表面的情况下书写。但是要记得，它们价值不菲。

网格、矩阵、图表和检核清单。多种类型的网格、矩阵、图表和检核清单被教师广泛使用，因为它们能够快速地在非常小的空间内记录大量的信息。它们在记录和描述关于整个小组的信息或关于单个幼儿的大量信息时尤其有用。第五章识别、描述、举例并列出了课堂教师通常使用的记录工具的优势和局限。下文将介绍对于调整基本网格模式、选择和放置待评价项目及有效记录的一般指导；第五章和第六章均有相关的例子。另外，可以参考商业评价系统的表格。一些表格设计得十分巧妙，能记录并展示巨大容量的信息。

表9.7展示了空白网格的样本。只需简单地改变表头，就能为单个幼儿使用该网格。调整行和列的大小，以按照需求记录程序，例如为缩略记录和简短记录将单元格扩大到2.5厘米或3.8厘米宽（见表9.8）。

表 9.7　幼儿小组的空白网格样本

项目 ＿＿＿＿＿＿＿＿＿＿＿＿＿＿＿＿＿＿＿　　　　日期 ＿＿／＿＿／＿＿＿
小组 ＿＿＿＿＿＿＿＿＿＿＿＿＿＿＿＿＿＿＿
观察者 ＿＿＿＿＿＿＿＿＿＿＿＿＿＿＿＿＿

表 9.8 大单元格空白网格样本

发展领域 _____					日期 _/_/_
观察者 _____					小组/儿童 _____

不要在每张表格上手写班级名单，而要用计算机制作表格并列出幼儿姓名。可以制作一份与网格或图表间隔完全相同的主名单，然后复印；用胶带粘贴在每份表格上，并按照需求复印。删除或增加幼儿姓名，在幼儿离开学校或新幼儿入学时重新按照字母顺序排列姓名。

教师也可以使用班级名单和简单的网格，以确保他（她）有关于每名幼儿的信息。在表格上方写下所记录的项目，将幼儿的名字写在左侧，并在记录一次观察、记录表现性任务或收集所需的成长档案袋项目后在对应的单元格内打钩。当所有的幼儿都被打钩后，继续进行其他项目。将这样的列表贴在柜台、桌面、柜子侧面或其他方便的位置，用于提醒教师还有哪些幼儿需要被评价。

设计和使用检核清单指南。以下指南能够使检核清单的优势最大化。

- 选择所评价的发展领域的典型指标作为项目。在使用发展连续体选择项目时，选择一些在幼儿预期水平之上和之下的项目。
- 如果适宜，要将相似项目分组，并按顺序排列。在组间留出空间。
- 将行为分成可观察的子技能、水平或步骤。例如，不要使用"了解数字"，而要列出三种可观察的行为，如："按照要求指向或将手指放在数字周围""按照要求说出数字的名称"和"自主说出数字的名称"。
- 对项目进行积极的表述，以避免混淆。例如，不要使用"不用左脚跳跃"，而要使用"用右脚跳跃"和"用左脚跳跃"。
- 为"评论"留出空间。记录与幼儿、项目或环境有关的有趣、独特或与上下文相关的信息。

在检核清单上做标记的方法能够增加其价值。设计并使用一个连贯的标记系统。创造一份能够让教师和其他人记录并解读信息的标记对照表。教师应该进行试验，以找出适合他们所收集的信息类型并能够发挥其功用的标记系统。一些教师只对行为的出现进行标记，另一些教师使用可以表达额外信息的代码系统。以下是一些例子：

- 对于在同一天获得或掌握的项目，在检核清单上用"√""×"（或"是""不是")标注。在几天或几周内完成的检核清单应该包括幼儿表现该项目的每个日期。

- 如果因为幼儿缺勤或靶行为并未被观察到而没有对项目进行评价,那就不要在单元格内填写任何内容,或标注"A"代表缺勤,标注"N/O"代表未观察。
- 对于部分表现的项目或以不同熟练水平表现的项目,要为初学水平标注一条斜线,然后在幼儿掌握该项目时将斜线改成"X";或标注"B"代表初学,标注"P"代表部分;或用特定颜色的空格表明部分成就,然后在特定颜色上写下幼儿达到精通水平的日期。
- 如果幼儿对项目进行了尝试,但没有适当的表现,那就用特定颜色的空格或类似的圆圈作为代码。当幼儿表现该行为或技能时,用日期覆盖该代码。

设计和使用参与图表指南。以下指南能够使参与图表的优势最大化。

- 如果幼儿要自己记录他们的参与,那就使用特制的图表(见表9.9和表5.12)。留出额外的空间,并教授幼儿要做些什么。
- 当幼儿可以多次参与时,例如在小组讨论中,按照需求使用多次计数标志(见表5.13)。
- 使用代码记录参与的质量,例如"R"代表相关,"I"代表不相关,"D"代表破坏性,空白代表没有明显的参与。

设计和使用频率统计记录指南。以下指南能够使频率统计记录的优势最大化。

- 识别并列出要在记录上计数的特定行为指标。
- 如表5.15所示,将表格分为三栏。将评价日期列在左栏,频率在中间栏,总和在右栏。

表9.9 幼儿园设计的幼儿自我报告参与表格样本

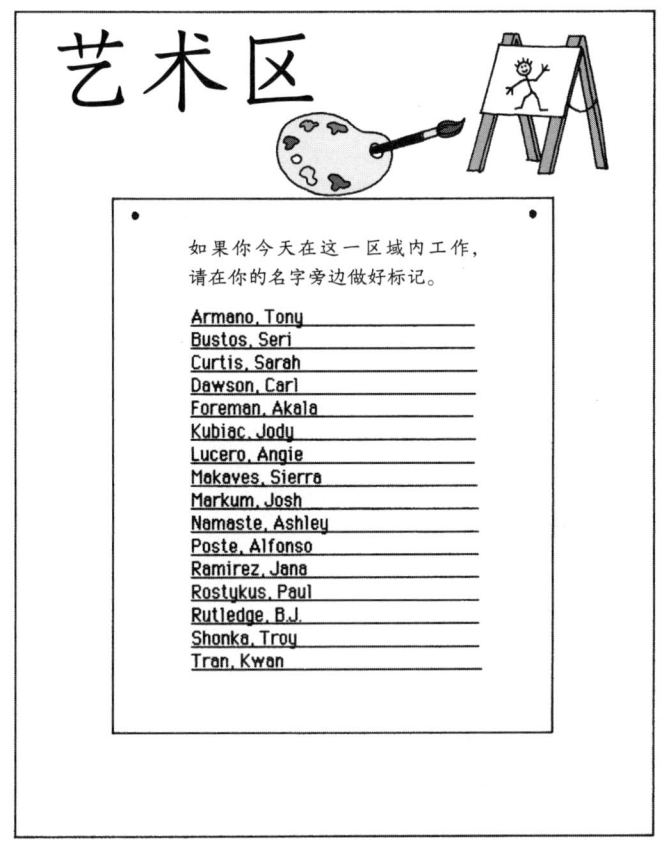

- 直接在表格上计数，或悄悄地在你手腕内侧的胶带上计数，或在一只手上拿着的一张 7.5 厘米 ×12.5 厘米的索引卡上计数。如果教师只对一名幼儿的一种行为进行计数，可考虑使用手腕计数器。在胶带、卡片或计数器上记录的数据必须在之后被转移到传统的表格中——这又增加了一个步骤。

纵栏。在记录关于单个幼儿的某些类型的信息时，有纵栏的整张纸是很有用的。表 9.10 展示了一个关于幼儿主要发展领域的个人档案的例子。改变纵栏标题，以表明可能在多个项目中被强调的内容领域（例如读写、艺术、科学）或学习过程（例如展示、交流、分类）。这个表格适用于简短的记录或速记。

其他帮助

计算机。计算机可以快速生成网格、检核清单和其他表格。它们能够保证班

表 9.10　单个幼儿的纵栏记录表样本

朗维尤早期教育中心

幼儿＿＿＿＿＿　　　　　　　　年份＿＿＿＿＿
（对每一条目标记首字母和日期）

个人/社会	口头语言	书面语言	学习过程	知识基础	大肌肉动作技能	精细动作技能

级名单是最新的且按字母排列，这样教师可以将其打印在常用表格、图表和地址标签上。计算机也可以储存来自数码相机的图像及汇编完善、可以打印的纸质图表的备份。计算机和平板电脑程序可以让教师直接输入观察信息（见第六章）。

相机和音频以及视频设备。相机和音频以及视频设备是捕捉幼儿信息的强有力工具。在学期开始前，教师应该找出他们是否有这些设备。如果有的话，哪些设备能够放在教室里以供使用。那些不会使用设备的教师可以开始学习用手机或平板电脑拍照，以及将这些照片传输到计算机中以供编辑和打印，然后学习使用另一种工具。每年学习使用几种工具能够迅速地增强教师的自信和技能。如果教师能将这些工具存放于教室里，那么它们会是最有用的。

低技术解决方案。教师设计了精巧和实用的方法来整理评价。以下是几个教师的点子。

- 写字夹板。拿几个正常大小或一半大小的写字夹板，在夹子上系一根铅笔或签字笔，放入一叠空白表格，这样教师就有一个在室内和户外均可以使用的便携式记录表了。像铁箱一样的写字夹板有储存空间，可以在里面放额外的纸张、表格、签字笔或铅笔。将写字夹板挂在墙上或柜子的末端，教师可以随时取用，而它们又不会挡道。准备一两个多余的写字夹板供幼儿使用。在某些教室里，每名幼儿都有一个一半大小的写字夹板，以记录项目工作、实验和其他学习。
- 便利贴、标签和有颜色的点。使用便利贴和胶纸标签书写关于一名幼儿或幼儿小组的短小笔记十分方便。一些教师会使用印有幼儿名字的计算机标签纸，这为你是否对每名幼儿都进行了记录提供了一次自动检查的机会。在课堂时间写下笔记，然后将它们粘在对应的作品、文件夹或表格上。使用有颜色的点来识别不同的发展或课程领域。
- 书写工具。将削尖的铅笔或工作用笔放在空白表格和索引卡旁边。有些教师把笔系在长羊毛圈上并戴在脖子上，或将笔别在腰带上，或穿能放纸和笔的罩衫、围裙或衬衣。如果有颜色的签字笔或铅笔被用来标记不同的发展或学习领域以及需要特定经验的幼儿，要确保有足够的物品。
- 橡胶印章。使用橡胶印章来迅速为幼儿的作品或教师的记录标注日期。如果打印的表头并不可行,那么橡胶印章可以将同样的信息印在任何尺寸的纸或卡片上,或者印在一张照片的背面。

- 计数器和计时器。计数器、秒表和计时器在对行为计数和计时时十分有用。手腕"计数器"在大多数教师的资料室中都能够找到。
- 自我报告。如果幼儿要标记自己在幼儿园或活动中的参与情况,他们需要合适的表格。表9.9展示了一份高效的表格。当幼儿还在学习认识自己的

表9.11 幼儿报告参与的表格样本

幼儿姓名_____			周_____		
	周一	周二	周三	周四	周五
画画					
积木					
计算机					
角色扮演					
语言游戏					
操作					
阅读/听写					
写作					
科学					

名字时，可在名字旁边使用符号或图片。在每个中心分别增加支持并改变幼儿的名单——对于年轻的幼儿需每天改变，对于能够处理每天不同标题的年长的幼儿可一周改变一次。为了追踪每名幼儿的活动，准备如表9.11所示的表格，让每名幼儿每天完成。幼儿也可以写下他们的名字或首字母来报告参与情况，如表5.12所示。改变列表以匹配教室和户外游戏区域的主要区域。年长的幼儿需要充足的纸张和工具来记录他们所完成的事。日记纸张、阅读日志表格和成长档案袋项目的条目纸片都应该被准备好。

总　　结

教师可以通过计划活动将评价整合进教学中，这样他们就有时间评价、逐步进行评价、保持条理性和限时性、让评价成为课堂生活的一个常规部分及寻求其他人的协助。评价计划用于记录关于评价内容、何时评价和如何进行评价的决定。首先识别评价的目的，然后决定评价的内容和时间。识别一些可能的评价窗口和记录程序。在设计每天、每周的材料和活动时，参考评价计划。随着活动的进行，教师可以回顾并调整计划。

为系统性储存关于幼儿的信息准备并整理文档、表格和其他需要的帮助，以使课堂评价更加简单。选择归档系统和模式，以匹配信息收集的目的、幼儿的年龄和发展水平、学校和幼儿园的预期及教师的个人偏好。

进一步学习与讨论

1. 斯坦利老师想要评价在他的课堂中，幼儿如何交流并将语言作为工具使用。描述这一评价如何能够被整合进每天的生活、户外和教师与幼儿互动的常规中。以上情境中哪一个最佳？为什么？
2. 丹老师想要评价她所在幼儿园的幼儿对书籍的熟悉程度。当幼儿自己工作或游戏时，或者当她与幼儿进行互动时，她会将对这些技能的评价整合进每天的生活常规。以上情境中哪一个最佳？为什么？
3. 设计一个针对幼儿社会发展的评价计划。使用"附录A"，识别两项对

3岁和4岁幼儿适宜的技能。将记录幼儿进展作为目的,填写评价计划,给出两种适宜的评价窗口。哪些评价程序最佳?为什么?

推 荐 阅 读

Almy, M., & Genishi, C. (1979). *Ways of studying children*. New York: Teachers College Press.

Bennett, J. (1992). Seeing is believing: Videotaping reading development. In L. Rhodes & N. Shanklin (Eds.), *Literacy assessment in whole language classrooms*, K–8. Portsmouth, NH: Heinemann.

Helm, J. H., Beneke, S., & Steinheimer, K. (2007). *Windows on learning*. New York: Teachers College Press.

National Education Association. (1993). *Student portfolios*. West Haven, CT: Author. Stenmark, J. K. (Ed.). (1991). *Mathematics assessment: Myths, models, good questions, and practical suggestions*. Reston, VA: National Council of Teachers of Mathematics.

第三部分

课堂内外

第十章

标准化测验：幼儿教师应该了解的内容

（拍摄者：Cheryl Casey/Shutterstock）

译者导读

标准化测验是具有规范的标准,各个环节按照系统的科学程序组织对误差做出严格控制的测验。标准化测验是一个系统化、科学化、规范化的测验过程,它包括了全过程的标准化,即按标准确定测验目的和计划,实现项目的编制标准化、测验管理标准化、评分计分标准化、分数解释标准化等[1]。

在你开始阅读本章内容之前,请先思考以下五个问题:具有标准化程序的评价和标准化测验之间的差别是什么?标准化测验有哪些局限和不足?标准化测验的类型有哪些?幼儿教师在标准化测验中的角色如何?用于测量幼儿学习机会的标准化工具具体指什么?

作为一名幼儿教师,了解并掌握标准化测验,对于进一步深入理解课堂评价、有效发挥标准化测验的积极作用、规避其消极影响具有重要意义。本章内容主要围绕"**标准化测验的基本理论**"这一主题展开论述,共分为五节。

- 第一节主要说明标准化测验与具有标准化程序的评价之间的差异,包含标准化测验的定义和已出版的非标准化测验和评价工具(在本书中,标准化测验被**定义**为:根据特定心理测量学标准和指导建构的测验)。
- 第二节分析标准化测验的**局限和不足**(技术和教育上的不足、过度使用和错误使用、对多样人口的不适宜性、对教育的过度影响)。
- 第三节介绍标准化测验的**类型**(标准化成就测验、标准化才能测验、标准化筛查和诊断测验)。
- 第四节讨论了**幼儿教师**在标准化测验中的**角色**(了解标准化测验是否可信和有效、执行标准化测验、解释不同类型的测验分数、解读标准化测验结果)。
- 第五节展示用于测量学习机会的标准化**工具**[幼儿学习环境评量表——修订版(ECERS-R)、早期语言与读写课堂观察工具(ELLCO)等]。

---

[1] 陶西平.教育评价辞典 [M].北京:北京师范大学出版社.1998:291-292.——译者注

第十章 标准化测验：幼儿教师应该了解的内容

本章的目的是帮助幼儿教师掌握标准化测验的基本理论问题（即定义、类型、局限与不足、工具），并妥善处理其在标准化测验中的角色问题，从而在课堂评价的过程中，合理使用标准化测验，发挥其最大的价值（参见表10.1和图10.1）。

表 10.1　标准化测验的基本理论

标准化测验：幼儿教师应该了解的内容				
标准化测验与具有标准化程序的评价之间的差异	标准化测验的局限和不足	标准化测验的类型	幼儿教师在标准化测验中的角色	用于测量学习机会的标准化工具
标准化测验的定义（根据特定心理测量学标准和指导建构的测验），已出版的非标准化测验和评价工具	技术和教育上的不足、过度使用和错误使用、对多样人口的不适宜性、对教育的过度影响	标准化成就测验、标准化才能测验、标准化筛查和诊断测验	了解标准化测验是否可信和有效、执行标准化测验、解释不同类型的测验分数、解读标准化测验结果	幼儿学习环境评量表——修订版（ECERS-R）、早期语言与读写课堂观察工具（ELLCO）等
帮助幼儿教师掌握标准化测验的基本理论问题（即定义、类型、局限与不足、工具），并妥善处理其在标准化测验中的角色问题，从而在课堂评价的过程中，合理使用标准化测验，发挥其最大的价值。				

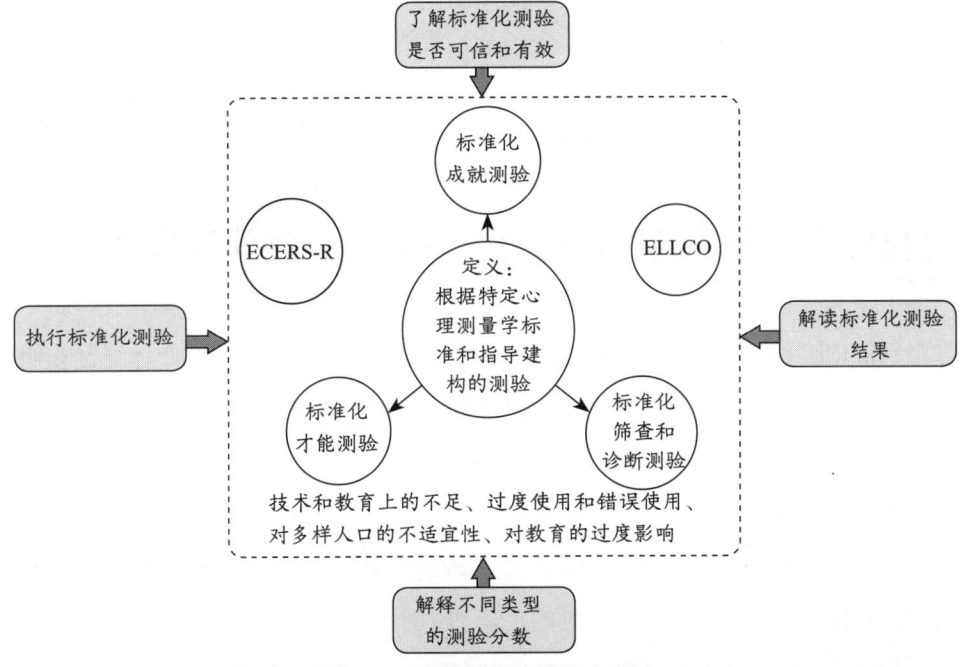

图 10.1　标准化测验的基本理论

> ☑ **学习成果**
>
> 1. 解释具有标准化程序的评价和标准化测验之间的差异。
> 2. 描述幼儿教育中针对标准化测验的批评的主要观点。
> 3. 按照测验目的和参加测验的学生类型比较主要的标准化测验类型。
> 4. 解释幼儿教师可能被预期在他们的教育项目的标准化测验中完成哪些部分。
> 5. 描述旨在测量幼儿学习机会的标准化工具。

教师在课堂中的主要角色是提供指导。为此，教师需要使用评价来指导课堂决定并监控教学是否有效。"为教学进行的评价"是至关重要的，教师也要参与标准化测验——它与我们此前在本书中讨论的评价类型都不同，是独立于所述评价类型的事物。由于标准化测验被用于更广泛的目的，所以这些针对年轻幼儿的测验的使用也发生了一些改变。标准化测验用于测量幼儿是否朝着州和国家标准进步，或检测幼儿对必备的读写技能的掌握情况。总的来说，在学前班和一、二年级中的标准化测验越来越常见。这些变化引发了测量专家和幼儿教师的很多忧虑。因此，现在比任何时候都更重要的是，教师要了解标准化测验，这样他们才能确定这些测验被以正确的方式使用和解读。本章描述了标准化测验以及幼儿教师应该了解的关于标准化测验的内容。

具有标准化程序的评价和标准化测验之间的差异

"标准化"一词意味着一项评价的步骤对于每一个受到评价的个体都是相同的。每个人都会被问相同的问题或被要求以同样的方式做同样的事。标准化程序包括让幼儿使用同样的剪刀和纸张沿着一条线剪切、沿着曲线剪切，然后剪出一个图形。教师可以让幼儿拼写同一张列表上的单词或回答相同的数学问题。在教师想要对不同时间的一个表现和另一个表现进行对比时，标准化步骤十分有用。这样的步骤允许教师对幼儿在 1 月的表现和 5 月的表现进行对比，或对一名幼儿的表现和另一名幼儿的表现进行对比。如果未使用标准化步骤，那么测量幼儿的进展会非常困难。例如，在 3 月时伯尼使用的是儿童剪刀，而到 9 月他就可以使用成人剪刀了。当他的教师比较这两个样本时，她无法分辨伯尼表现中的变化是因为他习得了剪切的技能，还是因为剪刀不那么笨重。如果她在两次评价中使用了相同的剪刀和相同的纸张，那么伯尼的第一次和第二次表现之间的差异就能够归因于小肌肉动作技能的发展。

很多已出版的每天在课堂中使用的清单和检核清单都有这样的标准化步骤。通过在拼写测验中给幼儿同一组单词，或让幼儿在开学第一周画一幅自画像，教师能够使他们的评价标准化。一项评价可以含有标准化程序，但它不是"标准化测验"。

标准化测验的定义

标准化测验是有具体特征的测验。它的建构遵循一套具体的统计和心理测量指南，该指南在《教育与心理测验标准》(*Standards for Educational and Psychological Testing*, American Educational Research Association, American Psychological Association, & National Council on Measurement in Education, 2014)中有所描述。标准化测验会附有一份测验手册，该手册给出了关于测验是如何建构、用于研发积分系统的人口统计学档案，以及该测验的信度和效度是如何确定的信息。大多数标准化测验是由商业测验公司出版并出售的。但是，并不是所有已出版的评价工具都经历了能够使它们成为标准化测验的严苛过程。

标准化测验通常有一套计分系统，将个体的分数与特定人口的分数进行比较。特定人口可以是所有一年级阅读者、掌握加法的幼儿或 2.5—5 岁的幼儿园幼儿。根据结果的分析和报告方式，测验是常模参照或标准参照的。在常模参照标准化测验中，幼儿的分数与用于设计该测验的人口的平均分数相比较（例如学前班幼儿的平均分数）。标准参照标准化测验使用一套确定的表现标准，而不是一群人的平均分数。标准参照测验允许对学生的表现水平与预先建立的水平进行对比。例如，汤米在二年级数学内容领域标准中是"部分精通"的水平。在这种情况下，人口群体使用的是确定精通程度的临界分数，而不是幼儿分数的对照组。

标准化测验手册描述了使用该测验的具体程序——准确地描述了教师应该如何进行该测验。偏离这些指导可能会损害测验的完整性。测验中的特定部分或整个测验可能会计时,这样所有幼儿都会有相同的时间限制。所有在测验中使用的材料都要被识别,甚至连教室安排也可能要被描述,例如幼儿坐在哪儿或布告板等正常教室里的东西是否要被遮盖。幼儿以特定的方式做出回应,例如在"泡泡"中填写、圈出答案,或在特制的表格中书写。一些幼儿的标准化测验需要幼儿在计算机上作答,使用触摸屏或触摸板,这使测验的进行更加标准化,因为计算机会自动操作和处理下一个问题之前的时间及问题的重复模式。教师对这类测验有更少的影响。很多标准化测验有特定的安全需要,这样就没有人能够在使用前后查看测验。

已出版的非标准化测验和评价工具

很多知名且广泛使用的已出版的清单和检核清单并不符合标准化测验的要求。例如,观察工具和与特定课程相联系的单元末测验或用于阅读教学中失误分析的检核清单,可能会给出在评价中使用的年龄范围和(或)一些标准,但它们缺少信度和效度信息并通常含有非标准元素,如:对每名幼儿使用不同的书籍;在游戏中评价一名幼儿的口头语言,而在点心时间评价另一名幼儿的口头语言。

一项测验或工具出现在教科书中或已在互联网上出版,并不意味着它在信度方面达到了标准化测验的技术标准。这并非对这类课堂评价的中伤;而只是为了强调它们并不是标准化测验,且对它们的解读应该将这一因素考虑在内。

标准化测验的局限和不足

标准化测验由于其不适宜的评价而成为很多批评的焦点。批评家针对的是测验在技术和教育上的不足、过度使用和错误使用、对多样人口的不适宜性及对教育的过度影响。

技术和教育上的不足

很多为幼儿指定的测验并没有达到《教育与心理测验标准》(American Educational Research Association et al., 2014)中描述的技术标准。标准化测验在教育上的不足源于测验的研发基于过时的关于幼儿学习内容和学习方法的理论（Shepard，2000）。很多标准化测验的建构基于"对幼儿孤立的技能要素的测验就是其最终表现的最佳指标"的观点。这一观点与当前的知识相悖。当前知识强调幼儿积极地建构知识，孤立地对技能进行测验可能并不能成为最终表现的指标。支持维果茨基理论的人甚至会进一步说，当幼儿被要求独立地执行一项任务时，测验只能提供幼儿表现的一部分图像。为了获取完整的图像，幼儿应该在教师提供多种提示和线索的情境下接受测验，例如在动态评价中接受测验（Bodrova & Leong，2006）。

过度使用和错误使用

教育机构和个人在测验和进行测验上花费了巨大数量的时间和金钱——这些金钱可能能够用在其他方面。据估计，二年级幼儿每年在测验准备和标准化测验上要花费一个月的时间，这浪费了他们宝贵的学习时间。对于测验的错误使用甚至会使幼儿花费更多的时间。幼儿可能会因为测验结果而被置于错误的教育项目中，或被拒绝给予教育机会，这使得测验成了一项高风险评价。一个明显的例子是为了决定幼儿是否留级而使用测验。当前的研究表明，留级对幼儿的发展并没有积极的效果。对于留级和升入下一年级的幼儿的44例研究的元分析表明了一致结果——被留级的幼儿并没有因为多留一年而获得明显的优势（Holmes & Matthews，1984）。另外，留级对幼儿的自尊和动机都有负面影响。测验可能会导致幼儿被置于某种类别中，或以并不能促进他们发展和学习的方式被贴上标签。

对多样人口的不适宜性

强有力的证据表明，测验和测验程序对于很多幼儿都是不公平的。这些幼儿包括贫穷的幼儿、来自中产阶级家庭之外且属于非多数种族背景的幼儿、英语学习者、发散且有创造力的思考者以及几乎任何你想要进行调查的族群（Abraham, Hartwell, & Marston, 1985; Fair Test, 2012; Kamii, 1990; National Association for the Education of Young Children, 1988; Perrone, 1991; and many more）。

找出适合英语学习者读写或入学准备的标准化测验是很困难的。如果幼儿无法理解读写测验中的指示或问题，那么测验的分数就无法代表幼儿对读写知识的掌握；它所测验的是幼儿的英语熟练程度。研究表明，英语学习者需要4~7年的时间才能掌握"教育水平"的英语，即掌握在测验中使用的英语类型（Hakuta，Butler，& Win，2000）。幼儿可能能够参与课堂中的日常对话，但并不了解测验中使用的语法或词汇。很多幼儿不能使用他们的母语进行测验，因为测验设计者并没有设计出例如波斯语或印地语版本的测验。必须找出有相同使用水平的单词、指示、概念和词汇，以使测验相当。即便测验以幼儿的母语进行，以西班牙语为例，测验也可能会以西班牙语的一种特定方言写出；例如，使用"墨西哥方言"而不是"危地马拉方言"。此外，即便幼儿熟悉该方言，测验仍旧存在一些问题。测验使用"教育水平"的西班牙语，而不是通俗的西班牙语，只有在幼儿接受西班牙语教授的概念时，他们才能熟悉测验中的词汇。因为这一原因，很多幼儿在同一测验的英语和西班牙语版本中都只能获得不好的分数，在两者中幼儿都缺失了不同的项目。

年幼的幼儿参加任何类型的测验都有困难，即便是由有专业技能的心理学家进行的个人测验（Bagnoto，2007）。幼儿可能不理解为什么要进行成人的"游戏"，特别是当他们与陌生人一起处于陌生的环境中时（Kamii，1990）。他们参加小组并接受纸笔测验格外困难，因为幼儿很容易分心、感到无聊或不自在；他们在遵循指示上也有困难——做出标记或填进"泡泡"作为回应。有些幼儿可能会做出愚蠢的行为或拒绝参加测验。传统测验对有特殊需要的幼儿来说格外不合适——而他们正是使用这类测验最多的人群（Bagnato，2007）。

一次性的测验并不适合幼儿的成长方式。幼儿的发展和学习并不是匀速的，而是存在激增和后退。有些幼儿可能突然"恍然大悟"，并获得预期外的领悟。有些幼儿取得了微小的进步，但没有什么测验足够敏感到能够探察出这些进步，然而该幼儿的进步是真实且有意义的。

对教育的过度影响

教师知道人们会基于幼儿得分的高低对他们进行判断，因此他们会为了适应测验而对教学进行调整，即便教学内容不一定是最有价值的。教师通常会在无意识状态下做出这种调整，这使课程内容变得狭隘和扭曲，使其只包含那些服从于测验或能够实现测验目的的项目（Meisels，Steele，& Quinn-Leering，1993；

Shepard & Graue，1993）。3月或4月这样早的测验时间——有时是学期结束前整两个月的时间段——会对调整教学造成额外的压力。全国范围内使用的测验可能并不适合当地的课程。至少，教师必须花费额外的时间教授幼儿测验技能，例如按照顺序回答问题、不漏题、仔细阅读（或听）指示、注意时间、准确地标记等。

在参加特定的标准化测验时，可能也会有一些特定的与之相关的技能。例如，有些测验会为了校准幼儿的猜测，让其从正确答案的数量中减去错误答案的数量。在这类测验中，幼儿只应该标记那些他们很确定答案的问题。在另一些计时测验中，幼儿的策略可能是快速回答那些他（她）知道答案的问题，然后在测验最后再去回答他们不确定的问题。

测验通常是学业问责制的主要方法——学校或幼儿园向赞助人报告学校或幼儿园的进展情况。测验的分数用于比较各学校、各学区、各州、各种族，以及当前一年与之前年份——作为一种判断质量和有效性的方法。这种比较会导致对测验性质的扭曲和误解，就像盖瑞森·凯勒幽默地对虚构的小镇乌比冈湖[1]中"都在平均水平以上的幼儿"的举例一样。测验分数会以准确的数字报告，这导致了一种"准确的错觉"（Lidz，2003）。

但是，并没有人会废除使用所有测验，即便是对于年幼的幼儿。对于可校正的身体问题、发展延迟或其他将幼儿置于在学校里失败的高风险中的因素的早期筛查和识别，能够让很多幼儿接受适当的治疗（Meisels et al.，1993）。个人临床测验为指导重要决定提供了宝贵的信息，例如幼儿是否有特殊需要（Cronbach，1990）。另外，测验可能是评价特定类型的学习的最佳方法，例如测评关于特定话题的基础知识（Stiggins，1995）。大多数幼儿教师提倡延迟使用小组化管理、标准化测验、多项选择、常模参考等测验，直到幼儿进入三、四年级，并停止使用导致幼儿延迟进入学前班或小学的测验（NAEYC & NAECS/SDE，2003）。

---

[1] 乌比冈湖（Lake Wobegon）是盖瑞森·凯勒（Garrison Keillor）在电台节目中虚构的小镇。他将其描述为明尼苏达州中部的一个乡村小镇。——译者注

标准化测验的类型

标准化测验可以分为三大类：成就测验、才能测验及筛查和诊断测验。这三种测验被教育心理学家和研究者使用，但在实际应用中，它们之间的界限是模糊的。入学准备测验就是一个很好的例子。它们是才能测验，旨在预测幼儿未来的表现，但经常用于评价幼儿在教育项目中已经学到了什么，这是成就测验的目的。对于任何测验，教师都不应该进行无效的解读或超出该测验旨在展现的内容的解读。

标准化成就测验

标准化成就测验一般来说旨在测量幼儿在学校里学习到了什么，或在某一特定领域（例如阅读或数学）学习到了什么。这些测验中的项目选择的是幼儿在特定年级水平时应该学到的知识的典型样本。成就测验的设计是通过选出某一年级最常用的课本和课程材料中的概念和事实完成的。测验设计者采用各自课程领域中的内容专家团队来设计测验项目。然后，这些项目会被用于该年级更大的学生样本中。一些有名的成就测验的例子包括：TerraNova 第三版（CTB/McGraw Hill，2011）、爱荷华评价（The University of Iowa，2012）（此前被称为爱荷华基本技能测验或 ITBS）以及斯坦福成就测验（或"斯坦福 10"）(Hartcourt Assessment Inc.，2003）。州标准测验，例如科罗拉多学生评价表现测验或纽约会考测验，使用州人口作为常模，州标准作为项目的基础。

成就测验用于展现幼儿是在州或国家的平均值之上还是之下，并为学校提供"报告卡"。这种使用未必正确。尽管对幼儿与同年级其他幼儿相比的表现进行测量十分重要，但是幼儿在成就测验中的分数只是该幼儿知识的一次快照，可能并不是对于他（她）真正知识的准确估计。除非幼儿的课堂经验与研发该测验的课程相匹配，否则分数可能并不是幼儿成就的相关指标。分数与展示幼儿知识的相关性也取决于幼儿的特征是否与那些标准化测验设计者的目标人群相同。幼儿与设计者的目标人群越相似，分数就越可信。撇开这些问题，成就测验能够让教师了解一名幼儿是否与国家其他地区相似的幼儿具有相同数量的知识。

标准化才能测验

标准化才能测验或能力测验，旨在预测幼儿在特定训练领域或某一职业领域的未来表现或成功。它们经常被用于项目人员安排、职业选择或测量一般智力技能，例如智力或智商（智力商数）测验。在幼儿教育课堂中，入学准备测验是能力测验的例子，例如大都市入学准备测验（MRT-6）（Nurss & McGauvran，1995）。为幼儿设计的智商测验包括：韦氏幼儿智力量表（WISC-V）（Wechsler，2014）、韦氏学龄前儿童智力量表（WPPSI）（Wechsler，2012）、麦卡锡儿童智能量表（MSCA）（McCarthy，1972）和斯坦福－比奈（Stanford-Binet）智力量表（Roid，2003）。

关于才能测验及其在幼儿教育中的应用存在相当多的争论。只进行一次测验可能连幼儿的能力都无法指明，更别提他（她）的潜在能力了。很多心理测量专家提出，才能测验和成就测验几乎没有什么差别，因为两者实际测验的都是幼儿的当前知识水平（Anastasi & Urbina，2009；Bracey，2002）。如同我们在第二章中讨论的，只基于一次测验而不考虑多种评价方式的结果而进行高风险决定是危险的。另外，一些测验（例如阅读准备测验）的预测能力被很多心理测量专家攻击（Shepard & Smith，1986），因为这些测验并没有遵循建构测验的严苛指南。很多组织不建议只使用标准化才能测验来决定入学准备或阅读准备。才能测验的分数最多只是可以被使用的一份信息。

标准化筛查和诊断测验

标准化筛查和诊断测验，有时被称为发展筛查测验，用于识别幼儿是否处于可能的学习问题或有障碍的状况的风险中。它们通常被作为一系列评价的第一步。发展筛查测验中的项目通常比较广泛——调查大小肌肉协调性、感知、语言和认知发展的能力，因为这些测验并不需要特殊教育中的正式培训，所以它们可以供课堂教师及其助教进行使用。通常使用的发展筛查测验包括：丹佛 II（原丹佛发展筛查测验或 DDST）（Frankenburg & Dodds，1992）、麦卡锡筛查测验（MST）（McCarthy，1978）、学习评定发展指标（DIAL-3）（Mardell-Csudnowsky & Goldenberg，1998）及早期筛查清单（ESI-R）（Meisels，Marsden，Wiske，& Henderson，2008）。

筛查测验也用于识别可能对学习阅读有难度的幼儿。早期基本读写能力动态指标（DIBELS®）（Moats, Good, & Kaminski, 2003）和语音意识读写筛查评价（PALS）（Invernizzi, Juel, Swank, & Meier, 2004; Invernizzi, Sullivan, Meier, & Swank, 2004）有针对学前班到小学幼儿的不同版本。DIBELS 和 PALS 每年进行三次测评，以确定幼儿获取读写能力的速率及幼儿是否处于无法阅读的危险中。阅读准备测验（Whitehurst & Lonigan, 2001）旨在对 4 岁幼儿进行测验。阅读准备测验可以在网上获得，并可以由家长和教师进行。以上三种测验都给出了建议活动，以帮助幼儿学习所测验的知识和技能，但它们倾向于建议一种特定的教授读写的方法。确保这些评价不会限制幼儿的学习机会。尽管这些测验是作为筛查测验研发的，但是这些工具经常用于测量幼儿教育读写干预的有效性。教师要注意：这些测验并不能取代发展筛查。

诊断测验旨在确定幼儿可能存在的特定困难。它被用于计划干预。经过干预测验、解读和使用测验信息培训的人可以进行诊断测验。这种测验要限定那些参加过特殊培训或有特定学位的教师。在大多数情况下，进行诊断测验的人是特殊教育教师、学校心理学家、语言病理学家或职业疗法专家。课堂教师很少参与诊断测验，但他们可以参与执行基于测验结果的推荐活动。诊断测验的例子包括语言听力理解测验（TACL-4, Carrow-Woolfork, 2014）和伍德考克－约翰逊教育心理测验（WJ-IV, Schrank, Mather, & McGrew, 2014）。

幼儿教师在标准化测验中的角色

在幼儿教师的职业生涯中，他（她）一定会以某种方式参与标准化测验。教师可能会参与一个委员会，以选择一项可以在学校项目中使用的测验。他们可能需要执行测验或监督其他执行测验的成人，可能要为幼儿进行测验准备，以确保测验情境不会对幼儿的表现造成负面影响。在很少的情况下，教师可能要对测验计分。（大多数测验会被送去计算机中心进行处理，教师不必对其计分。）他们也可能要向家长和幼儿解释测验分数的含义。

接下来的这一部分描述了课堂教师通常需要了解的关于标准化测验的内容。为了选择一项测验，教师必须了解如何确定它是可信和有效的。他们必须知道如何执行一项测验以及在执行测验时可能的陷阱。他们也必须知道如何解释不同类型的测验分数。教师会被要求向自己和家长解读这些分数。在"总结"部分的末尾有"来自作者的注释",它能够帮助教师增加关于这些概念的知识。

如何确定标准化测验是否可信和有效

为了确定一项标准化测验是否符合美国教育研究协会、美国心理学协会和国家教育评价委员会的标准,在《心理测量年鉴》(Carlson, Geisinger, & Jonson, 2014)、《测验评价》(Keyser & Sweetland, 2006)或《特殊学生的评价》(Taylor, 2008)等图书以及相关网站中寻找对测验的评价。测验出版者在测验手册或测验统计报告中描述了可获取的信息,以帮助人们在获取信息的基础上做出关于测验的决定。选择一项测验可以和买车相比较;你不需要了解关于汽车机械的所有知识,但你必须是一个开明的顾客,以做出正确的决定。同样,教师不需要成为心理测量专家,但他们要知道信度和效度的概念是如何应用于标准化测验的,因为这两者是决定一项测验是否是优质测验的主要标准。并不是所有已出版的测验都是优质测验。回顾信度和效度的一般定义,请见第二章。

应用于标准化测验的信度。优质测验的第一个主要标准是,结果分数是准确或可信的。测验设计者通过提供对分数中"错误"的统计学估计和进行信度研究证明一项测验是可信的。测验评论和测验手册都含有关于这些研究的信息(包括研究使用的人口统计学特征)。

为了理解信度是如何确定的,首先需要介绍三个心理测量学概念:真实分数、置信区间和测量的标准误差。如需更多关于这三个概念和如何将其计算出的信息,可参考关于测验和测量的图书。当教师对幼儿进行测验时,他们希望幼儿在测验中的表现能够准确代表他们在所测验领域中的真正知识和能力。但是,所有的测验分数都只是对幼儿真实能力的不完美快照。一些"误差"会出现在幼儿的实际分数(即实得分数)中。实得分数中的误差可能是由于幼儿对某些项目进行了猜测并得到了正确答案,在这种情况下,幼儿很幸运,但他并不真正理解测验材料。因此,实得分数是对幼儿真实知识的高估;它将幼儿并不真正理解的内容包括在内。在另一种情况下,一名幼儿可能具备所需的知识和理解,但因为某种原因没能选择正确的选项,这种误差可能是由幼儿的疲劳或在部分测验中注意力衰退导致的。在这种情况下，幼儿的错误并不是由缺乏知识造成的，因此实得分数低估了幼儿的真实知识。"真实分数"这一术语用于描述代表幼儿真实知识水平且没有误差的分数——既没有对幼儿的知识和能力的高估，也没有对幼儿的知识和能力的低估。在假想情况下，如果教师能够对同一幼儿多次进行同一测验，那么这种真实分数是可以达到的。最终，在多次测验后，误差会被均衡，而这些测验的平均分就会是幼儿的真实分数。但是，幼儿只会进行一次测验，所以心理测量专家需要使用实际分数或实得分数来估计真实分数。

标准测量误差（standard error of measurement，SEM）是实得分数与真实分数间差异的统计学近似值——对"误差"的估计。标准测量误差越小，由误差造成的变量就越小，分数就越可信；相反，标准测量误差越大，由误差造成的变化就越大，分数就越不可信。如果教师知道给定测验的标准测量误差，那么他（她）就能估计出每个实得分数的置信区间。实际分数的置信区间包含了假设的真实分数。例如，如果标准测量误差是 5，而幼儿在一项测验中的实际分数是 125，那么教师可以说幼儿的真实分数很可能落入 120—130 的置信区间。真实分数分布在实得分数加上或减去标准测量误差后得到的分数段中（见图 10.2）。"真实分数""置信区间"和"标准测量误差"这几个概念表明，幼儿的分数只是对幼儿能力的估计且总会包含"误差"。在向家长解读幼儿分数或决定一项测验是否足够可信以供使用时，教师应该将这一点铭记于心。

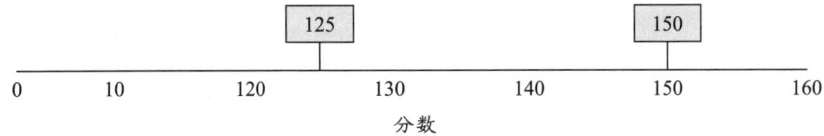

图 10.2　置信区间（标准测量误差 =5，两个实际分数为 125 和 150）

确定信度有四种方式：重测信度、复本信度、分半信度和内部一致性信度。在重测信度方法中，对在不同时间给予同一个人的测验进行对比。如果测验是对表现准确、可信的测量，那么一个人的分数不应该有很大的差别。在常模参照测验中，对一名特定学生在第一次测验中的排名和他（她）在第二次测验中的排名进行比较。在标准参照测验中，对学生在第一次和第二次测验中的分数进行比较，而不是将该学生和其他学生的排名相比。为了确定测验究竟有多可信，以相关性——一种统计学中对两次测验间关系的强度的测量——来计算。相关性越趋近1.0，测验越可信。0.80~1.0的系数是标准化测验信度的可接受水平指标。两次测验之间的相关性和时间间隔也应该在测验报告中有所表述。时间间隔越短，两次测验间的相关性可能越高，因为学生记得测验项目，这会导致重测信度数据不那么有意义。

第二种确定信度的方式是复本信度方法。在复本信度中，测验设计者设计出同一测验的两种格式，它们尽可能地同等，使用同类型的问题并涵盖同样的内容。信度通过关联两种格式的测验分数得到确定。同样，对于常模参照测验，两种格式之间的相关性应该很高；对于标准参照测验，学生在两种格式的测验中的分数应该相似。在复本信度方法中，测验格式之间的时间间隔不那么重要，这与重测信度有所不同。

信度也可以通过使用分半信度和内部一致性信度的方法确定。在分半信度中，测验设计者将测验分成两半，然后对它们进行比较。由于测验的安排方式，使用分半信度方法可能会很复杂；在某些情况下，测验必须要被按照部分进行分割，而不是使用更为常用的对奇数项项目和偶数项项目进行比较。分割测验和比较两部分相关性的方法也应该在测验手册中有所表述。内部一致性信度是用统计学公式计算得出的，这些公式过于复杂，这里不予讨论，你可以在测验和教育测量的介绍性书籍中找到它们。

应用于标准化测验的效度。优质测验的第二个主要标准是，它是有效的（见第二章）。除了展现测验是有效的以外，测验设计者或测验评论者也描述了用于确认测验效度的方法。对于测验的效度，有两种主要的威胁。第一种是效度并未按照标准确立（American Educational Research Association et al., 2014），第二种是测验被用于设计初衷以外的目的。使用标准化筛查测验来测验课堂中的成就不是一种有效的使用，使用成就测验来诊断学习问题也不是一种有效的使用。因此，效度不仅受测验建构方法影响，也受其使用方法影响。

效度有几个类型：内容效度、效标效度（同时效度或预测效度）和结构效度。内容效度是测验涵盖所测验领域中典型行为样本的程度。建立内容效度的方法应该在测验手册或评论中有所描述。主题专家经常检阅评价项目，以确立内容效度。专家的数量、他们的资质以及这些专家是否同意彼此的意见都应该被表述。确保测验项目是所测验领域中的典型的程序也应该被描述。对于成就测验，测验手册应该注明咨询专家的日期和在测验设计中使用的课堂材料的出版日期。这是因为特定年级涵盖的内容随着时间的变化也会发生变化（Anastasi & Urbina, 2009）。教师应该对测验设计者通过被接受的程序来确认内容效度感到满意。

效标效度包括同时效度和预测效度，它表明测验是否有效地反映了幼儿的表现。如果这一表现在幼儿接受测验的同时被观察到，那么该测验就具有同时效度；如果表现在幼儿接受测验后被观察到，那么该测验就具有预测效度。这种效度对才能测验有重大意义，特别是当测验用于为教育项目选择个体时（例如入学准备测验）。一种确定效度的方法是在一段时间内对参加测验的幼儿进行追踪。一项阅读准备测验的效度可以通过后续研究得到验证。这一后续研究会追踪那些进入下一年级的学生，并查看那些在测验中取得较高分数的幼儿是否比取得较低分数的幼儿更早地学会阅读。因此，有效的阅读准备测验应该能够预测幼儿在阅读方面的未来成就。同样，如果一项筛查测验具有预测效度，那么在该测验中被识别为有发展延迟风险的幼儿可能会在后续的年级中有更多的延迟。比较一项测验中的分数和另一项被接受的测验中的分数是另一种展现效标效度的方法。那些在一项测验中获得高分的幼儿，在另一项测验中也应该获得高分。

结构效度是外行人最难理解的一种效度。结构效度阐述了一项测验测量其所声称测量的理论属性或特征的程度。是否有一种我们能够识别为"入学准备"或"智商"的属性，这种属性能否被研究并测量？不像高度和重量，很多这样的属性并不能被直接测量，但能够使用其他方法推断出它们的存在。这对于才能测验尤其重要，因为它们会在不同于能力后期所展现的环境中对幼儿的一般能力进行测验（例如，幼儿在接触与学校相关的任务前接受入学准备测验）。结构效度由几种方法确定，一种方法是将测验结果与另一个评价相同理论属性或特征的测验相比较，另一种方法是测验关于高分和低分学生会如何表现或如何展现特征的假设（Anastasi & Urbina, 2009）。

如何执行标准化测验

大多数教师可能会被要求执行标准化测验或监督其他人执行标准化测验。标准化测验规定了如何执行测验、布置教室及如何计分以保证每次测验的执行完全相同。因此，尽可能地遵循所有指导是十分重要的。确保提前阅读测验手册。如果测验手册详细说明了教师要对幼儿说什么内容，那么他（她）应该练习读出指导，直到幼儿能够容易地重复指导。检查幼儿是否有他们需要的所有材料——铅笔、纸张等。如果有一个测验材料套装，那么应检查以确定所有物品都在套装中。如果幼儿共用套装，那么小一些的物品就很容易被遗忘。仔细思考如何回答学生的问题。通常，测验手册会有常见问题和对应答案的例子。

很多教师都记得他们参加标准化测验时的紧张心情。有证据表明，即便是幼儿也会在参加测验时感到焦虑，有时这反映了他们的家长的忧虑（Woolfolk, 2012）。显然，教师必须小心地遵循指导，但同时要保持镇定、充满鼓励，并让幼儿在测验环境中感到舒适。教师的反应可能会影响幼儿的答案，这会危害标准化测验的本质。如果一名测验者给予幼儿大量的赞赏，而另一名测验者十分冷漠，那么幼儿的答案可能更多的是对成人的回应，而不是对测验的回应。测验手册通常包含了关于教师应该做些什么的指导，但如果手册没有给出指导，请遵循以下建议。一般来说，测验者应该保持积极，但不要给出过多的赞赏。微笑、说"可以"和点头是表达接受、积极态度的回应方法。不要说明或暗示一个回应是否正确。对幼儿尝试回答的行为给予认可。当幼儿在一些方面犯了令自己生气的错误时，测验者可以对一个测验项目的难度或教师并没有预期幼儿知道所有的事这一事实进行说明；例如，告诉幼儿"那个问题很难"（Cronbach, 1990）。

让幼儿熟悉测验格式可以减轻焦虑并使测验结果公平。这类辅导不同于为测验进行的教学。测验手册通常伴有特殊的测验准备练习，幼儿可以适应遵循指导和在计分表上做标记。另外，有一些文章可以指导教师（Caluns, Montgomery, & Sarlman, 1999；Chicago Public Schools, 2000）。对格式熟悉可以增加幼儿得出正确答案的机会，因为他们知道要做些什么；这也可以增加幼儿的舒适感。

测验手册也会给出关于猜测的原则。大多数幼儿园和学前班的幼儿（也有很多一年级幼儿），都不能理解猜测的真正含义，并且无论如何他们都会进行猜测。年长一点的幼儿可能会想知道当他们不知道答案时是否应该猜测。但是，如果在阅读测验手册后，原则仍不明确，那么一般的建议是：如果幼儿进行的是"胡乱猜测"，那么该幼儿不应该回答问题；但如果是"有根据的猜测"——即幼儿认为她是正确的，但不肯定——那么她应该继续回答问题并进行猜测。使用练习册，教师可以向幼儿展示如何通过边说边想及读出问题和答案来排除答案。示范一个人如何对测验中的选项进行思考："我知道 B、C 和 D 肯定不正确，那么答案一定是 A。"

如果教师在对一群不熟悉的幼儿进行测验，那么就要在开始评价前花些时间与其建立亲密关系或创造一种舒适感。但是，在大多数情况下，教师可能会对自己教室里的幼儿进行测验——他们了解且与其在一起时感到舒适的幼儿。但是会有教师要对一名他（她）并不很熟悉的幼儿进行测验的情况；例如，如果进入特定教育项目前的筛查是必需的，那么教师可能必须对他（她）只见过一次或两次的幼儿进行标准化测验。即使是在对熟悉的幼儿小组开展工作时，教师执行测验这一事实导致的他（她）在行为上的变化也会使幼儿感到不舒服。教师必须对幼儿解释这些可能性。

如何解释不同类型的测验分数

可能会有几种不同的报告测验结果的方式，例如学校、学区、州报告，以及班级报告和个人档案。学校、学区、州报告旨在向大众展示幼儿与其他幼儿相比表现如何。它们通常按照年级整理，而且并不会识别出每个班级，而是班级的合计。班级报告通常展现一个班级中所有幼儿的分数，测验结果也会以个人分数的形式给出，可能有进展指标，也可能有幼儿表现出弱势的其他技能指标。

测验设计者会在结果中使用不同类型的分数。为了理解这些分数，教师必须理解分数是如何计算出来的，也要理解百分等级、年级当量和标准分数。

分数是如何计算出来的。幼儿在测验中表现的信息会以分数的形式报告，这一分数能够识别幼儿是否达到了一个特定标准或幼儿相对于其他幼儿所处的位置。一开始，幼儿的答案会被计数。这一计数被称为"原始分数"——正确和错误答案的实际数量。有时，原始分数并不是正确和错误答案数量的直接反映，而是对不同答案分配的不同权重的反映。原始分数通常不会被报告，因为它并没有什么意义，除非将其与一套标准或与其他参加该测验的幼儿的分数相比较。因此，原始分数会被转换成另一种分数。对于标准参照测验，转换后的分数表明幼儿是否达到了该标准中特定水平的熟练程度。对于在成就测验中占比很高的常模参照测验，原始分数会被转换成以下三种分数中的一种：百分等级、年级当量或其他等级分数。

为了理解常模参照分数，我们必须了解心理学家是如何确定常模参照计分系统的。这些计分系统基于正态分布的理念，正态分布也被称为正态分布曲线或钟形曲线。正态分布曲线有着重要的数学特性，并被作为统计学分析的基础，它们也被用于建立计分系统。当很多人参与一项测验时，他们的分数倾向于落入一种分布或群组，在该分布中很少人表现得极好或极差，大多数人的得分落入中等范围。正态分布曲线是对称的，中间有一个单独的峰值（见图10.3）。

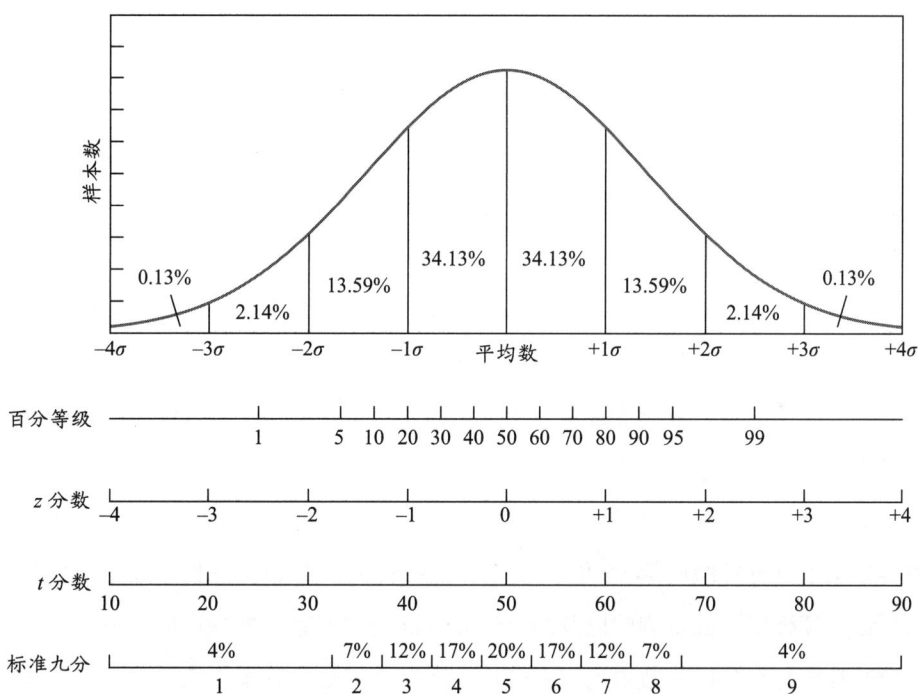

图10.3 正态分布曲线（σ=标准差）中百分等级和标准分数（z分数、t分数和标准九分）之间的关系

若干统计学术语可以描述测验分数的分布形状，特别是正态分布。最常用的数据可以告诉我们关于分布的以下两个典型特征。

- 最典型的分数是什么？这些数据被称为集中趋势。
- 其他分数与这个典型分数的差别有多大？这些数据被称为变异量数。

标准集中趋势由平均数、中位数和众数描述。平均数是平均的分数。中位数是位于分布正中间的分数。众数是出现次数最多的分数。在正态曲线中，平均数、中位数和众数是同样的分数。

除了集中趋势外，分数有所差异的方式还可以用标准差（SD 或 σ）描述。标准差描述了分数分布与平均数相比的变化：在正态分布中，68.26% 的分数落入平均数上下 1 个标准差的范围内；另一种表达方法是，68.26% 的分数距平均数是 $+1SD$ 和 $-1SD$。图 10.3 展示了平均数、标准差，以及落入距平均数 1、2 或 3 个标准差的分数数量。还有其他心理测量专家用于理解分布的方法；如需关于其他方法的信息，请参考统计学图书。

在大多数情况下，标准化测验的原始分数会落入接近于正态分布的分布中。当原始分数无法形成正态分布时，正态曲线仍被用于分配分数。这仅仅是因为计分系统使用正态曲线作为它的基础，并不意味着标准化测验旨在测量的实际技能在真实生活中也以正态曲线的方式分布（Cronbach，1990）。

百分等级。百分等级描述了一个人与用于设计测验的常模相比处于什么位置。如果要将一名幼儿的原始分数与其他参与该测验的幼儿相比，那么这些幼儿就组成了常模样本。百分等级是与所考虑幼儿获得相似水平分数或比所考虑幼儿获得更低分数的人的百分比。如果蒂娜的分数将她置于百分等级中的第 30 位，那么这意味着常模样本中有 30% 的学生与她得分相同或比她得分更低。阿什利的得分位于百分等级的第 90 位，这意味着 90% 的人与她得分相同或比她得分更低。百分等级用于成就测验以及测量幼儿依据州和国家标准的进展的测验。百分等级通常会与百分比分数混淆。百分比分数是展示幼儿答案中正确项目百分比的原始分数；而百分等级强调的是一名幼儿与其他幼儿相比所处的位置，而不是测验中正确项目的数量。因为分数是基于正态分布的，所以百分等级存在着一个固有的问题：尽管它们展现了一个人与其他人相比所处的位置，但它们并不能展现分数之间差异的大小。例如，在一项有 100 个问题的测验中，如果拉蒙的得分很高或很低，那么他可能只有在答对 10 个或更多的问题时，才能被置于下一百分等级中。但是，如果拉蒙获得中等得分，那么 5 个问题的差异就会将他置于不同的百分等级中。

年级当量。一些成就测验的分数以年级当量的形式展现，以下是关于两名一年级学生的例子。萨拉的得分为3.6——或三年级，6个月——水平；而马修的得分位于学前班水平。在本章讨论的所有计分类型中，年级当量造成了最大的困惑。这是因为年级当量并不意味着萨拉真的能阅读三年级书籍，它意味着，她的得分与读了一半三年级的幼儿参加一年级阅读成就测验时一样好。测验包含的内容和技能是一年级教学涵盖的，而不是三年级的预期内容和技能。年级当量实际上揭示了更多关于马修的信息，因为他的阅读在所处年级水平之下。我们知道，马修的表现水平会引起教师和家长的忧虑。这个差别会让大多数人感到困扰，如果幼儿的测验结果与萨拉相似，家长会要求让他们的孩子跳级至更高的年级。年级当量确实能够揭示幼儿的表现是在所处年级水平之上、之下，还是与其相符。

标准分数。 还有另外几种方法可以对原始分数进行转换。它们被称作标准等级分数。这些标准分数允许在不同测验之间进行比较，因为它们是基于一个人的分数和正态分布中平均分之间的距离或百分等级之间的距离而定的。标准分数的主要类型有 z 分数、t 分数和标准九分分数。z 分数根据标准差表示与平均数的差距，为 0 的 z 分数位于平均数，+2 是在平均数以上两个标准差，-2 是在平均数以下两个标准差。对于 t 分数，50 分是平均数，60 分是在平均数以上一个标准差。注意，t 分数中没有负数。标准九分分数使用展现为九个等级的百分等级。因此，标准九分分数越低，百分等级越低。标准九分中的 1 分代表第 0—4 的百分等级，标准九分中的 9 分代表第 97—100 的百分等级。标准九分分数是粗略的近似值。

如何解读标准化测验结果

标准化测验并不能为教师提供多少对日复一日的课堂决定有用的信息。但是，标准化测验能够揭示关于教师教学的一般趋势的内容。例如，将一个班级的测验结果与学区中其他班级的测验结果进行比较，能够为教师提供他（她）的班级是否与所测内容保持同步的洞察。教师不应该害怕查看这些数据，并且应该试图找出为什么存在矛盾。信息对调整重点或改变课程内容十分有用。但是，有一个重要提示：因为很多这样的测验都只在春季进行，所以区分差异是由教学或内容的调整、教学节奏的改变，还是被测幼儿的变化导致的是具有挑战性的。例如：在一间教室里，60%的一年级学生在入学第一天就知道字母表中所有的声音—符号对应；而在隔壁的教室里，没有任何幼儿有这一背景知识。我们会预期第一间教室里的幼儿在年末的成就测验中获得更高分数，因为他们的起点更高。这使得教师进行的评价更为重要，了解这一先行信息能够帮助教师分析年末得到的课堂分数的含义。

来自标准化测验的课堂报告和个人档案可以帮助教师对教学进行微调，但在检视过程中必须牢记以下建议。测验结果可能会在进行测验的几个月后才返回。如果是这种情况，那么教师应该首先亲自对幼儿进行再次评价，以确保该测验仍然展现幼儿的真实图像。其次，档案应该是由测验设计者预测的最常见或最可能发生的进步推断而得，或是由最可能发生的问题推断而得。记住，教师在一次标准化测验中并没有对两个表现进行比较，因此，教师并不知道幼儿学习的速率，只知道幼儿在参加测验时表现如何。子测验的分数为学生在该测验的部分项目中表现如何提供了详细的信息。它们可能揭示了在整体分数中不明显的弱点或强项。尽管教师了解测验设计者识别出的特定领域的信息，但是他们很少会有关于幼儿遗漏的特定项目的信息。班级测验结果对第二年的计划尤其有用。它们能够帮助回答一些问题，例如教师要做些什么才能保证班级与预期保持同步。教师不应该为了测验进行教学，而应该将测验结果作为能够指导计划的信息来使用。

教师必须小心地向家长解释幼儿的标准化测验分数。在大多数情况下，这会在家长—教师会议上与其他评价信息一起被解释。当结果被孤立地呈现时，测验分数的含义可能会被过分强调。讨论一次测验分数的会议可能会不经意地变成一次高风险决策。应遵循学校关于向家长提供测验结果的政策和程序。

几项额外的指导会在与家长进行的会议中有所帮助。准备好对关于标准化测验的一般信息进行解释——为什么选择该测验，以及测验所使用的常模与你班级中的幼儿是否相似或有差异。一些教师可能想要将学区信息包括进来，以解释测验内容及该测验是如何在所处学区中使用的。向家长解释任何标准化测验类型的优势和局限——特别是，为什么特定的测验分数会有所不同。

因为家长来自不同的背景，并且对于标准化测验有着不同的经验，所以教师应准备好回答大量的问题，百分等级、年级当量和标准分数会令人感到困惑。解释信息的含义以及分数本身。当面对自己不知道答案的问题时，教师永远不应该害怕说出"我要去查一查，找出更多的信息"。

教师应该仔细思考如何使用信息，以促进在家长会上讨论的针对特定幼儿的教学。当测验分数被认为是"高分"时，教师应该解释他（她）会如何进一步支持幼儿的学习；当测验分数被认为是"低分"且幼儿表现出若干弱点时，教师应该解释这会如何影响他（她）未来的教学方法。测验结果只能给出关于幼儿位于何处的大致感觉，因为结果可能会在幼儿参与测验的几个月后才返回。在这个间隔中，幼儿可能已经成长了很多。家长通常会问，他们在家里应该做些什么以支持教学；做好回答这个问题的准备。将标准化测验结果嵌入课堂评价结果是向家长报告的最佳方式。它允许教师将教学与评价匹配，并以富有成效的方法使用标准化测验分数。

用于测量学习机会的标准化工具

测量物理环境和教师提供的学习机会的课堂环境量表被用于评价幼儿教育中的教室质量。它们通常是由作为监控幼儿教育项目的学业问责制程序的一部分的州标准强制要求的。很多工具都经过了严苛的信度和效度检验程序，与那些为幼儿设立的标准化测验所经历的程序相似。但是它们并不测量幼儿的成果，这些工具检测材料、教师与幼儿互动的方法、活动的类型和质量以及教学是如何发生的。这些课堂环境量表通常需要经过培训的评价者来使用。

幼儿学习环境评量表——修订版（ECERS-R）是一个旨在测量环境的一般质量的工具实例（Harms，Clifford，& Cryer，2005）。幼儿学习环境评量表中有七个子等级：空间与设施、个人日常照料、语言—推理、活动、互动、课程结构及家长与教师。子等级中的每个项目的评分都是由1（不充分）到7（优秀）。信度和效度是通过一系列研究确立的。

关注内容领域的一个工具实例是早期语言与读写课堂观察工具（ELLCO）（Smith，Dickinson，Sangeorge，& Anastasopoulous，2002）。早期语言与读写课堂观察工具评价了课堂所提供的学习语言和读写的机会，它有三个部分：一份读写环境检核清单，一份课堂观察和教师访谈，以及一份读写活动等级量表。

关注一个领域的其他方法的实例包括：早期读写评价支持（SELA），它与早期语言与读写课堂观察工具测量读写环境的方式有些许不同（Smith，Davidson，

Weisenfeld, & Katsaros, 2001）；幼儿课堂数学清单（PCMI），它关注的是课堂中数学的学习机会（Frede, Dessewffy, Hornbeck, & Worth, 2000）。还有一些课堂环境测量工具关注教师与幼儿互动的质量，例如课堂评价计分系统（CLASS）（Pianta, LaParo, & Hamre, 2008）。使用以上工具，教师会被评价或经过培训后评价其他人。

总　　结

尽管课堂评价的主要功能是为教学提供信息，但幼儿教师会被要求参与有多种目的的其他类型的评价（通常包含标准化测验）。在很多情况下，幼儿教师会被要求执行标准化测验并解读测验结果。标准化测验是根据特定心理测量学标准和指导建构的测验，它们将学生与特定人口相比较，并且对于测验的执行有着特定程序。测验手册说明了测验设计者如何确立信度和效度。标准化测验可以是常模参照，也可以是标准参照，这也影响了测验分数是如何报告的。标准参照标准化测验表明一名幼儿是否达到了特定标准（例如精通一项技能）。常模参照标准化测验表明幼儿获得的分数，这一分数可以是百分等级、年级当量或标准分数。标准化测验的类型包括成就测验、才能测验、筛查和诊断测验。

标准化测验是幼儿能力的一次快照，教师应该只将其看作关于幼儿能力的一份信息。标准化测验的不足和局限应该引导教师在看待分数时有适当的怀疑。

来自作者的注释：对于标准化测验，你可能需要了解比本章所涵盖内容更多的内容。关于测验和评价的大学课程详细解释了本章中简短介绍的心理测量学和统计学概念，也会提供关于特定测验的更多信息。评论测验的书籍可以在你的学术图书馆中的参考书目部分找到。两本有用的书是《心理测量年鉴》和《书面测验》，两者都由布洛斯协会出版并会定期更新。有的网站包含了关于标准化测验的定义和信息，也有搜索主要测验评估的数据库网站，例如教育测验服务中心（ETS）测验档案和布洛斯协会心理测量测验的相关网站。美国教育研究协会（AERA）和美国心理学协会（APA）会在自己的网站上发布关于测验和测验标准的立场声明。美国心理学协会的网站有关于测验的可下载文档。另外，大多数测验出版者都有自己的网站，网站提供了对测验、测验项目实例的一般描述，有时也会有关于信度和效度的文档。

自我反思

1. 大多数成人已经参加过很多种测验和评价。反思你参加测验的经验。你是否认为有的测验是"不公平"的？如果是，为什么？你认为哪些方法是对你所学到或未学到内容的适宜评价？为什么？对于你学习的评价可以以哪些方法改进？
2. 进一步反思你参加测验的经验。当你还是学生时，你是否感到紧张？测验环境中的哪些因素让你感到紧张？焦虑来自你自己还是他人的预期？你或其他人做了哪些事让你感到更加舒适？

进一步学习与讨论

1. 为测验进行教学和为幼儿进行测验准备之间存在差异。讨论当你在教室里对幼儿开展工作时，这些差异可能意味着什么。
2. 如果可能，查看一份标准化测验手册，信度和效度是如何确立的？它们是否达到了本章中描述的标准？
3. 与一名同伴一起角色扮演，假装你是一名感到忧虑的家长，你的同伴是教师。以下是一些可能的情境：

    （1）约翰在阅读中获得了百分等级中的第25位。他的同学在阅读中平均获得了百分等级中的第20位到第60位。家长想知道这一分数意味着什么。

    （2）勒诺在二年级，但她在数学中获得了6.8（六年级，8个月）的分数。家长想让勒诺跳级到六年级。

    （3）阿妮塔在一年级，但她获得了幼儿园等级的得分。她的家长应该感到忧虑吗？

    （4）米格尔在阅读和数学中获得了百分等级中的第88位。

推 荐 阅 读

American Educational Research Association, American Psychological Association, and National Council on Measurement in Education. (1999). *Standards for educational and psychological testing*. Washington, DC: American Educational Research Association.

Bracey, G. W. (2000). *Thinking about tests and testing: A short primer in "assessment literacy."* Washington, DC: American Youth Policy Forum. Available online.

Bracey, G. W. (2002). *Put to the test: An educator's and consumer's guide to standardized testing* (rev. ed.). Bloomington, IN: Phi Delta Kappan.

Caluns, L., Montgomery, K., & Sarlman, D. (1999). Helping children to master the trials and avoid the traps of standardized tests. *Practical Assessment, Research, and Evaluation*, 6(8), 58–69.

Chicago Public Schools. (2000). *Preparing young elementary students to take standardized tests*. Chicago: Author.

Feeney, S., & Freeman, N. K. (2014). Standardized testing in kindergarten. *Young Children*, 69(1), 84–86.

Kurpius, S. E., & Stafford, M. E. (2006). *Testing and measurement: A user friendly guide*. Thousand Oaks, CA: Sage.

Salkind, N. J. (2006). *Tests & measurement for people who (think they) hate tests & measurement*. Thousand Oaks, CA: Sage.

Urbina S. (2004). *Essentials of psychological testing*. Hoboken, NJ: Wiley.

第十一章

使用评价过程和结果进行交流与合作

（拍摄者：Tudor Photography/Pearson Education）

译者导读

在布朗芬布伦纳提出的生态系统理论中，家庭、幼儿园等作为这一系统中的一员，与幼儿个体相互作用并影响着儿童的发展与学习。因此，课堂评价的目的还在于将评价结果传递给家长、幼儿园、其他幼儿园、特殊机构等，形成助力幼儿园发展与学习的多元合力。

在你开始阅读本章内容之前，请先思考以下四个问题：如何与幼儿交流评价结果？与家长交流评价结果的方式有哪些？幼儿教师与其他专业人士分享评价结果的原因是什么？为什么系统化参与幼儿评价能够带来教师的个人与专业成长？

幼儿教师尝试分别妥善地与幼儿、家长、其他专业人士交流评价结果，是其专业发展与学习和个人发展与学习的重要契机和挑战。本章内容主要围绕"评价过程与结果交流合作的对象及方式"这一主题展开论述，全章主要内容共分为四节。

- 第一节主要介绍**与幼儿交流**（幼儿应该知道他们已经获得了什么成就，以及他们还有哪些需要学习的内容）。
- 第二节介绍**与家长交流**（在报告之前的准备和报告的方法。其中，报告之前的准备包含：通知并邀请家长参与、收集充分的证据。报告的方法包含：叙事报告、定等级和等级、家长会、成长档案袋会议、展览和展示）。
- 第三节介绍**与其他专业人士交流与合作**（在学校或幼儿园内交流、与其他学校或幼儿园交流、在特殊机构中交流与合作）。
- 第四节介绍**专业和个人发展与学习**（专业发展和学习、个人发展和学习）。

本章的目的是帮助幼儿教师在明晰评价过程和结果交流合作的对象为幼儿、家长、其他专业人士的基础上，了解与其交流合作的内容，掌握与其交流合作的方式，顺利并有效地与其交流，实现评价结果顺利且有效地传递，以及基于评价结果共同助力幼儿的发展与学习（参见表 11.1 和图 11.1）。

表 11.1 评价过程与结果交流合作的对象及方式

使用评价信息			
与幼儿交流	与家长交流	与其他专业人士交流与合作	专业和个人发展与学习
幼儿应该知道他们已经获得了什么成就，以及他们还有哪些需要学习的内容	在报告之前的准备：通知并邀请家长参与、收集充分的证据 报告的方法：叙事报告、定等级和等级、家长会、成长档案袋会议、展览和展示	在学校或幼儿园内交流、与其他学校或幼儿园交流、在特殊机构中交流与合作	专业发展和学习、个人发展和学习
帮助幼儿教师在明晰评价过程和结果交流合作的对象为幼儿、家长、其他专业人士的基础上，了解与其交流合作的内容，掌握与其交流合作的方式，顺利并有效地与其进行交流，实现评价结果顺利且有效地传递，以及基于评价结果共同助力幼儿的发展与学习。			

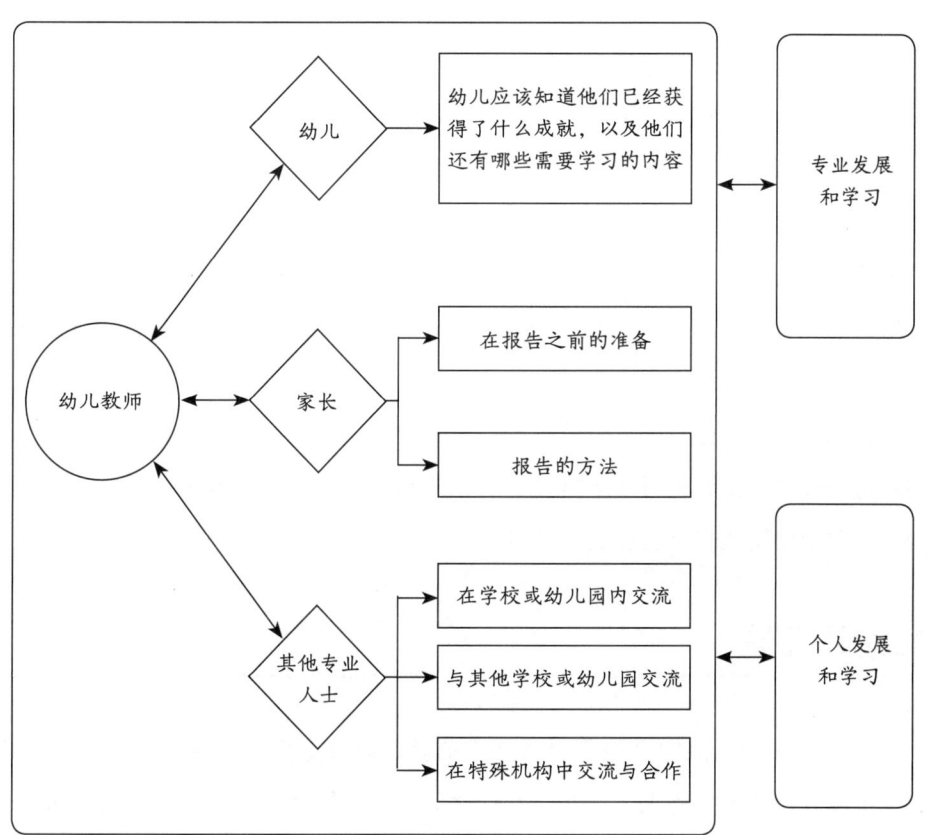

图 11.1 评价过程与结果交流合作的对象及方式

> **☑ 学习成果**
>
> 1. 解释如何与幼儿交流评价结果。
> 2. 描述与家长交流评价结果的方式。
> 3. 列出教师与其他专业人士分享学生评价结果的原因。
> 4. 解释系统化参与学生评价如何能够为教师的个人和专业成长做出贡献。

尽管课堂评价的主要目的是帮助幼儿学习,但它还有其他目的,例如向幼儿及其家长或监护人报告评价结果。教师使用评价来向家长或监护人以及幼儿自己报告幼儿的进展。在课堂上收集的评价也可以用于与其他教师(甚至大众)进行交流。因为这个原因,不但评价信息应该被小心对待,评价结果应该被适当使用,而且教师需要更加熟悉评价语言,以便明确表达其含义、局限和结果可能的影响。教师可能会被要求对评价结果以外的评价过程也做出解释。熟悉并对评价过程感到舒适,可以帮助所有相关人士适当地使用结果(American Federation of Teachers,National Council on Measurement in Education,& National Education Association,1990)。

教师还应与其他教师、专业人士、家长和社区服务人员进行交流与合作。对幼儿进行评价和指导也可能丰富教师的专业和个人生活,因为他们试图理解幼儿和自己并帮助幼儿和自己发展与学习。

与幼儿交流

幼儿应该知道他们已经获得了什么成就,以及他们还有哪些需要学习的内容。课堂评价并不是施加于幼儿,几周之后从遥远的地方返回结果,然后向家长报告这样简单。教师和幼儿会召开会议,以讨论幼儿的进展,这是评价和教学中不可缺少的部分。幼儿在会议上和教师一起编辑并修订他们的写作。尤其是,他们会在使用语言冲突解决策略并表现出自律后,得到教师的祝贺。教师不是画下一个笑脸并说"好的!"——这只传达了一般的认可,而是帮助幼儿理解他们所做的哪些事是合适且富有成效的，同时帮助幼儿理解他们还有哪些要学习的内容。

幼儿可以通过为自己设定目标并反思进展而做出贡献，就如一名幼儿为学习语言艺术设定目标并做出努力一样。表 11.2 展示了该幼儿成长档案袋中包含的内容。

表 11.2　一名二年级幼儿的自我评价

语言艺术目标

姓名　<u>　杰里米　　　</u>　　　　　　　　日期<u>　　　　</u>

我这周语言艺术的目标是<u>　正确拼写我的重点单词　　　　　</u>

这对我来说是个很好的目标，因为<u>　我总是拼错它们　　　　</u>

我计划这样帮助我自己<u>　在我书写单词的时候，查看我的列表　</u>

保拉，你可以这样帮助我<u>　我不知道　　　　　　　　　　</u>

我会知道我在进步，因为<u>　我会正确拼写它们　　　　　　</u>

评价你的进展

＋ 我有很大进步

√ 我有一些进步

－ 我明天要更努力

周一　×　周二　√　周三　√　周四　√　周五　√

周评价　　1　　2　　3　　4　　5

评价：<u>我认为我拼写正确的单词变多了　　　　　　　　　</u>

来源：经杰里米·莱茨允许使用。

与家长交流

在报告之前

与家长交流课堂评价，在举办家长会或发送报告卡回家之前很久就开始了。如果计划了报告中的变化，那么应该在一开始就通过计划委员会、顾问小组或其他途径让家长参与进来。从字母等级或其他家长熟悉的等级转变为以叙事或标准为基础的报告需要家长的理解和支持。

通知并邀请家长参与。征集家长对家长会报告的格式草案的意见和反应。向家长和他们的孩子解释评价的原因和潜在的益处。展示改变关于幼儿如何学习阅读、写作、计算和解决问题的概念会影响教学和评价的完成。展示并对成长档案袋做出解释，并解释为什么一些项目要被保留在档案袋中。在问题和忧虑出现之前，对它们做出预期和处理。

邀请家长参与评价。他们是信息的一个珍贵来源（见第四章），并能支持幼儿在学校和家中的学习。教师的目的是获得家长的理解，并使家庭和学校为了幼儿获益而一起努力。

收集充分的证据。与家长交流的判断和结论应该被证实且基于有效和可信的评价。幼儿教师会对阅读、算数和其他"科目"以外的内容进行报告。他们会对自律、注意力时长、自信、小组活动中的参与、社会互动和工作习惯进行评价。教师应该知道他们将使用什么样的报告格式对幼儿所有方面的进展进行评价。足够的证据会被放入每名幼儿的文档和成长档案袋中，以做出公平且有效的评价并为和家长的讨论提供例子。

报告的方法

向家长报告可以有很多形式，既有正式的，也有非正式的。正式报告包括家长会、书面进展报告和书信、报告卡或表格、经过总结和解读的幼儿成长档案袋和测验分数。非正式报告包括展示或送回家的工作样本、项目和展览、非正式对话或笔记、电话信息、电子邮件、在家和学校之间来回发送的工作样本和报告、简短笔记、网站和其他方式。大多数教育项目使用多种报告形式的混合体。正式报告通常会比非正式报告的占比高得多，但任何由教师进行交流的内容都很可能会被家长认真对待。非正式信息交换可以传达很多有用的信息（Powell，1989）。

尽管很多幼儿园和学前班都会有正式的等级量表，但它们仍在很大程度上依赖家长会、幼儿的工作样本和非正式交流。小学通常会有报告卡或进展报告。一年内通常会至少安排一两次家长会，如果家长需要，随时可以增加。

在一些幼儿教育机构中，教师被要求对幼儿的进展做出总结或终结性评价。这些评价报告了幼儿累积的状态、一般强项和弱点、朝着一项标准的进展或典型的幼儿表现（Woolfolk，2012）。当教师将幼儿的表现与一项标准或预期成果相比较时，他们就在进行标准参照评价。这类评价的一个例子是"温迪朝着为自己在课堂中的工作负责的目标已经有了令人满意的进展"。在常模参照评价中，教师将幼儿与其他同龄幼儿相比较（使用发展连续体或模式），或与班级中其他幼儿相比较。"温迪的自我管理技能与其他同龄幼儿相似，但比二年级学生的平均水平要高"是一个常模参考评价的例子。比较也可以在过去和当前表现之间进行。

很多教师认为总结评价是困难且令人不快的，而且他们会乐于将其完全去掉。他们害怕评定等级和报告会令幼儿和家长感到沮丧，并会鼓励不健康的竞争（Juarez，1996）。"对幼儿之间的比较少做强调是好的，但在某一时刻，幼儿和他（她）的家长有权利知道该幼儿的进展对于他（她）的年龄和经验来说是否合理。"（Maeroff，1991，p. 276）幼儿教师和学校面临的问题有：①识别时间点；②确定应该如何交流幼儿的进展。两种总结评价被用于幼儿教育项目：叙事报告和分数或等级。有些教育项目要求两者，有些只要求一项，还有一些并没有任何要求。

叙事报告。优质的叙事报告（见表 11.3）强调了幼儿的强项，并交流忧虑和建议。它们通常并不会总结所有的成长领域，而只总结最为显著的领域。比较会在幼儿的能力和教育项目目的、标准、一般成长和发展模式或幼儿的先前表现之间进行。与同班幼儿的比较被限制在最低程度（Hopkins，1997）。

表 11.3　典型叙事进展报告

进展报告	日期：6/15/15
幼儿：蒂娜·特纳	

蒂娜在所有发展领域中都取得了很大的进展。最为显著的是在书面语言、思考技能、知识基础和社会发展领域的成长。在学年初期，蒂娜刚刚开始用水平方向的乱涂乱画对她的绘画进行标记，当中有重复，并为文字留有空间。现在，她开始整合字母，并在乱涂乱画中掺有手写的单词。我期望她增加手写单词的数量。她已经开始复述一些她的故事了，但在大多数情况下，她读出的内容还并未与她所写下的内容相关联——正常的发展步骤。

关于思考技能，蒂娜正在对数字进行实验，并正在理解尽管物体以不同的分组出现，但数字仍然相同。例如，她发现了 4+1、1+4、3+2、2+3 都等于 5。

在这一年中，她关于数学的知识也有所增长。在学年初期，她可以有目的地从"1"数到"20"。现在她可以两个两个地数数字，并享受将不同的一位数加在一起的尝试。我期待这一对于数学的兴趣和享受会继续。

蒂娜的社会技能也有所成长。她的表演游戏充满了幻想并十分复杂，展现了她的智力发展和社会发展。她展示出了共情和社会问题解决技能。她享受与朋友在一起，并主要与塔尼亚、马克和索尼娅一起游戏。她参与合作性学习活动。

经过记录和总结的课堂评价信息对于准确的叙事报告十分重要。信息应该揭示幼儿朝着重要课堂目标的进展以及幼儿个体的独特性。因为其他人会阅读并受到报告的影响,所以它必须是公平、准确且不偏不倚的,并且只报告能够被数据证实的内容。一致的格式可以帮助整理报告,以便确保重要的信息被包含且容易被找到。如果学校或幼儿园没有提供格式,那么教师应该自己设计一个。

定等级和等级。定等级是一种大多数学前班、一年级和二年级教师被要求进行的官方评价。尽管大多数教师不喜欢定等级,但它并不一定会得到教师所害怕的负面动机结果,它甚至可以成为课堂动机系统中的一个有效部分(Berliner & Rosenshine,1987)。如果基于标准的量规被用于定等级,那么确定每一成就等级对于描述幼儿已经获得的成就和仍需学习的内容就非常有用(Marzano,2000)。

学校的政策各不相同。有些学校可能有详细说明如何报告等级的等级手册:等级系统、用于定等级的作业类型以及报告的时间段。等级系统从简单的符合要求、不符合要求,到传统的 A、B、C、D、F。很多教育项目使用与它们的标准相联系的术语:优秀(超出标准)、熟练、部分熟练和仍在发展。当今的趋势是使用能够识别幼儿的水平和学习质量的等级量表,而不是只识别出幼儿在班级中的总体排名。用于对等级进行汇编的作业和进展的证据可能基于学区课程、州标准或学区标准,或由教师决定。报告的时间段可能是每一季度、三个月、一学期或其他有规律的时间间隔。它们可以与家长—教师会议同时进行,或独立于会议。

同样,没有一种所有教师都会用来分配等级的策略。为了公平地定等级,并使其能够反映幼儿所获得的成就和仍需学习的内容,请使用以下指南。

- 识别会被提前定等级的事物,并且不要对所有的工作作品或评价定等级。幼儿在试图学习时,需要知道他们所做的事哪些是正确的、哪些是错误的,也需要知道他们能如何进步。教师给出的反馈不应该只是一个等级。很多优质的学习活动,例如合作性项目、讨论、连续的写作草稿或调查,以及成长档案袋,都对定等级没有帮助。幼儿需要练习的机会,并在没有来自等级的压力的情况下学习。

- 设计一份等级计划。一份书面计划能够帮助我们克服主观性和不公平的问题（Marzano，2000）。首先，教师应该识别他（她）需要报告的发展和学习领域——学术目标、标准和基准，以及学习方法（例如倾听和整理技能），并且尽可能地具体。然后，识别为收集幼儿朝着这些目标进展的证据的适宜评价。选择不同类型的评价，正如本书中所描述的。选择那些能够代表幼儿成就中重要部分的评价。例如，复述故事——学习阅读的一个重要方面——是检查幼儿阅读理解能力的好方法。最终，决定每项评价会对等级有多大贡献。做这件事有两种方法：为每项评价分配分数或为每项评价分配等级的百分比。例如，一项与使用数学问题相关的表现评价可能值 10 分或 10%，一项计算测验可能值 15 分或 15%，等等。根据需要调整计划。将这些评价的记录保存在独立的文档中，这样可以在"报告卡时间"将之作为证据参考。

- 提前对等级标准进行详细说明。通过这样做，教师、幼儿、家长和学校能够清晰地了解每个等级的构成。等级手册或基于标准的量规非常有用。

- 为每名幼儿使用相同的等级评价。通过使用相同的材料、问题和程序，使定等级的过程尽可能地标准。

- 对学术和非学术因素分别定等级。家长看到孩子在数学中得到了"A"的等级，会期待这个"A"代表了他们的孩子在数学上的成就——该幼儿在课堂中学习到的内容和获得的成就。尽管努力（参与和完成工作）、行为（遵循规则和团队合作）和出勤（旷课和迟到）等非学术因素很重要，但这些因素不应该被计算进内容等级中。当一名在所有的定等级作业和测验中得到"C"的幼儿因为努力而获得了"B"时，这一等级的含义就不明确了。它可能会被家长和幼儿认为是主观且有偏见的。很多报告卡会将努力、态度及其他工作和社会习惯分别列出。

- 将幼儿的表现与一项标准相比较：一个特定的目标或标准。不要"在曲线上"定等级。根据正态分布曲线分配等级并没有根据，除非学生的数量很大（60 名或更多），而且它可能并不适用于某一幼儿小组（Gage & Berliner，1998）。通过比较一名学生与教室里其他学生的表现来分配等级，并不能反映旨在帮助每名幼儿达到所表述的标准的课堂教学。

- 尽可能地客观。教师和学生之间的帮助关系使得教师以完全客观的基础判断幼儿十分困难（Russell & Airasian，2011）。因此，在对测验定等级时，应盖住或忽略幼儿的姓名。按照作业而不是按照幼儿定等级。例如，先对所有测验定等级，然后对所有书面作业定等级。换句话说，不要先对萨米拉的所有工作定等级，然后再对迪伦的所有工作定等级。
- 记得在官方报告卡上的等级和评价是幼儿永久记录的一部分。

如需更多关于定等级的信息，请见马扎诺的《改变课堂等级》（Marzano，2000）、拉塞尔和艾拉沙恩的《课堂评价》（Russell & Airasian，2011）及斯蒂金斯和查普斯的《学生参与的学习评价介绍》（Stiggins & Chappuis，2011）。

家长会。在家长—教师或家长—学生—教师会议中，所有参与者面对面思考、讨论并交换证据、想法和建议。随着家长和教师一起阅览记录，解释、提问和回应的机会会从记录、工作作品和其他材料中浮现出来。会议会成为一次共享的反思及一次对未来的展望，而不是对幼儿表现的枯燥乏味的评价。一些指导如下。

- 有一份计划。为会议找出一两个想要的成果；简略写一些积极的和个人的开场白（一些关于该家长的孩子的积极内容）；列出需要在会议上表达的观点，包括用于证实这些观点的例子或证据；记录一些家长和学校人员可能做出的维持或促进学习的行为。如果需要，可以写下引导家长给出回应的提醒，例如："你在家中看到了什么？""这是你的经验吗？""你有哪些忧虑？"
- 对社区和文化多样性及个别家庭的差异性保持敏感。如果需要，可以安排一名翻译。参考社区资源，以找出避免跨文化误解的方法。当家庭挣扎于不同情况时，实际地考虑家庭成员能够做哪些事来协助幼儿。
- 与家长交流，而不是向他们表达。会议的过程是一个人与其他人进行互动的过程。家长是关于孩子的主要信息来源，教师需要倾听并进行报告。更好的办法是教师和家长互相分享信息和领悟。家长会是理想的沟通方式，但电话会议、语音留言、电子邮件、进度信函、家访、非正式分享和其他交流形式也能达到相似的结果。

- 给家长一份报告幼儿的主要发展和学习领域的书面进展陈述。在一些学校和幼儿园里，家长会是根据教师的笔记进行的，家长不会收到任何书面材料——应该避免这样。家长应该收到书面笔记，这样他们就能够在以后反思并记起教师在会议中提及的内容。
- 要明确。避免模糊的一概而论，例如"他表现挺好的。我希望所有幼儿都能回应"或"她在阅读方面有很多困难"。课堂评价提供了能够解释"挺好的"和"有困难"对这些幼儿意味着什么的证据。
- 保持语言清晰、简单且不含行话。使用所有人都能理解的词语，而不是"知觉运动""听觉记忆""认知过程"和其他很多教师使用的术语。将注意力集中在幼儿所做的事情上。提供足够的解释，使家长能够看到教师所讨论内容的重要性。例如，除非教师指出幼儿报告中的清晰结构，否则家长可能只会注意到不成型的字母或错误拼写的单词。
- 要有选择。教师拥有的关于幼儿的记录要求教师对其进行总结并选择家长想看到及需要知道的内容。有些幼儿可能会希望在这个过程中提供帮助。选择几项物品，以清楚地表达你的观点，幼儿成长档案袋是一个优质的来源。
- 要清晰、直接，并保持支持性。使用优质课堂评价提供的记录，教师可以以家长能够尊重并接受的方式分享幼儿的优势和需求。掩盖问题和忧虑并不是一件好事。实际上，如果确实有忧虑存在，教师、管理人员或合适的专业人士应该立即与家长一起进行工作，这样在会议或报告时间就不会有意外发生（Abbot & Gold，1991）。如果幼儿在某个方面有困难，要在干预和教学活动中请家长参与进来。
- 准备好回答家长的问题。很多学校会在会议前向家长发放表格，询问他们有哪些想在会议上讨论的内容。几乎所有家长在某一个时间都想知道他（她）的孩子在班级中的相对位置。学校努力寻找对幼儿情况进行报告的其他方式，但这一问题总会不可避免地出现。准备好告诉家长或向家长展示处于该发展水平的典型幼儿能够做到什么，然后将该家长的孩子与其相比较，而不是与班级中的其他幼儿相比较。达到相同目的的另一种方法是保存过去几年的工作样本，向家长展示孩子在正常范围内的变化。如果家长对教育项目有疑问，要准备好回答这些问题。准备好解释并展示幼儿在朝着学校和家长的目标进步。

- 对做出的特定陈述造成的影响保持敏感。对什么是适合说的话的判断根据家长和幼儿的不同而不同。改变了的预期、压力甚至惩罚都可能由对家庭动态的不敏感造成。教师有时候会期望家长做出超出他们能力的对幼儿学校行为问题的帮助。如果一名幼儿的家长知道如何不让孩子干扰课堂，那么他们肯定会这么做。确实，有时候孩子在家中并没有问题（Tuma & Elbert，1990）。

- 使用评价结果作为家庭活动的基础。最有效的家庭—学校合作之一是帮助家长学习帮助他们的孩子（Epstein，1987）。评价结果揭示了幼儿需要帮助的领域。教师应该超越"当她有困难时，给她一些帮助"或"在作业方面帮助他"，要具体表达该家庭能够实际地做些什么（Coleman，1991；Gotts，1984）。评价结果可能也可以帮助家长认识到他（她）要对幼儿放开些——一种对一些幼儿的发展同样有效的帮助。

- 向前看。与家长一起决定一项家庭—学校行动计划，以维持进步并表达忧虑。计划中不要超过两或三个项目。列出它们，然后为学校和家长各提供一份复本。也许家长会提出：他们可以每天听幼儿读书 15~20 分钟；为了对"健忘"的幼儿有所帮助，他们可以在前一天晚上整理好幼儿的书包；每周与幼儿一起去图书馆。在这项行动计划中，也要将教师在学校里所做的工作包括在内。达成共识并写下来，把家长带入为了幼儿受益而使用评价结果的过程。

成长档案袋会议。提供给家长的基于成长档案袋的报告通常是以下两种形式之一：①幼儿向家长展示并解释他们的成长档案袋；②成长档案袋成为家长会的焦点或补充点。

由幼儿领导的成长档案袋会议。在一次晚间或下午会议中，幼儿将他们的个人成长档案袋展示给家长，并向家长解释档案袋中的项目是如何产生并被选择的、为什么它们是重要的学习证据、其中的自我反思及其他幼儿想要分享的关于成长档案袋的内容。幼儿需要一定的成熟度和对于成长档案袋的经验才能领导这样的会议。通过准备，大多数二年级学生能够参与。

在会议中，幼儿学习评价自己的作品、为自己的学习承担责任，并获得元认知技能以解读他们所做的事。这样的成长档案袋会议需要学校职员的投入且对所有参与者都有益处。

由教师领导的成长档案袋会议。成长档案袋为家长—教师会议或家长—学生—教师会议带来如下很多好处。

- 成长档案袋为会议提供了一个客观的焦点。
- 记录通常是不言而喻的。
- 成长档案袋项目为结论、总结和建议提供实证。
- 一起检视选定的项目促进解释、提问和共享的满足。当教师指出各种项目中的重要内容时，他们就是在教育家长。

使用与其他家长会相同的基本方法，加入一些额外的使用成长档案袋的方法。

为分享准备成长档案袋。如果幼儿不参加会议，那么他们可以写下或画出给家长的信息，然后将其放进成长档案袋中。教师会选择将在会议上使用的成长档案袋项目，并且集中在那些能够说明需要在会议上讨论的观点的项目。给这些项目贴上标签是一个很好的主意，这样教师就可以快速地翻到它们。如果需要，可以使用笔记对它们进行补充。可以额外附上一张纸，让家长进行评价和反思。幼儿可以阅读家长的话，而家长的评价也可以成为成长档案袋的一部分。

让家长自己研究成长档案袋。由于教师只会就几个项目进行分享，所以应在会议前或会议后安排一个地方和时间，让家长能够自己查看成长档案袋。这种对时间的使用是十分值得的。教师和幼儿附在项目上的说明会解释其重要性。

展览和展示。展览、展示和幼儿工作的表现是幼儿已经完成的事情、他们如何做到的以及他们学习到了什么内容的公开汇编和总结。这种记录在遵循瑞吉欧教育法的项目中被广泛使用（Helm, Beneke, & Steinheimer, 2007; Hendrick, 1997）。当意大利裔学校需要社区了解他们时，他们会使用吸引人且富含信息的展示和展览展出他们的作品。

瑞吉欧教育法中的幼儿和教师使用照片、略图、叙事性报告、各种媒介的艺术作品、幼儿对话的抄本、音频和视频记录、工作作品和其他合适的证据记录小组和个人工作。讲述小组学习的故事及他们学习到的内容的例子会以吸引人的方式被展示在大型海报板、书架、墙壁或其他空间。教师可根据需要对标题和标志进行解释和解读，并且与幼儿、家长、其他专业人士、管理人员和社区交流项目过程及结果。

大多数展示讲述了在一个项目中完成的内容——项目即对于一个话题的系统化学习。教师和幼儿也可以记录他们希望交流的其他事情（例如表现的类型或重要的知识和技能）。对于成长档案袋来说，进行汇编并展现课堂经验并没有固定的方法。

与展览一样重要的是收集各种各样的例子、与幼儿和同事对它们进行反思并用它们为未来的学习经验提供信息的过程。展览和展示要在公开的地方进行：学校走廊，大厅，图书馆或入口处，社区图书馆，购物中心，城镇、县或部落的委员会大楼，或任何社区中的人聚集的地方。开放日、招待会、家长会、家长—教师会议和其他集会都是感兴趣的人能够观看展览的机会。

"公开"的另一种方式是借助于网站，它能够覆盖不在附近社区的亲戚和朋友。当前的科技允许将一切平面纸质资料——照片、工作作品、图表、概念地图、写作、数学和科学调查——扫描并输入计算机。解释、描述和反思可以被直接键入标题并将人们的注意力吸引至展览的焦点上。加入班级或教师的电子邮件地址，它就成了一项互动的展览。

与其他专业人士交流与合作

与其他专业人士和职员交流有很多形式：在学校或幼儿园内交流和协调；与其他教师、幼儿园和机构交流以协调提供的服务，并使幼儿从一个教育水平或机构过渡到另一个更加容易；交流与合作对于识别和服务于有特殊需要的幼儿是十分重要的。

在学校或幼儿园内交流

学校和幼儿园里的行政人员通常会向教师要求特定的最小限度的报告：出勤、潜在的忧虑、特殊活动的许可及其他根据单独情境决定的报告。教师和合作性团队应该直接或间接地确保行政人员获取信息，这能够通过使用展示、告示板、展览、邀请听报告或其他此前描述的公开方式间接地完成。直接的方法也是适宜的：由幼儿解释的优秀成长档案袋、一名幼儿或幼儿小组在发展或内容领域中的杰出进步、可能对他人有帮助的记录幼儿工作的新方式或新方法，或关于事情如何的简单的非正式对话——什么有用，什么没有用。

合作性团队能够增进学校中交流的质量和数量。团队可以通过分享信息和责任共同工作，以完成州要求的官方评价。团队会议为调解不同观点提供了一个平台，例如，教师、助教、专业人士和其他学校或幼儿园职员对幼儿的需求和如何回应幼儿并不总是有相同的想法。通常，这些分歧是由关于幼儿如何学习的固有观念导致的（Smith & Shepard，1988），但有时候它们的发生是因为每个人都只有所需信息的一部分。一名课堂教师可能会聚焦于幼儿的整体机能，一名专业人士可能会聚焦于幼儿在一对一治疗中明显的不足或强项，而在大厅内的教师可能会知道幼儿在运动场争执中的行为表现。尽管真相中的一些元素在这些感知中都有所体现，但并没有哪一种感知是完整的。经过客观和专业的讨论，来自每个来源的基本信息可以帮助职员采取正确的做法。

与其他学校或幼儿园交流

当幼儿从一个教育机构转移到另一个时，教师应该发送并接收关于他们的终结性评价信息，以让过渡变得更加简单并确保教育的连续性。一些表格有"接收教师的信息"的空间。不幸的是，经常搬家的家庭通常突然就离开了，并不会留下关于他们去哪儿的信息。花费时间的评价记录应该伴随幼儿在同社区内从一个年级到另一个、从一个教育机构到另一个。如果教师发送并寻找关于幼儿的信息，那么幼儿从"开端计划"幼儿园或私立幼儿园过渡到学前班，从学前班过渡到一年级，或在不同幼儿园机构之间的过渡都会更加顺利。健康和特殊服务人员可以使用现有的信息作为开端，以确保为幼儿和家庭服务的连续性（Administration for Children，Youth，and Families，1986；IDEA，2004）。

在特殊机构中交流与合作

在为有特殊需要的幼儿提供服务方面,学校和幼儿园的方法各有不同。大型公立学区的职员中有很多专业人士,并有完善的过程以获得他们的服务。很多非公立学校或小型学区可能没有他们需要的所有资源以服务于参加学校的不同幼儿。他们与其他公立或私立社区资源和机构进行协调和合作,残疾幼儿的教师可以与来自心理健康中心、公立健康机构、本地医院或附近大学中的专业人士一起工作,或与私人供应商一起工作。学校和幼儿园会接触家庭和社区,以获得关于文化和语言差异的信息和理解。

教师会与来自另一学科的专家一起工作(不论专业人士是"在职"的、签合约的,还是在另一机构工作),他们有不同的技能、观点和优先事项。他们的合作方式取决于特定学校使用的合作过程、专业人士的可用性、资金、幼儿的需求以及许多其他因素。专业人士会参与幼儿的预转介和干预策略、评价这些策略的效果、识别和诊断及计划并提供服务。他们可以设计对评价和教学的调节和适应性调整,以保证有残疾的幼儿会得到公平的评价和教学。

越来越多的幼儿在全纳机构中接受教育,为了使这样的安排得其所用,合作是必不可少的(Cramer,2006;Division for Early Childhood of the Council for Exceptional Children,2007)。我们在这里会关注课堂教师在合作性评价和决策中的角色和责任。

合作性团队评价及决策。合作性团队关注幼儿的功能性需求,而不是某种残疾或背景带来的症状和局限,即它们关注一名幼儿在该环境中要学习什么才能与他人相处——才能发挥他的功能。合作性团队在自然场所(例如在课堂、运动场或家中)对幼儿进行评价并提供其他教育服务。每名成员在不同时间、不同环境中对幼儿进行观察并与他们互动。所有的成员为了满足幼儿的需求,分享他们应做的决定和责任。团队作为一个单位,承认所有的成员都具备能够促进某一特定幼儿的教育成果的知识和技能(Giles & Clark,2001)。这样的合作能够产生更好的评价:

- 若干专业人士在学校和家里的真实生活环境中了解并理解幼儿。他们的观察和发现可完善其他人的评价。

- 在两个人合作或共同教学时，使用多种方法进行真实性评价会更加容易。
- 合作性团队关于评价结果含义的考虑可以使相关人员从这些结果的解读中获益。
- 当专业人士关注幼儿本身，而不是幼儿的特殊需要时，家长和教师日常的实际忧虑和贡献更可能会被考虑到。

一般教师和特殊教师很少会被培训如何一起工作，更不要说与专业人士、家长和其他学校人员一起工作了。每种情况都是不同的，但遵循以下建议应该在任何时候都是有帮助的。

- 尊重其他学科或专业以及它能够贡献的内容。期待获得相同的尊重。
- 承认没有任何个人能够了解并做所有的事。从任何可获取的来源寻找信息和帮助。对于来自其他学科的建议，保持开放和接受的态度。在会议中积极倾听，在阅读报告时保持开放的思想，如有分歧，应找出并承认另一学科带来的不同观点。
- 了解每名专业人士能够做些什么以及他（她）的独特贡献可能会是什么。表 11.4 列出了典型的团队成员的头衔和专业领域。可能也会有文化和语言专业人士、双语专业人士、家庭—学校联络员或家长协调员。一些社区有进行调研、筛查并管理家庭和社区医疗的公众健康护士，或为个人及家庭协调多种服务的案例管理员。特殊教师可能有自己的专业（例如听力、视力或语言需要）。

表 11.4　在特殊评价和机构中可能的团队成员的角色描述

团队成员	角色
有残疾的个人	可能需要关于如何参加及如何拥有响亮声音的指导的个体教育经验。
一般教师	为所有学生提供课堂结构和具有年龄适宜性的课程及经验（包括那些有残疾的学生）。专业知识包括特定年级或特定学科的课程与评价及典型的学生发展。学生可能会有多于一名的一般教师（特别是在初中或高中年级）。
特殊教师	协调对被纳入一般教育课堂中的残疾学生的支持。专业知识包括课程策略、个人化评价、将一般教育活动个人化的改变和调整及生活技能课程。

（续表）

团队成员	角色
家庭成员	与学生有最亲密的关系，并对学生的教育有最长久的贡献。家庭成员可以提供关于学生的历史、文化和家庭价值、喜好及对未来的目标和视野的信息。他们能够提供关于学生的最多的信息。
行为专家	在促成行为挑战方面支持学生，包括进行功能性行为评价和设计并监控积极行为支持计划。
阅读专家	专业知识包括关于阅读发展的理论和阅读与写作教学的经验。
学校心理学家	执行并解读标准化测验以确定其在特殊教育机构中是否适合。协助学校人员进行课堂表现评价（包括行为评价）。
物理治疗家	专业知识包括关于平衡、协调和力量的知识。评价学生并协助团队研发运动、保持适宜的身体姿态和站位的项目。协助维护适应性器材。
职业疗法专家	提供关于促进学生在日常生活活动（如穿衣服、吃饭、操作物体、手的灵巧度和使用书写工具的活动）中参与的信息和策略。
演讲/语言病理学家（及相关专家）	协助团队评价并促进个人的交流能力，包括语言和非语言交流及书面和口头语言交流。其他该领域中接受培训的专家包括语言治疗师和语言临床医生。
视觉专家	对视力低下或眼盲的学生开展工作。可能提供方向和移动指导，协助同龄人使用帮助眼盲学生的社会提示，并提供盲文教学。
听觉专家	为耳聋或有听力障碍的学生提供信息、评价和干预。专业知识包括监控助听器的使用并提供手语或唇语教学。
护士	可能提供医疗服务——分发药物、协助使用吸入管或胃管喂食，以及评价身体健康。
顾问	可能进行评价、提供支持、为学生的行为或情感健康提供资源，并为学生提供直接咨询。
过渡专家	协助对过渡需求的评价及对过渡计划的实施，包括职业发展、中学后教育、受到支持或独立的生活、自我调适以及支持的自然网络。
社会工作者	可以促进学校和家长之间的联系，收集关于学生或家庭的信息，并为学生或家长提供由当地机构管理的支持项目的联系方式。也可能为学生的表现性问题提供支持。
协助性科技专家	可以提供不同类型的支持，支持所涉及的领域从协助性写作程序和计算机化教学到计算机化交流系统。
外部机构支持	可能包括社会服务、家长支持小组、科技协助项目或宣传团队。这些人员在评价团队中的参与为学生在学校环境以外的生活提供了更为广阔的视角。
其他来自非教育环境的个人	可能包括对学生生活重要但通常不会参与学生教育的人：教练、童子军领袖、休息提供者、家庭朋友、社区商人等。

- 承认课堂教师也是专业人士，他们有关于幼儿个人及其在小组中发展和学

习的知识。教师知道如何为一组幼儿安排、计划并进行合适的活动。他们也可能知道在一天中进行干预的最佳时间,或有关于如何将一名幼儿的需求纳入整体课程的洞察。使用优质的课堂评价,教师可以贡献关于幼儿日常机能的、记录在案的、真实的证据。

- 知道如何寻求被整合进特定课堂或环境中的建议。一些专业人士在对一两名幼儿开展工作时非常优秀,但可能需要帮助以将其专业知识迁移到具有发展适宜性的课堂中。他们可能不知道能够对课堂活动进行调整以满足幼儿的需求,或者他们的建议对幼儿小组可能会造成怎样的影响。
- 为团队会议进行准备。对与幼儿或所考虑主题相关的课堂评价结果进行汇编、总结和展示。如果需要,指出证据是如何与忧虑相关联的,因为其他人可能并没有能够让他们看清这一关系的课堂角度。
- 对不懂的事情寻求说明。反思性倾听将有所帮助:"现在,看看我是否能把你所说的内容用我自己的话说出来。"
- 支持、尊重并在需要时指导团队成员中的家长,这样他们就能贡献自己关于幼儿和从其他团队成员的专业中获得的知识。
- 在某些情况下,课堂教师可能是团队的领导者和协调者。这可能包括有规律地召集大家进行咨询并保持凝聚力。
- 记住,学习以一个合作性团队的形式工作会花费时间和精力。

单独与专业人士工作。教师也会单独与专业人士工作——分享忧虑、寻求建议、咨询、一起工作及共同教学,以提供经过整合且有益的教学。专业人士可能能够帮助进行评价、确定忧虑,或进入教室并试验一些活动。你不需要等到一项评价完全完成并总结;但是,你应该有足够的记录以保证咨询是有成果的。专业人士可以帮助教师知道什么时候需要进一步检查"红旗项"(见"附录B")。

专业人士也可以帮助设计、执行并监控策略(例如对于确定幼儿是否能够在没有特殊服务的情况下在普通课堂中正常表现的干预的回应)。

利用社区资源进行工作。很多私立幼儿园和幼儿发展中心并没有专业人士,甚至没有联系专业人士进行咨询的固定程序。这些幼儿园里的教师必须了解并依靠公立和私立的社区资源(例如当地的健康机构或当地的学区)。如果评价揭示了一项特殊忧虑,那么要为家长提供可能的行动步骤,这可能只是向他们说"和你们的儿科医生谈谈,从她那里取得一份推荐信或转介信"或"我有学区幼儿办公室的电话,我们给他们打个电话吧"。

专业和个人发展与学习

个人反思和自我评价对于教师和幼儿来说都是课堂评价的一部分。教师使用日志或日记对当天事件或该周事件进行记录——他们对自身专业和个人成长及发展的沮丧、欢乐、成功和希望（Brandt,1991；Hebert,1992,1998）。

专业发展和学习

对幼儿的课堂评价和使用该信息对课程和教学进行的调整,对于专业和个人的要求都很高,同样,它也是令人感到满意并值得做的。在教师系统地评价幼儿知道的内容和能做的事及其态度、兴趣和能力时,他们有机会扩展并提升自己的专业角色。没有任何标准化测验、成就集合或诊断评价能够像教师一样为幼儿的发展和学习带来广泛、深刻的知识。对于教师评价增长的预期呈现了挑战和机会,它可以带回一组幼儿和成人一起工作和学习的向心性,并使他们抛弃"教育是灌输、古板的过程"这一想法。

调整、创造、增加或简化经验,以满足幼儿的需求并帮助他们学习是非常令人感到满足的。拥有个人知识、直觉和领悟成为评价过程的合理部分,使分数、等级和百分等级更人性化——并加深了专业满足感。

个人发展和学习

学习更多关于幼儿及其发展的内容——他们的个性和他们回应及与人、物体、事件和活动互动的方式——在情绪和智力上都是令人满足的。这也能使人谦卑,因为教师会开始领会人类生命和学习的复杂性和神秘性,以及很多幼儿遇到的令人痛苦的问题。

从一个更加个人的角度来说,教师在很多时候可能需要面对自己的挑战,例如:为什么接受约翰尼本来的样子这么困难?为什么对充满活力的夏洛特开展工作很容易，而帮助一名被动的幼儿这么困难——或正好相反？为什么很容易就能接受并重视特定的文化差异，但对于其他文化差异却很困难？（Hannon，2000；Humphrey，1989；Jerslid，1955）个人价值、信仰和信念会在教师决定什么对幼儿的成长和发展是重要的、教师在过程中的角色是什么以及教师怎么履行该角色时浮现出来。在帮助幼儿发展和学习的同时，教师也在发展和学习。

总　　结

与评价相关的责任超出教室的范围——家长、其他专业人士、资金和管理机构及市民组织也包含在内。教师可能会被期待准备两种类型的报告：叙事性进展报告和等级评定。这两种报告都应该被有效、可信的数据证实。

创造成功的与家长交流的技能和态度，包括：准备书面进展陈述，使用简单、容易理解且没有行话的语言，对于报告内容有选择性，保持明确和支持性，回答问题，以及对他（她）所交流的内容所造成的影响保持敏感等。评价结果最有效的使用方法之一是帮助家庭助力幼儿的发展和学习。

教师应该以多种方式保证行政人员获得信息。学校和幼儿园为了官方行政目的及向出资和管理机构、管理董事会或市民团体报告，可能需要来自教师的特定信息。对于学业问责制的日益增长的强调增加了教师对这种报告的责任。

与社区资源和来自其他学科的专业人士的协调和合作通常对满足评价需求必不可少。教师的角色和责任要求他们了解每名专业人士做些什么、记得教师也是专业人士、专业地对评价信息进行汇编和展示、善于接受并尊重其他学科，并承认教师要与其他人合作工作以实现他们的责任。

幼儿教师应该注意指标——"红旗项"——需要收集更多的信息并向家长和专业人士咨询的标志。3—5岁幼儿的这些指标在"附录B"中有所描述。可为较年长的幼儿使用州、委员会或学区的指南。

最后，对于由教师在课堂中执行的评价的日益增长的预期，为专业和个人成长提供了挑战和机会。理解并回应幼儿的教师可以用这一机会更好地了解自己。

自我反思

1. 反思关于评价增长的专业责任为你提供了哪些机会和挑战。在你的教师日记中写一小段文字对其进行描述。与你的学习小组或班级中的其他人分享你的反思。
2. 通过比较你所了解的做法及本章提到的做法，评价并反思你当前与家长和专业人士交流评价结果的态度和技能。

进一步学习与讨论

1. 很多教师不喜欢报告卡评分，并且认为它很难完成。尽可能多地列出原因并解释为什么。确定教师可以做出的行动，以使这一重要任务不那么困难。
2. 将自己置于幼儿园幼儿、学前班幼儿或二年级学生家长的角色中。（你们当中可能有人已经是这类家长了。）列出你想要从孩子的教师那里得到的评价信息。

推荐阅读

Alper, S., Ryndak, D., & Schloss, C. (Eds.). (2001). *Alternate assessment of students with disabilities in inclusive settings*. Boston: Allyn and Bacon.

Baker, C. (2007). *A parents' and teachers' guide to bilingualism*. Buffalo, NY: Clevedon.

Davis, C., & Yang, A. (2005). *Parents and teachers working together*. Turner Falls, MA: Northeast Foundation for Children.

Division for Early Childhood of the Council for Exceptional Children. (2007). *Promoting positive outcomes for children with disabilities: Recommendations for curriculum, assessment, and program evaluation*. Missoula, MT: Author.

Division for Learning Disabilities. (2007). *Thinking about response to intervention and learning disabilities: A teacher's guide*. Arlington, VA: Author.

Grant, K. B. (2010). *Home, school, and community collaboration: Culturally responsive family involvement*. Thousand Oaks, CA: Sage.

Marzano, R. J. (2000). *Transforming classroom grading*. Alexandria, VA: Association for Supervision and Curriculum Development.

Popham, W. J. (2000). *Testing! Testing! What every parent should know about school tests*. Boston: Allyn and Bacon.

Rudney, G. L. (2005). *Every teacher's guide to working with parents*. Thousand Oaks, CA: Corwin.

Stiggins, R. J., & Chappuis, J. (2011). *An introduction to student-involved assessment for learning* (6th ed.). Upper Saddle River, NJ: Pearson.

附录 A　评价与分析指南

评价与分析指南旨在帮助教师制订真实性评价计划，并对所收集的评价信息进行理解与解读。随着幼儿课堂需求的日益多样化，个性化发展越来越多地被强调，作为教学方法的支架式教学越来越多地被使用，今天的教师比以往任何时候都更加需要在充分意识到幼儿典型发展特征的同时，更多地对幼儿所处的发展水平做出判断并对幼儿的发展需求做出回应。因此，教师在评价一名幼儿是否达到了特定年龄的发展预期的同时，还需要表述出幼儿实际所处的发展水平以及如何让幼儿沿着发展连续体持续前进。

本指南围绕对幼儿的发展预期或幼儿的发展成就进行整理，也包括了对幼儿发展连续体的整理。

- 发展成就描述幼儿学到的知识，以及幼儿达到或获得的技能水平。换句话说，发展成就基于当前的幼儿发展和教育心理学研究，描述幼儿应该被预期了解的知识和具有的技能。
- 发展连续体是一个可以预测但不刻板的幼儿发展成就的顺序。
  - 发展连续体不是刻板的，因为组成发展连续体的发展成就既不是一个已经穷尽的清单，也不是幼儿为了进行到下一发展成就而必备的行为或指标的集合。
  - 对于幼儿的某些发展领域来说，我们的知识是相当完整的，但我们并不是对幼儿所有的发展领域都了如指掌。所以，本指南所列出的幼儿的行为并不一定是对于幼儿发展的所有领域及其中的所有元素进行分析的结果。
  - 幼儿并不一定会按照既定顺序经历每一个发展成就。有一些幼儿的发展可能会跳过某些发展成就，也有一些幼儿的某些表现可能会同时反映出两种不同的发展成就。
  - 作为对幼儿发展和学习评价的一般性指导，本指南给出了幼儿发展成就发生的最初典型年龄和最终典型年龄。

注：根据发展领域的不同，本指南给出的幼儿发展成就发生的最终年龄也有所不同，有些发展成就发生的最终年龄是5岁，有些是6岁或7岁，有些是8岁。

本指南中对幼儿发展预期的一些描述取自与幼儿园数学和读写领域标准相关的文件（Bodrova, Leong, Paynter, & Semenov, 2000; Bodrova, Leong, & Shore, 2004; National Institute for Literacy, 2008; Cross, Woods, & Schweingruber, 2009）。这些关于幼儿发展预期的描述既基于以往的研究成果，也基于立场声明、标准文件或由国家数学教师委员会、全美幼教协会以及国际阅读协会研发的指南。

幼儿的发展是一个复杂的过程，它包含了很多不同发展领域之间的互动。尽管本指南是按照幼儿的发展领域进行整理的，但在现实中，幼儿发展的所有领域之间都存在着互动。我们希望第二、七、八章中的信息能够对本指南的使用提供支持，也希望这些信息能够强调在评价幼儿发展时查看所有发展领域的重要性。随着对本指南的不断使用，教师应该能够越来越熟悉对幼儿发展成就的描述和发展连续体，以至于模糊幼儿各个发展领域之间的界限。正因如此，幼儿某一个发展领域影响另一个发展领域的方式会变得清晰。只有在这个时候，走向真正的发展适宜性实践的复杂的计划和评价过程才会发生。

表 A.1　评价与分析指南：大肌肉发展

需注意的事项实例	发展连续体
行走：与地面保持接触的同时，将一只脚放在另一只脚前面。 注意观察项：脚跟—脚趾连续动作；幼儿走路时手臂的位置（流畅地摆动与迈出脚相反的手臂）；平衡。沿着直线行走比沿着曲线行走简单；向前行走比向后行走简单；自发地行走比按着音乐节奏或鼓点行走简单。	3 岁 • 使用从脚跟到脚趾的连续动作，摆动与迈出脚相反的手臂；一只脚引导上下迈步，然后换另一只脚。 • 向后行走；在笔直的路面（2.5 厘米宽）上行走；在短阶梯上交替用脚上下行走；在帮助下在平衡木（5～7.5 厘米高）上行走。 • 在平衡木（5～7.5 厘米高）上行走；使用扶手在 10 级或更多的阶梯上上下行走；沿着圆圈行走。 • 随着音乐行走；在 10 级台阶上上下行走，两只脚交替。 6 岁
跑动：将一只脚放在另一只脚前面，短暂地脱离与地面的接触。 注意观察项：手臂的位置（应该流畅地摆动与迈出脚相反的手臂，不应该胡乱摆动，不应该僵硬地摆动）；平衡；流畅性；速度；平衡地开始和停止的能力；平衡地跑步并转向的能力。	2 岁 • 跑动（步伐的长度、平衡性和流畅度开始进步）。 • 更加流畅地跑动（均等的步伐，但没有成熟的手臂动作和姿势），但在转向、急停或轻松地绕开物体时有困难。 • 跑动的姿势、速度和控制有进步（停止、开始及转向时不会摔倒）。 • 使用有效的成人方式跑动（有节奏地摆动手臂，手臂越过中线，手肘以正确的角度弯曲）；将跑动与跳跃结合。 • 以更大的步伐跑动，将跑动与其他运动技能结合（例如踢），更快、更灵活地跑动。 8 岁
跳跃：用一只或两只脚起跳，两只脚落地。 注意观察项：起跳和落地，包括起跳、落地和跳跃进行中手臂的位置（手臂帮助跳跃，而不是胡乱摆动）；膝盖的弯曲（不应该是僵硬的）；平衡性和流畅性。跳跃距离和高度的增加。跳下比跳上某物体简单。	2—3 岁 • 用双脚起跳；在原地跳跃，以最低的蹲姿跳跃，可能用一只或两只脚落地（一只脚在前）。 • 轻松地在原地跳跃；越过小物体，一只脚起跳。 • 蹲着跳高 5 厘米；浅蹲立定跳远。 • 越过障碍；垂直跳跃；短距离助跑跳远。 • 简单模式的跳绳；跃上一个目标物体。 • 可以进行开合跳；复杂模式的跳绳；深度蹲伏的立定跳远（手臂向身体后面摆动更多，直到身体完全伸展与同步）；跳跃并接球。 7—8 岁
单脚跳：一只脚起跳，同一只脚落地。 注意观察项：起跳和落地；手臂的位置（手臂摆动，帮助起跳和落地，没有胡乱摆动）；单脚跳一侧；平衡性；流畅性（不应该是僵硬的）；使用脚的偏好。	2—3 岁 • 不规则的步伐，而不是单脚跳。 • 用偏好腿单脚跳出短距离。 • 单脚跳出 12.5 厘米远的距离。 • 单脚跳出 40 厘米远的距离；使用与跳跃脚相反的手臂。 • 两只脚都可以进行单脚跳。 • 沿着直线上的小方块单脚跳。 • 按照交替的节奏模式单脚跳（2–2，2–3 或 3–3 模式）。 8 岁

（续表）

需注意的事项实例	发展连续体
马步：使用同一只脚跨步（行走）。 **蹦跳**：有节奏地交替踏跳（行走）。 注意观察项：使用脚的模式；手臂的使用（应该流畅地摆动，没有胡乱摆动）；协调性；平衡；保持模式的能力。	3岁 • 尝试快跑。 • 完成滑步（侧滑步）。 • 使用一只脚跳。使用偏好脚跑得很好。 • 快跑。有些幼儿可以蹦跳。 • 轻松地蹦跳。 7岁
踢：通过用脚撞击物体使其移动。 注意观察项：姿态；用双脚站立，平衡地迈步向前（年长的幼儿可能能够向前迈几步，然后踢）；用于踢腿的动作；接触球时的平衡及后续动作；手臂的位置（没有胡乱摆动）；流畅性；未用于踢的一侧的协调性（没有额外的动作）。一开始是静止的球，然后将球滚向幼儿（不能移动位置），让幼儿迎接滚动的球。	2—3岁 • 踢时腿直且僵硬，伴随较少的身体动作。 • 踢时小腿向后弯曲，抬起，然后向前摆动。 • 踢时手臂更大幅度地前后摆动；摆动与踢的腿相反的手臂；迈向球。 • 使用成熟模式踢；踢球，手臂同步摆动；直腿踢被扔到空中的球。 • 大步跑动并踢。 • 有效且准确地踢；拦截球；根据球的高度调整踢的动作；能够瞄准球。 7—8岁
投掷：使用手和手臂将物体向空中推动——上手和下手。 注意观察项：用于投掷的手臂的流畅动作；未用于投掷的手臂的协调性（没有额外的动作）；平衡；姿态；身体的旋转（年长的幼儿会轻微向后倾斜）；物体被释放时向前迈步；用于投掷的手臂的后续动作；释放时手臂的抖动；投掷弧度。早期投掷不存在身体重心转移。较小的球更容易投掷。	2—3岁 • 面向目标，使用双侧的前臂推动；很少或没有步法和身体旋转；可能在投掷时失去平衡。 • 使用一只手较好地完成上手或下手投掷；使用一些身体旋转；可能过早或过晚释放球。 • 更有效地投掷向更远的距离，有更程序化的上手投掷动作（手肘高）；可能对上手或下手投掷有所偏好。 • 使用成熟的模式投掷；向前迈步；更高的准确性；流畅的投掷后续动作。 • 使用鞭打动作上手投掷（准备时身体向后倾斜）；使用具有爆发性的下手投掷。 7—8岁
接物：用手抓或接从空中扔来的物体。 注意观察项：姿态（平衡的，可以移动并接住）；手臂的位置（用身体夹住球或用手抓住球）；眼睛跟随物体的运动轨迹；将自己置于物体下方；根据物体大小调整手的位置。一开始，接住在地面上滚动的球。较大的球更容易被接住。幼儿可能在使用较大的球时表现出更为成熟的接物动作。	2—3岁 • 用双手使物体停止滚动。 • 站着接住物体，手臂僵硬；可能会闭上眼睛，弓起身体；物体打中身体后，闭合双臂。 • 手臂僵硬地伸直，手面朝向物体；用身体夹住物体。接住弹起的球。 • 手臂在手肘处弯曲；用身体夹住。 • 试图用手接住；仍然用身体夹住；更好地跟随球的运动轨迹。 • 比较熟练地用手接住物体；弯曲手肘，双手向前；用手接触物体；接不稳的物体。 • 用手接住物体，很少有接不稳的情况；较好地判断物体的运动轨迹；移动到位置；根据物体大小调整手的位置。 7岁

（续表）

需注意的事项实例	发展连续体
感知运动能力：意识到身体、时机和方向。通过观察和聆听示范后模仿的能力。 注意观察项：以稳定的节奏拍手；根据节奏或音乐行走、跳跃、单脚跳或蹦跳；移动时的身体控制（没有额外的动作）；对外部空间的感知（不会在移动时撞到物体和人）；模仿其他人的动作；在听到语言指导后完成动作。	3 岁 • 识别身体部位。 • 用手拍出简单的节奏；缺乏模仿动作所需的空间和方向意识。 • 模仿以特定顺序示范的动作（拍手模式）。 • 使用语言指导完成简单的动作顺序。 • 根据音乐行走。 • 记住由不同动作串联在一起的简单顺序。 6—7 岁
身体健康：幼儿在剧烈锻炼后的身体状态，及保持剧烈运动的能力。 注意观察项：对于运动的持续的热情表现；幼儿用于剧烈运动的时间；幼儿对于疲劳的反应（喘不上气、没有力气）。	5 岁 • 剧烈锻炼 10～15 分钟，不需要停止。 • 剧烈锻炼 15～20 分钟。 8 岁

来源：改编自 Berk, 2012; Corbin, 1980; Council on Physical Education for Children, 2000; Gallahue, 1982; Hastie & Martin, 2006; National Association for Sport and Physical Education, 2004; Poest, Williams, Witt, & Atwood, 1990; Schirmer, 1974; Sinclair, 1973; Thomas, Lee, & Thomas, 1988; Trawick-Smith, 2013; Weeks & Ewer-Jones, 1991; Weikert, 1987; Wickstrom, 1983; Williams, 1991; Wittmer & Petersen, 2014.

表 A.2　评价与分析指南：小肌肉发展

需注意的事项实例	发展连续体
操作／可操作材料：使用手和手指操作的能力。 注意观察项：灵巧性；柔韧性；准确性和控制；协调性；感知觉整合；幼儿如何堆叠、移动和旋转物体；使用哪些手指；流畅的手指动作（开始没有错误，不使用胸部和桌子协助操作，不以奇怪的样子伸出一根手指或多根手指）；对右手或左手的偏好（一只手会更加协调）。	2—3 岁 • 将简单的集合图形放进拼图中或完成 3～4 块拼图；串起大珠子；翻书页；使用木钉板和大木钉；堆叠小型木质积木；进行手指游戏，但无法独立使用手指；挤压并敲击橡皮泥。 • 串起小型木珠；完成 5 块拼图；使用木钉板和小木钉；在手指游戏中更加独立地使用手指；用橡皮泥做出球型，并使用工具（使用饼干模型）。 • 完成 12 块拼图；使用小型积木建造更复杂的结构；进行编织；在手指游戏中独立地使用手指。 • 使用相互咬合的积木建造复杂的结构；手捏、盘绕做出罐子或雕塑。 • 准确地挥动锤子；缝纫和编织。 8 岁
自助技能：自己吃饭、穿衣服以及照顾自己的能力。 注意观察项：对餐具的抓握；吃饭，而不将食物掉下来，或把食物弄到衣服或脸上；纽扣的大小，系纽扣时使用几根手指，系纽扣或解开纽扣的能力；拉上拉链或拉开拉链。	2—3 岁 • 用勺子吃饭；单手拿杯子；穿上衣服（不靠帮助）；解开衣服上的纽扣。 • 用叉子吃饭；解开衣服上的纽扣；断断续续地拉上拉链；将衣服挂在衣架上。 • 系纽扣或解开纽扣；拉上拉链。 • 自己穿衣服或脱衣服；梳头。 • 系鞋带。 5—6 岁
剪切和粘贴：使用剪刀、胶水和胶棒的能力。 注意观察项：灵巧性；准确性和控制；协调性；感知觉整合；大拇指向上握住剪刀；大拇指向上握住纸张；进行剪切时直着握住剪刀，没有扭动或撕坏纸张，边缘笔直而不是扭曲的，一只手剪切，另一只手握着纸张随着移动；控制胶水的使用量（不是一大滴胶水）；使用手指或棍涂抹胶水。	2—3 岁 • 迅速地剪纸（在纸张的边缘进行剪切）；不正确地握住剪刀和纸张；使用大片胶水或胶棒，没有什么控制。 • 使用剪刀完成一次完整的剪切动作（剪出一整个剪刀的长度）；手的位置可能不正确。 • 使用剪刀完成两次完整的剪切动作（剪出两个剪刀的长度）；剪直线有困难；使用大片胶水或胶棒，但有更多的控制；使用食指涂抹胶水。 • 沿着直线和一定的角度（90°直角）剪，向前移动纸张和手；手处于正确的位置；在正确的位置使用胶水和胶棒，并使用合适的量。 • 沿着曲线剪；剪出简单的几何图形；剪出内角（小于 90°的内角）；剪出钝角和锐角；从杂志上剪下复杂的图形；使用剪刀和胶水或胶棒完成图案。 5—6 岁

（续表）

需注意的事项实例	发展连续体
使用书写工具：握住及使用铅笔、签字笔、蜡笔、记号笔和颜料刷的能力。 注意观察项：灵巧性；准确性和控制；协调性；感知觉整合；工具的抓握（整个手或手指三点抓握）；抓握应该是牢固的（不应该过紧或过松）；手在工具上的位置（不应该距橡皮、铅笔或签字笔上端或距笔尖或纸过近）；标记的类型［在纸上戳、流畅地乱涂乱画或小心地完成线条（例如字母或有始有终的图形）］；幼儿的绘画（人脸、线条人像、置于正确位置的特征、细节特征；额外的景色，例如房子、动物、树木、草地和天空）；绘画中成比例的图像（房子应该比人大）；乱涂乱画中的重复特征（乱涂乱画看上去是随机的，还是对于书写的尝试？）。	2—3岁 • 使用整个手或握拳抓握书写用具；在纸上戳；用整个手臂的动作乱涂乱画。 • 尝试三点抓握，但是在书写工具上的位置不连贯；乱涂乱画，会画出浓重的颜色点；画出有明显区别的点、竖线、横线。 • 使用三点抓握，但不连贯；复制十字或圆圈；在图画中使用横线和竖线、十字和圆圈。 • 使用正确的抓握；复制正方形和一些字母（姓名中的字母）；画出人像，有面部特征的头像（眼睛、鼻子和嘴巴的位置可能并不正确）。 • 使用线条代表手臂和腿并画出人像，面部器官处于正确的位置；在横线上画出有重复特征的涂鸦（看起来像写字一样）；乱涂乱画时在"单词"之间留出空间。 • 写出一些可识别的字母（通常是姓名中的字母，有很多倒转或镜像的图像，不正确的比例）；在线之间涂色；画出建筑物、车和船（比例不正确——人比建筑物大）；画出树木和花朵。 • 以正确比例绘画；正确写出名字中的字母（可能无法以正确顺序或正确比例写出字母）。 • 用手指尖握铅笔；画出三角形；完成简单的迷宫；复制大多数字母（有些仍是倒转的）；用字母组合成单词（单词可能会聚集在一起；单词可能会在第一行开始，在另一行结束）。 • 正确写出大写和小写字母及1—10的数字，大多数是正确的比例。 • 在书写单词时留出空间；准确并整洁地书写；正确复制菱形；开始使用草写体。 7—8岁

来源：改编自Ashton-Lilo, 1987; Beaty, 2013; Bodrova, Leong, Paynter, & Semenov, 2000; Feldman, 2011; Levine, 1995; McDevitt & Ormrod, 2012; Mowbray & Salisbury, 1975; Schiamberg, 1988; Schickedanz & Casbergue, 2009; Schirmer, 1974; Schwartz & Robinson, 1982; Thompson, 1986; Weeks & Ewer-Jones, 1991.

表 A.3　评价与分析指南：知识基础——数学、科学和社会研究的基本概念

需注意的事项实例	发展连续体
基本概念： 注意观察项：幼儿在指导前了解多少知识；学习新信息时对知识基础的使用；信息的质量和数量；在接受水平上对概念的使用（指向、放置物体、点头做出回应）；在表达水平上对概念的使用（讲出……的名字）；自发使用。	2—3 岁 • 了解以下概念：大、小、高、矮、长、短，在……上、在……里，下、上。 • 了解高、低、宽、窄、厚、薄、深、浅，在……旁边、在……外面、在……里面。 • 了解在下面和在下边，正上方和正下方。 • 了解满、空、轻、重，最下、最上、中间；第一、第二、第三；长方形、三角形、圆圈、直线。 • 识别两个物体是否一样，哪个更长、短、轻、重，满、不那么满。 • 使用与自己的身体、其他人或物体相关的空间术语。 6—7 岁
颜色概念： 注意观察项：被提问时指向一种颜色的能力；被提问时说出颜色的名称；自发地使用颜色概念和名称。不经常使用的颜色的概念在学会经常使用的颜色之后才会获得。	5 岁 • 了解红色、绿色、黑色、白色、橙色、黄色、蓝色、粉色、棕色、紫色，以及大多数颜色的名称。
数学概念： 数字和运算 注意观察项：使用数字描述环境和游戏中的物体；在不数数或数数的情况下识别一批物体的数量；在物体相加或相减时识别物体的数量（小的总数量）；使用策略解决简单的问题。	2—3 岁 • 使用一些数字词汇，但没有数字顺序，没有规则。 • 在语言上重复 1—10 的数字，部分是正确的顺序；针对一小批物体，将物体一对一地与另一批物体相匹配（一一对应）。 • 按顺序了解 1—5 的数字单词（死记硬背的计数）；对有 1—5 个物体的一小批物体计数（有意义的计数）。"看到并使用数字对一小批物体进行描述"；可按要求组成有 1—4 个物体的小组；可以将一个物体从小于 5 个物体的小组中加上或减去。 • 按顺序了解 1—10 的数字单词（死记硬背的计数）；知道最后使用的计数单词说明了"有多少"；能够一一对应——物体对应物体及数字单词对应物体，直到 10。 • 对 10—20 个物体进行计数；知道更小的数字先出现，更大的数字后出现（顺序原则）。 • 知道最后的数字等于总和（基本原则）；对一批物体计数（抽象原则）；理解对物体计数的顺序并不影响总数；从 10 倒着计数，用绘画代表数字。 • 对小于 20 个的物体以视觉差异区别"更多""同样多""没那么多""少于"（比……更少）（在不数数的情况下）。 • 知道顺序数字（第一到第五）；知道当两组物体有相同数字时，它们是一样的；理解加和减的含义。 • 从不是 1 的数字开始计数（例如，5、6、7、8、9）。 • 知道一个更大的数字是由较小的数字组成的；识别并书写 1—10 的数字。 • 知道 20 以后的数字单词模式与 1—10 相同（21、22、23，等等）；对 5 个以下的物体的数感（在不计数的情况下立即识别一批物体）。

（续表）

需注意的事项实例	发展连续体
	• 知道"一半"的概念；将一整个物体或一批物体分为两个均等的部分。 • 知道如果加入一个物体，那么该批物体的数量会增加；如果拿走一个物体，那么该批物体的数量会减少。 • 计数并生成（创造）一批数字，给定小于100的数字（6—7岁）。 • "看"并标记有模式的一批物体（在骰子或骨牌上）及没有模式的一批物体（少于6个项目）。 • 使用基于计数的策略进行加法或减法，例如对10以下的数字计数。 • 使用可操作的实体材料解决简单的单词问题。 • 表现对于数字的直观理解；理解位值；数学正式教学的开始；更多信息请参考课程指南和美国数学教师协会标准。 8岁
地理和空间知觉 注意观察项：使用形状完成图画，命名不同的形状，说出包含在物体内的形状，说出环境中的形状（二维和三维），使用地理词汇。	2—3岁 • 将相同大小的二维和三维形状匹配。 • 将不同大小的相同形状匹配，然后将在空间中不同方向的相同形状匹配；对形状进行分类，但可能在分类过程中改变分类的依据（连锁）。 • 使用形状完成图画；能够在简单的图片中找出一个形状；将形状与物体联系（像球一样圆等）。 • 使用空间词汇（例如在……旁、在……后、在……下等）。 • 根据一个连贯的特性对形状分类；然后，可以改变特性，再次分类。 • 识别并命名多种二维和三维形状（例如四边形、梯形、菱形、五边形、立方体和球体）；识别角和边。 • 组合形状以完成图像，类似于七巧板。 • 画出并理解关于熟悉地点的简单地图（例如教室或运动场的地图）。 • 预测一个三维形状在空间中翻转或旋转后会是什么样子。 • 使用与其他人或物体有关的相对位置的空间术语（"这块积木在你的前面，但在椅子的后面"）。 8岁
测量 注意观察项：试图使用其他物体、手、手指、手臂、脚步进行测量，使用测量工具（例如天平、尺子、量杯等）。	3岁 • 识别长度是一种特性。 • 当比较相邻的两个物体时，识别出哪个更长。 • 使用一个物体来测量另一个物体（使用一条线测量出两块积木中哪块更长）。 • 使用测量术语识别并表述物体的特性（重、轻，长、短，满、没那么满，更高、更矮，等等）。 • 根据物体的特性比较并分类（将所有的高积木放在一堆，所有的矮积木放在另一堆）；根据两种特性分类。 • 根据可测量的特性（尺寸、重量、长度等）将物体按顺序摆放。 • 试验测量物体的方法（使用不同大小的杯子测量水量或使用不同物体比较长度）；对幼儿间测量的差异（"我有两杯"）及不同类型的测量（"两小杯等于一大杯"）进行评论。

(续表)

需注意的事项实例	发展连续体
	• 理解可测量特性中与差异相关的词汇（更小、最小、比……小等）。 • 使用非标准和标准的测量工具。 • 知道时间词汇（在……以前、在……以后、昨天等）。 • 知道测量一个事件的持续时间或时长。 • 知道时钟和日历可用于测量时间；使用电子时钟看时间。 • 正确理解关于使用测量工具的基本要点（将尺子的末端与想要测量的物体对齐）。 • 使用测量数字［2英寸（约为5.08厘米）］；理解数字原则适用于测量［加上1英寸（约为2.54厘米），数字会更大］；使用模拟时钟看时间。 • 估计测量和数量。 • 使用时间词汇（秒钟、分钟、小时、天、周）来描述事件的持续时间。 8岁
<u>模式/代数思考</u> 注意观察项：在操作材料的游戏中尝试创造模式或对环境中的模式做出回应。	3岁 • 注意到简单的重复模式。 • 对简单模式中遗失的部分填空（ABAB？BAB）。 • 在简单模式下方复制该模式。 • 使用不同物体代表一个简单模式（以"红蓝红蓝"的模式代表"ABAB"）或在不同位置复制该模式（不在模式下方）。 • 复制更加复杂的模式；填空；延伸一个模式；使用不同的物体。 • 创造成长的模式。 • 注意到并讨论代数中的模式；识别一个模式中最小的单位。 7岁
<u>展示和分析数据</u> 注意观察项：尝试在展示或绘画中表现计数和分类；尝试理解图表和表格。	2岁 • 根据一些特性对相似的物体进行分类，尽管该特性可能根据物体的不同而发生改变（连锁）。 • 根据一种特性对物体进行分类，但不能根据变化的特性对物体再次进行分类。 • 根据特性对物体进行分类，改变分类规则；根据小组的大小或物体的数量对小组进行计数或比较。 • 参与制作简单图表（将选择置于图表中的正确位置）。 • 比较简单的图表。 • 使用符号（如计数符号或积木）完成一个简单图表以代表物体或特性；例如，在纸上写下两个计数符号以代表物体中的两块蓝色积木。 • 使用数值总结代表数据，例如使用数字完成一个柱状图。 • 阅读不同类型的图表和表格。 8岁

（续表）

需注意的事项实例	发展连续体
科学概念： 注意观察：对科学现象的描述；使用科学词汇；根据观察和实验来理解自然世界。	2—3岁 • 注意到幼儿周围的世界。 • 知道物体可以以不同的感觉被感知，而且这些不同的感觉会提供不同的信息。 • 使用简单工具（放大镜、天平等）进行观察。 • 对观察到的现象提问（为什么树那么大？）。 • 知道物理环境中的一般性质（季节、天气、岩石、山脉、河流、湖泊、海洋等）。 • 对推断出的现象提问（为什么植物需要根？）。 • 对观察到的细节提问（为什么我的狗身上有不同类型的毛发？）。 • 使用日常语言解释科学现象。 • 开始使用科学词汇解释现象。 • 知道事物的物理特性会改变（冰会融化等）。 • 在成人的指导下进行简单的实验，以理解现象。 • 知道简单的科学概念基于可观察的世界。 • 使用简单的科学概念解释自然现象。 • 理解调查或实验是如何回答科学问题的。 • 根据推断出的特性对物体进行分类，并指导一些科学分类（哺乳动物和爬行动物，会沉下去的物体和会浮起来的物体等）。 • 知道不同生物的生命周期是不同的。 8岁
社会研究： 注意观察项：对文化、人、地点和环境、群组和机构、其他国家和公民观念（好公民、多样性、社区意识）的兴趣和理解。	美国社会研究委员会为幼儿教育设立了以下预期： 学前班：社会环境中的自我意识。 一年级：在学校和家庭生活中的自我。 二年级：街区。 三年级：与社区中的其他人分享地球。

来源：改编自 Baroody, 2004; Berk, 2012; Boehm, 1991; Castaneda, 1987; Clark & Clark, 1977; Clements, Swaminathan, Hannibal, & Sarama, 1999, Clements & Sarama, 2004; Copley, 2000, 2004; Cross, Woods, & Schweingruber, 2009; DeVilliers & DeVilliers, 2013; 2009; Dutton & Dutton, 1991; Flavell, 2011; Forman & Kaden, 1987; Fuson, 2003; Hoff, 2013; Kamii & Housman, 2000; Lightfoot, Cole, & Cole, 2012; Mindes, 2005; National Association for the Education of Young Children (NAEYC) and National Council of Teachers of Mathematics (NCTM), 2002, 2003; National Council for Social Studies, 1994; National Council for Social Studies (NCSS) Task Force on Early Childhood/Elementary School Social Studies, 1988; National Council of Teachers of Mathematics, 2006; Paynter, Bodrova, & Doty, 2005; Richardson, 2000; Seefeldt, Castle, & Falconer, 2013; Sophian, 2004, 2007.

表 A.4 评价与分析指南：认知发展——记忆

需注意的事项实例	发展连续体
注意力： 注意观察项：指向或识别两张图片之间差异的能力；字母之间的混淆（"b"和"d"）；获取信息时使用的感官（看或听）；集中注意力的迹象；排除令人分心的事物的能力；被要求时集中注意力的能力；不同水平的集中注意力（对于特定任务有更多的注意，或在完成任务的特定时间点中有更多的注意，其中是否有一种模式？）；根据将要学习的材料改变注意力（对于不知道或漏掉的项目有更多的注意）；对教师要集中注意力的语言提示的回应（"看这里""注意了"等语言提示，或指向某个事物等非语言提示）；幼儿注意到的提示（在阅读时混淆"这个"和"那个"）。	注意幼儿集中注意力的表现方式之间的文化差异。 2—3 岁 • 形成并保持与他人的共同关注。 • 在感兴趣时集中并注意；用视觉浏览事物并进行搜索，但不是系统的。 • 识别并适当地回应教师要幼儿集中注意力的语言提示（名字的使用）。 • 分辨有竖线和横线的字母（"E"和"M"）及正向和反向的字母（"M"和"W"）。 • 忽略一些令人分心的事物（颜色、动作、吵闹）；分辨互为镜面图像的字母（"d"和"b"，"p"和"q"）；将注意力从一个任务转移到另一个任务。 • 很好地控制注意力；系统地用视觉浏览事物；不同的注意力（尽管不像 12 岁的孩子一样好）；认知自律的开端；使用自我对话（私下对话）以保持注意力。 • 在困难的任务中或在教师给出不明显的提示时需要教师的支持以保持注意力。 8 岁
记忆策略： 注意观察项：记住的信息数量；自发使用的策略数量；对于建议策略的回应；对策略的描述。 策略有： 演练——不断地重复信息，复制信息（只适用于年长的幼儿）。 整理——对物体进行分类或分组（重新整理拼写清单，将相似的单词放在一起）。按照语义的分类（使用词汇）对物体进行整理，而不是按照关系（什么和它相配）进行整理，前者更为成熟。 详细阐述——在新信息和先前的知识与经验之间建立联系（"我在动物园看到了一只和它一样的青蛙""那个单词看起来像'thin'，只不过它的末尾有一个'k'"）。	2—3 岁 • 在成人的语言提示下回忆一系列行动。 • 有两个项目的记忆范围，使用命名和观察作为早期策略。 • 在观察后，能够识别 50 个以上的物体；知道熟悉的常规的脚本；在指导下使用语言演练作为记忆策略；有 3～4 个项目的记忆范围。 • 理解"记住"的含义。 • 在提示下使用重复作为演练策略；使用简单的整理作为记忆策略；在任务容易或难以记住时进行表达；认知自律的开端；意识到自己的思考。 • 自己使用演练策略（重复、分类整理）；使用多种策略；几名幼儿自发地使用详细阐述作为记忆策略。 8 岁 注意：演练、整理和详细阐述的训练会提高记忆的能力（即便对 2 岁幼儿也是如此）。新策略的使用要求持续的成人指导（告诉幼儿使用哪种策略）。

来源：改编自 Berk, 2012; Berliner & Rosenshine, 1987; Bjorklund, 2011; Blair, 2002; Brown, 1978; Clark & Clark, 1977; Corno, 1987; Feldman, 2011; Gage & Berliner, 1998; Grabe, 1986; Lightfoot, Cole, & Cole, 2012; McDevitt & Ormrod, 2012; Oates & Grayson, 2004; Phye & Andre, 1986; Resnick & Resnick, 1992; Shonkoff & Phillips, 2000; Slavin, 2011; Sternberg & Sternberg, 2011; Trawick-Smith, 2013; Winne & Marx, 1987; Woolfolk, 2012.

表 A.5　评价与分析指南：认知发展——思维

需注意的事项实例	发展连续体
象征性思维：在思考过程中操作并使用符号的能力。 注意观察项：使用语言作为思考工具；使用一个物体代表其他物体（用玩偶代表婴儿）；扮演不同的角色；使用代表性绘画（画出提前决定好的特定事物）；使用书面符号作为思考工具（使用符号表示一种模式，书写单词）；使用图表象征数字。	象征性思维中对角色的操作的信息在表 A.9 "社会表演游戏"部分有所表述。 2—3 岁 • 使用语言作为思考工具；参与象征性游戏（使用物体代表其他物体或扮演不同的角色）；开始进行代表性绘画。 • 参与代表性绘画；开始使用书面符号（书写姓名、数字，用计数符号代表数字）。 • 在教师的帮助下制作并解读图表。 • 使用书面符号；制作并解读图表。 7—8 岁
分类：对物体进行分类和分组的能力。 注意观察项：自发进行分类和再次进行分类的能力；根据教师提供的特性进行分类；根据单一特性（大小、颜色、形状）进行分类；根据多种特性进行分类；根据相似性（所有的纽扣，所有的积木）进行分类；根据全部—部分（全部相同的物体，只是颜色不同）进行分类；将物体排列成系列（大、更大、最大）。幼儿可能会对特性进行表述；在加入新物体时使用相同的原则；创造一种简单的模式；创造一种复杂、扩展的模式。	2—3 岁 • 对物体进行分类，但并不使用系统或连贯的特质构成小组。 • 根据一种特性进行分类；根据一种特性将物体排列成系列；创造一种简单的模式（ABABAB）。 • 根据两种特性（蓝色大的、蓝色小的、红色大的、红色小的）进行分类。 • 在构成小组后，将组分类成子组；创造一种完整的模式（AABBCCAABBCC 或 ABCCABCCABCC）。 • 根据多种特性（2×2 矩阵）进行分类。 • 理解父类和子类之间的关系（物体可以同时属于多个种类）。 7—8 岁
问题解决：使用可获取的信息、资源和材料，以达到一个目标。 注意观察项：脚本（过去发生的事件的预期发展顺序）；分析（识别部分、特性、过程、论证、事件）；比较；推论（得出结论、进行预测、提出假设、做出有根据的猜测）；对想法的评价；识别问题。幼儿可能会使用公式（数学公式、特定"诀窍"）；经验法则（策略或估计）。	2—3 岁 • 使用脚本解决日常问题。 • 产生直觉的假设。 • 进行比较；识别问题。 • 使用观察来得出结论并证实结论；尝试多种策略。 • 在教师的支持下使用公式和经验法则及其他策略。 • 在法则的基础上做出推论；表达是否需要更多的信息；做出心理上的推论。 • 使用边想边说的策略（大声说出问题），倒推策略（由结尾或可能的解决办法开始，然后倒推，看是否与给出的信息相匹配）；将大问题分解成小问题；反思策略、学习、错误和理解。 7—8 岁

（续表）

需注意的事项实例	发展连续体
守恒：所有的守恒任务都设有物理特性（数量、质量、重量、长度、面积、体积）相同的物体，在幼儿面前将它们以看起来不同的方式重新排列。 注意观察项：对皮亚杰式任务的反应或幼儿用数量进行游戏的方式的回应；答案的解释；数量守恒（当物体以不同的方式排列时，它们的数量不发生改变——一组堆起来，一组排成列）；长度守恒（尽管物体以不同的方式排列，但长度不发生改变）；容量守恒（即便将液体放在看起来不同的容器中，液体的容量也不会发生改变——一个又长又细的杯子，一个又短又粗的杯子）；质量守恒（尽管两个用泥捏成的球形状不同，但它们的质量不发生改变——一个是球状，一个被滚成蛇形）。	2—3 岁 • 无法认识守恒；认为一个物体或一组物体____（更多、更长、更大）；最新研究指出，处于前运算阶段的幼儿能够理解 4 个或更少的物体的数量守恒，但可能无法解释他们的答案或为之辩护。 • 能够理解数量、长度、容量和质量的守恒；典型的辩护有："你没有加入或拿走""你只是移动了它们，如果你向后移动它们，就会有相同的____""你怎么排列它们不重要""它们只是看起来不同，但是它们有相同的____"。 6—8 岁

来源：改编自 Baumeister & Vons, 2004; Berk, 2012; Bjorklund, 2011; Blair, 2002; Bronson, 2000; Charlesworth, 2013; Clark & Clark, 1977; Cross, Woods, & Schweingruber, 2009; DeVries, Zann, Hildebrand, & Edmiaston, 2000; Dutton & Dutton, 1991; Flavell, 2011; Gage & Berliner, 1998; Ginsburg & Opper, 1988; Hoff, 2013; Kamii & Rosenblum, 1990; Lightfoot, Cole, & Cole, 2012; McDevitt & Ormrod, 2012; Park & Gauvain, 2008; Phye & Andre, 1986; Schultz, Colarusso, & Strawderman, 1989; Slavin, 2011; Tharp & Gallimore, 1988; Wadsworth, 2003; Wittmer, Petersen, & Puckett, 2012.

表 A.6　评价与分析指南：语言发展——口头语言

需注意的事项实例	发展连续体
发音：念出单词和理解讲话的能力。 注意观察：发音和咬字；删除发音（将 banana 说成 nana）；对发音的代替（将 this 说成 dis）。	2—3 岁 • 重复多音节单词的初始辅音和元音（将 cookie 说成 gege）；删除不重读的音节（将 banana 说成 nana）；用塞音替换摩擦音的嘶嘶声（将 sea 说成 tea，将 say 说成 tay）；用滑音（w 或 j）替换流音（l 和 r）——（将 red 说成 wed，将 yellow 说成 yewwo，将 lap 说成 jap）；减少复辅音（将 play 说成 pay，将 train 说成 tain）；正确发出元音和 p（pin）、b（big）、m（mama）、w（want）、h（house）。 • 只有很少的错误发音；仍会替换流音；发出 d（dog）、k（cat）、g（gone）、f（feet）、n（no）、ng（swing）。 • 可理解 90% 的发音；已经掌握了大多数发音，包括 sh（ship）、s（sit）、ch（chip）、v（very）、r（run）、l（lamp）。 • 可理解 100% 的发音；能发出 z（zip）、th（this、thin）、j（jump）、zh（sure）。 7—8 岁
词汇：理解单词和语句的含义；理解的概念类型在表 A.3 中有所讨论。 注意观察项：对单词和语句的使用与理解；字面和抽象含义；笑话和幽默的使用。接受、理解更大量的词汇（例如，2—4 岁幼儿的接收词汇为 1500 个，表达词汇为 600~1000 个）。	2—3 岁 • 理解所有格、常见动词、形容词；理解常见名词的用法（"你用什么写字？"）。 • 遵循复杂的三步指令；对单词进行字面上的解读（"她是一个冷的人"意味着她感觉冷）。 • 理解礼貌用语（"您想不想坐下来？"）。 • 理解间接言语行为（"外面很冷"意味着窗户边很冷）；对单词进行更少字面上的解读（"她是一个冷的人"意味着她不会表达喜爱之情）。 • 理解基于音韵模糊的笑话——声音游戏（"你管吃草的牛叫什么？——剪草机"）。 • 理解基于双关语或单词双重含义的笑话——词汇的模糊（"葡萄在大象踩到它的时候说了什么？它发出了一点'葡萄酒'"）；理解承诺与告诉、问与说之间的差异。 6—7 岁
语法：使用语法规则完成句子的能力。 注意观察项：在一次表达中使用的单词数量；使用的单词类型（名词、代词、动词、形容词和副词）；使用的动词时态（现在时、现在进行时、一般时态）。	2—3 岁 • 使用现在进行时（-ing）；介词（在……上、在……中）；名词复数（dogs）；动词 be 与形容词（"He is fun"）；介词（在……中、为了、来自、与……一起、向）；名词词组（"The book of dogs"）；冠词（a、an、the）；一般过去时（walked）；第三人称一般现在时（he reads it）；过度概括（例如 wented、fellded、footes、mens 和 mouses）；不规则现在时（has、does）。 • 使用缩略词；过去时、复杂过去时、将来时动词；问不同类型的问题（简单问题："你在做什么？"反义疑问句："这是你的，不是吗？"）；使用 and 等连接词连接两个句子（"那辆车是红色的，而且它还发出很大的噪音。"）；动词短语（"他想吃饭"）。

（续表）

需注意的事项实例	发展连续体
	• 使用内嵌分句（"I know he went home."）；间接宾语和直接宾语结构（"Taylor gave me the toy."）；被动语态［"姜饼被狐狸吃掉了（The gingerbread was eaten by the fox）."］；不定式短语（"Marcia is easy to please."）；代词和指示词（"When he liked you, he was nice."）。 • 使用3~4个音节的单词；使用更多的形容词、副词和连接词；使用4~6个单词的句子；询问单词的含义。 • 使用多种语义结构来表达相同的想法；有意识地使用语法，并且能够描述为什么句子正确或不正确（元语言认知）。 7岁
对话技能：参与与他人的有效且适宜的对话的能力。 注意观察项：幼儿在对话中交替说话的次数；恰当的交替（不打断、不令他人分心）；对倾听者需求的敏感（对不清楚表达的说明）；根据环境调整语言（同龄人、教师、更年幼的幼儿或在扮演不同角色时）；介绍新的对话主题的方式（逐步地或唐突地）；理解幽默、讽刺和挖苦；使用不同形式的表达，例如礼貌用语（"请问我能要一些吗？"）、间接引语（你介意我看一下它吗？）及最新的俚语。	2—3岁 • 能够维持两轮对话（对先前的表达做出回应）；在扮演婴儿时改变音调；使用语言作为工具（例如做出要求、让其他人注意、维护权利）。 • 维持3~4轮对话；理解对于行动的间接要求的目的。 • 在被要求时对讲话进行修正（主要通过指出）；要求其他人说明语义模糊的句子；在扮演刻板印象角色时改变讲话方式（医生、母亲、父亲）。 • 使用一些俚语；更擅长使用语言作为工具；使用礼貌用语；监控对话并做出评论；对未来做出计划并为游戏创建图像。 • 持续进行复杂对话（6轮或更多）；通过逐步更改话题改变对话；对同龄人使用俚语；在向成人提出要求时表现出尊重；在表达中使用不明显的暗示来调整、表达及维持社交状态。 • 根据倾听者的需求调整表达（能够判断什么时候加入更多的细节）；精于使用语言作为工具。 6岁

来源：改编自 Adger, Snow, & Christian, 2002; Berk, 2012; Blank, Rose, & Berlin, 1978; Cazden, 1972, 2001; Charlesworth, 2013; Christie, Enz, & Vukelich, 2007; Clark & Clark, 1977; Clay, 1991; DeVilliers & DeVilliers, 2013; Genishi, 1987, 1988, 1992; Gleason & Ratner, 2008; Hoff, 2013; Lightfoot, Cole, & Cole, 2012; Lindfors, 1987; Locke, 1995; Menyuk, 1988; Messer, 1995; Owens, 2011; Pence & Justice, 2011; Petty, Petty, & Salzer, 1989; Roskos, Tabors, & Lenhart, 2009; Shafer, Staub, & Smith, 1983; Tough, 2012; Trawick-Smith, 2013; Wittmer & Petersen, 2014; Woolfolk, 2012.

表 A.7　评价与分析指南：语言发展——读写发展

需注意的事项实例	发展连续体
书籍和印刷概念：理解书籍和印刷的工作原理。 注意观察项：正确地拿书；翻页（不折叠书页或撕烂书页）；从书的封面开始向后看书；指出环境中和书中印刷品的能力；区分印刷和图片，对已经阅读过的一段文本有所理解；在读书时指向所读行的能力（从左向右、从上到下，用手指指着"阅读"到下一行）；对于印刷含义的不断理解。	2—3 岁 • 正面向上拿书。 • 通过封面识别书籍。 • 小心地翻页。 • 区分印刷和图片。 • 识别环境中的印刷。 • 知道印刷是将口头语言写下来。 • 假装阅读：翻页、指出物体、模仿成人。 • 当被问在读什么时，指向文本。 • 理解"书的开始""书的结束"和"书的封面"。 • 当文本以常规形式（在页面的左侧）出现时，指向单词，阅读文本的第一行。 • 按照从左到右的方向指向单词（不论句子有多长）；用手指从左向右划过一行，直至末尾。 • 开始"阅读"熟悉的文本，一般能够记起文本的内容。 • 在"阅读"熟悉的文本（自己的写作、知道的故事或听的故事）时跟踪印刷；使声音—文本匹配，指向每个单词。 • 知道作者和插画家是做什么的以及书名是什么。 • 不管一个单词是如何写出的（不同字体）或在什么位置，都以相同的方式读出该单词。 • 知道一个字母、一个单词和一个句子之间的差别，并能够按要求在页面中指出上述每一种。 • 使用策略来解码单词。 • 在早期阅读和真正阅读之间过渡。 7 岁
语音意识： 注意观察项：语音意识——意识到口头语言是由声音构成的；单词中有多少声音（敲击出音素的数量）；按顺序识别音素（字母顺序原则）及它们在单词中的位置（单词的开端、中间或结尾）；识别熟悉音素的能力；删除和代替音素的能力；押韵的能力；识别音节（在说出单词时，根据音节敲击或拍手）；识别句子中的单词（在单词被读出时，敲击对应的数量）。	3 岁 • 意识到语言中重复出现的声音。 • 注意起始音和押韵音。 • 数出或敲击出一个单词中声音的数量。 • 分离出单词的首音。 • 能够识别给定的若干单词或诗歌的单词中的押韵。 • 分离出单词中多于一个的音；识别尾音；识别其他音（例如介音）；声音的识别顺序与字母顺序不同。 • 数出或敲击出一个单词中的音节。 • 根据字母顺序原则（声音出现在单词中的顺序。在 dogs 一词中——首先是 d，然后是 o，接下来是 g，最后是 s）识别单词中的音。 • 数出或敲击出一个句子中的单词。 • 删除单词中的首音或音节，然后说出单词的余下部分。 • 将发音的单词作为独立的音素或音节，然后重新建构该单词。 6 岁

(续表)

需注意的事项实例	发展连续体
字母知识、语音和对文本的解码： 注意观察项：识别熟悉的环境中的字母（姓名、熟悉的书籍、环境中的印刷、自己的书写），然后识别不熟悉的环境中的字母（不熟悉的书籍）；识别大写和小写字母；识别一个字母所代表的声音（语音）；使用字母声音尝试解码单词；识别并使用单词模式和其他语音策略来解码单词；识别熟悉的单词；阅读更大量的不规则和多音节单词；阅读该年级水平的书籍。	**3—4 岁** • 识别自己的姓名、朋友的姓名或印刷符号中的字母。 • 知道字母是一种可以被命名的特殊符号或视觉图像；在一页文本上指出字母。 • 识别 10 个字母，主要是自己姓名中的字母。 • 混淆一些字母（m/n、p/q、d/b）或混淆数字与字母（字母 l 经常看起来像数字 1）。 • 识别很多大写和小写字母。 • 对首辅音进行符号—声音对应（字母 b 代表 bat 中的声音 b）。 • 说出所有大写和小写字母的名称。 • 说出所有大写和小写字母的名称（即便它们的字体有所变化）。 • 知道书写的单词中的字母顺序代表了口语词汇中的声音顺序（字母顺序原则）。 • 知道大多数符号—声音和声音—符号对应。 • 识别一些熟悉的单词（a、the、I、my、you、is 等）。 • 识别单词模式；识别复辅音（ch、bl、th）和两个字母代表的元音（oo、ee）。 • 使用印刷—声音地图和单词模式，准确解码单音节单词和无意义的单词。 • 监控个人的阅读并自我修正。 • 识别常见的不规则拼写单词（where、two 等）。 • 阅读词汇量为 300~500 个单词；常用词和简单、容易解码的单词。 • 使用字母—声音对应、单词模式和其他结构性分析来解码单词。 • 准确解码不规则拼写的多音节单词和无意义的单词。 • 准确阅读很多不规则拼写的单词和拼写模式（复合元音等）。 **8 岁**
书写： 注意观察项：乱涂乱画与绘画和书写之间的差别；乱涂乱画和仿字母的形式；使用图片代表想法；书写自己的姓名和其他单词；使用自创的拼写（幼儿用适当的声音—符号对应代表单词中的突出声音）；使用单词模式及传统拼写的单词；在回应问题或文本时有更加复杂的书写。	**2—3 岁** • 用乱涂乱画代表某事物（图画或书写）。 • 完成一些像字母的乱涂乱画或使用看起来像书写的有重复特性的乱涂乱画。 • 将"写"信息作为游戏的一部分或用于与他人交流。 • 区分书写和绘画。 • 书写名字。 • 复制熟悉的单词、朋友的名字、环境中的印刷（幼儿园的名字等）。 • 口述故事，减慢表达速度以与记录人员的书写速度匹配。 • 书写大写和小写字母。 • 使用音素意识和声音—符号书写首音来代表单词。 • 使用自创或估计的拼写（代表一个单词中多于一个的声音——通常是开始和结尾的声音，然后代表开始、中间、结尾的声音）。 • 书写名字和姓氏。 • 在听写时，书写字母和一些单词。

（续表）

需注意的事项实例	发展连续体
	• 用传统拼写书写一些单词，通常是熟悉的单词。 • 创作简单的故事，并基于阅读的书籍回答简单的书面理解问题。 • 对传统拼写和使用语音规则拼写敏感。 • 使用大写和标点符号。 • 正确拼写学习过的单词，在书写中使用拼写模式。 • 有时在书写中使用正式语言模式，而不是口头语言模式。 • 在帮助下阐明并改善写作。 • 进行不同类别的写作：叙述性故事、信息性报告的说明文。 8 岁
文本理解： 注意观察项：听故事并理解的能力；准确复述、预测、推断并总结的能力；识别故事的部分或结构（开端、中间和结尾）的能力；对故事语法的知识（角色、解决的问题等）；改变故事线索并预测改变带来的后果的能力。	2—3 岁 • 听故事。 • 对书中的角色和图画做出评论。 • 在听故事时，将故事中的信息和事件与自己的生活相联系："我哥哥的自行车和那辆很像"或"我也想要一个派对"。 • 表现出对所讲故事的文学理解；回答或问关于故事的文学问题。 • 按要求对故事进行改述。 • 复述故事中的片段，片段可能与原故事中的行动顺序有所不同。 • 准确地复述大部分故事。 • 对所读故事或故事的一部分进行戏剧化处理。 • 回答基于故事和对故事进行推论的需要简单预测的问题；识别故事的部分（开端、中间、结尾）。 • 讨论关于非虚构类、说明类文本的先前知识。 • 讨论与文本相关的"如何""为什么"和"如果"问题；在复述故事时包括故事结构（例如环境、主题、情节和解决办法）。 • 使用解释性评论和问题对文本做出回应。 • 能够用批判性评论和问题对文本做出回应。 • 讨论故事中角色和事件的相似性。 • 联系并比较事实类、非虚构类文本中的信息。 • 识别导致理解困难的特定单词或措辞。 • 总结虚构类和非虚构类文本中的要点。 • 讨论虚构类作品潜在的主题。 • 开始区分文本中的原因和结果、事实和观点、主要观点和支持性观点。 8 岁

来源：改编自 Adams, 1990; Applebee, 1978; Bertelson, 1986; Bodrova, Leong, Paynter, & Semenov, 2000; Christie, Enz, & Vukelich, 2007; Clay, 1991; Dickinson, McCabe, & Clark-Chiarelli, 2004; Dickinson & Neuman, 2006; Gentry, 2006; Goodman, Goodman, & Hood, 1989; Lapp, Block, Cooper, Flood, Rose, & Tinaiero, 2004; Lonigan, 2003; McGhee & Richgels, 2011; Morrow, 2011; National Reading Panel, 2000; Neuman, Copple, & Bredekamp, 2000; Otto, 2013; Paynter, Bodrova, & Doty, 2005; Peterson, 1995; Raines, 1990; Rhodes & Shanklin, 1993; Rodari, 1996; Roskos, Tabors, & Lenhart, 2009; Schickedanz, 2012; Schickedanz & Casbergue, 2009; Snow, Burns, & Griffin, 1998; Snow, Griffin, & Burns, 2005; Sulzby, 1990.

表 A.8 评价与分析指南：个人—社会发展——个人发展

需注意的事项实例	发展连续体
自我概念：幼儿对自我的描述。 注意观察项：区分个人想法和想象及公众想法和想象的能力；根据具体特征对自我的描述；根据心理和情感倾向对自我的描述。	4岁 • 区分内在自我（个人想法，只有幼儿可理解的想象）和外在世界。 • 用具体特征描述自我（姓名、身体外表、私人物品、典型行为——我能做什么或临时状态——我现在感觉如何）。 • 用心理特征和品质（诚实、可信赖）及情感特征和品质（开心、容易生气、喜怒无常）描述自我。 • 描述自我所使用的特征混合体愈发复杂；使用社会比较。 • 将稳定的个人特征分配给自己和其他人。 7—8岁
自尊：对自我概念的评价；当幼儿以积极的观点看待自己、对自己的优势感到满意并接受自己的弱点时，他（她）是高自尊的。当幼儿以消极的观点看待自己时，他（她）是低自尊的。 注意观察项：在社会认可、能力、体力、学术与认知能力和社会价值方面对自我的描述；对自我特征的积极或消极评价。	4岁 • 在社会认可（"大家喜欢我吗？"）和能力（"我能够做____"）方面对自尊进行评价；倾向于在所有方面对自己做出极高的评价。 • 在学术与认知能力（例如数学、阅读）、身体能力（运动）和社会价值（好人、有趣的人）方面对自尊进行评价；表现出对自尊的整体意识。 • 由于之前不现实的过高评价，表现出整体自尊下降。 • 表现出自尊水平上升。 7—8岁
成就动机：根据优秀标准评价一个人的表现的倾向。 适应性动机类型：努力成功；渴望做好；选择有挑战性但并非无法完成的任务。 注意观察项：为达到精通水平的努力；选择有挑战性但并非无法完成的任务；在所有学科、领域中为达到精通水平的努力。	3岁 • 识别成功和失败并开始进行归因；倾向于选择容易的任务。 • 是一名"学习乐观者"——高估自己的能力，低估任务的难度。 • 具有对自身能力和成就水平更为现实的观点；比较自己与其他幼儿的表现。 • 为自己设定高的渴望水平；对于失败感到焦虑。 • 需要帮助指定实际、合理的短期目标。 • 发展出具有适应性的以精通为导向的模式（将成功归因于高能力，将失败归因于缺乏努力，喜欢挑战）或发展出测验焦虑模式。 7—8岁
情感发展：幼儿感觉、描述并控制情绪的能力。 注意观察项：在不同情境下表达的感觉（令人愉悦或有压力的情境）；用单词识别并说明自己和他人的情绪的能力："我感觉开心。""他看起来伤心。"	3岁 • 分离困扰和其他依恋行为会减少。 • 识别基本情绪的名称（开心、伤心、害怕）。 • 表现出骄傲、嫉妒和愧疚。 • 通过社会参照学习（阅读其他人的感情）。 • 识别面部表情（伤心、开心、生气、惊讶和害怕）。 • 开始掩盖或隐藏情绪；描述情绪的原因和后果。 • 使用多种线索评价他人的情绪；认识到感觉的原因可以来自内部，而不被其他人看到。

（续表）

需注意的事项实例	发展连续体
	• 知道其他人可能会隐藏情绪。 • 压抑情绪（例如愤怒）。 • 知道情绪会随着时间消退，也会被想法控制。 • 理解混合的情绪（可以同时感到开心和伤心）。 8 岁
自律—社会和情感： 注意观察项：自我控制情感的迹象；使用语言控制情绪；延迟喜悦的能力；关于课堂规则的知识和遵守课堂规则的能力；在失败的情况下继续努力的能力；在学术任务中监测成功和失败。	3—4 岁 • 能够控制情绪。 • 克制不去做禁止的行为。 • 使课堂行为规则成为思想的一部分。 • 使用语言来控制自己的情绪或他人的情绪（说"不！"，而不是打人）。 • 能够进行持续的社会互动，包含对个人愿望和要求的协商和妥协。 • 等待自己的轮次；提出轮流作为社交方法。 • 在参与游戏前对游戏互动做计划。 • 说明自我控制的策略（我不去想它，我数到 10）。 • 能够有意识地自我控制。 • 使用集中于问题而不是情绪的策略。 • 对自己和其他幼儿的行为动机做出反思。 • 开始发展很多领域中的内在行为标准（亲社会、成就等）。 • 表现出有意识的亲社会行为。 6 岁

来源：改编自 Barnett & Zucker, 1990; Baumeister & Vons, 2004; Berk, 2012; Blair, 2002; Bodrova & Leong, 2007; Bronson, 2000; Charlesworth, 2013; Curry & Johnson, 1990; Damon, 1978; Damon & Eisenberg, 2006; Denham & Weissberg, 2004; Eisenberg, Fabes, & Spinrad, 2006; Harter & Bukowski, 2012; Hyson, 2008; Johnson, Christie, & Yawkey, 1998; Ladd, 1990; LeFreniere, 1999; Lightfoot, Cole, & Cole, 2012; Masten, 1989; McDevitt & Ormrod, 2012; Mergendoller & Marchman, 1987; Raver, 2008; Rogers & Sawyers, 1988; Salovey & Sluyter, 1997; Samuels, 1977; Selman, 1981; Stipek, 2002; Trawick-Smith, 2013.

表 A.9　评价与分析指南：个人—社会发展——社会发展

需注意的事项实例	发展连续体
同伴关系：幼儿与同龄伙伴之间互动的类型。 注意观察项：积极互动的数量（轮流、分享、对话、开启互动及回应）；消极互动（具有攻击性、拒绝他人的要求）；平行游戏（在另一名幼儿旁边，但不一起游戏）；单独游戏（自己进行游戏）；联合游戏（与其他幼儿一起游戏，但游戏的主题和角色并不协调）；合作游戏（使用相同主题和计划的角色与其他幼儿一起游戏）；争夺游戏互动（身体游戏，结果是积极的互动，而不是充满攻击性）；帮助行为（他们是先问，还是直接提供帮助？）。	对于所有年龄的幼儿，小组大小会影响小组互动。对于 5 岁以下的幼儿，小于 5 人的小组是最佳的。对于 5 岁以上的幼儿，5 人的小组是最佳的。对于所有年龄的幼儿，同伴接纳都与积极情绪调整有关。 2—3 岁 • 积极互动和消极互动交换得较为频繁；参与平行、单独和一些联合游戏。 • 开始在领导与跟随他人之间达成平衡；参与简单的轮流行为。 • 有更多的积极互动，更少的消极互动；有更长的语言交流（一些轮流行为）；有相互、协调的互动。 • 主要参与联合游戏，参与一些平行、单独和合作游戏；参与争夺游戏。 • 有高水平的积极互动；主要参与合作游戏，参与一些平行、单独和联合游戏；参与争夺游戏。 • 参与根据分享和帮助的社会规范进行的同伴互动；在维持对话方面有进步（轮流行为）。 • 对他人的需求更为敏感；对孤独感到忧虑。 6—7 岁
友谊：与其他一两个人维持特殊的关系。 注意观察项：看起来经常一起游戏、选择彼此及约定成为朋友的幼儿；关系的时间长度——短暂的（幼儿在彼此旁边时）或稳定的（持续超过几周、几个月或几年）；幼儿对于"朋友"的含义的理解。在被问到如何交朋友时，幼儿如何回应？ 六个社会过程与友谊的形成相关：清晰地交流（对不清楚的信息要求解释）；互换信息（互相提问，交换信息和想法）；建立共同点（找出两人都喜欢或能做的事）；成功地解决冲突（妥协、协商）；表现出积极的互助（回应他人的想法和要求）；透露关于自己的信息（分享内心的感觉，引导他人说出自己的感觉）。	敏感性和私密性是所有友谊的特性，但幼儿并不会将其语言化。所有年龄的幼儿都会给出更多的正强化，有更多的互动，并且与朋友在一起时更能表达情感。幼儿在 4 岁前会经历友谊形成的所有六个过程。 2—3 岁 • 有短暂且转瞬即逝的友谊（幼儿当时和谁一起游戏，他们就是朋友）；对于范围和空间有争论；通过离开或攻击性行为解决争论。 • 对友谊进行实际和基于活动的描述，通过给予和分享事物确定友谊（朋友会做相同的事情）；友谊不会转瞬即逝，但也不是长期的；当一名幼儿不妥协时会发生争论；通过离开或给予解决争论；倾向于有同性别的朋友。 • 将友谊描述为信任和亲密、分享感觉及提供相互的支持（朋友会分享个人问题）；有比以前更长期的友谊；产生关于嫉妒、辜负信任或在背后说闲话的争论；有不会终结友谊的争论；承认信任被辜负了，以修复友谊；更可能向朋友而不是其他幼儿表达争论。 8 岁

（续表）

需注意的事项实例	发展连续体
换位思考：在他人的角色或位置上进行思考和同时以多于一种角度思考的能力。 注意观察项：幼儿描述一或更多角度的情况（"他想要这个玩具。我不想给他。"）；表现出幼儿能够以他人的角度思考的回应；讨论故事中角色的思考角度；承认其他人可能以不同的方式思考或感觉；对他人的想法和感觉进行预期；将自己置于不同的角色中，并从每一种角度进行评价。	3 岁 • 无法区分个人理解和其他人的理解（我喜欢饼干，所以所有人都喜欢饼干）。 • 认识到其他人有不同的思考角度、想法和感觉，因为他们处于不同的环境或有不同的信息。 • 意识到每个人都有不同的思考角度；知道其他人的想法会影响他们自己的思考角度。 • 能够接受他人的思考角度并预料对方的反应。 6—7 岁
共情：幼儿有感受并回应他人感觉的能力。 注意观察项：幼儿帮助他人的情况；幼儿谈论他人需求的情况；幼儿对成人或其他幼儿做出的共情表述的回应；幼儿对关于"我们为什么要帮助其他人"问题的回应；对关于共情的故事的回应。	示范和直接教学对所有年龄的幼儿的共情都有着积极的影响。 2—3 岁 • 基于个人兴趣或简单的共情感觉做出回应（并未接受他人的思考角度，而只是简单地同情他人）；向他人提供帮助，即便在他人不需要帮助时也一样给予帮助。 • 有基于刻板印象中好和坏的共情感觉，并会考虑他人的认可（别人会认为我是个好人）。 • 在想象他人感觉如何时有共情的回应；对他人感情的强度做出回应；在行动前，询问他人是否需要帮助。 6 岁
社会问题解决技能：产生并实施社会问题解决方案的能力。 注意观察项：幼儿有争论的情况以及冲突是如何得到解决的；对典型课堂问题的回应；策略的数量和类型（主要是满足自己的需求，或是考虑他人的需求）；融入而不是打断社会互动的能力。	2—3 岁 • 使用一些策略，但这些策略是冲动的且主要基于个人需求。 • 比年幼的幼儿有更多的解决方案；有将其他人的需求考虑在内的策略。 • 产生基于需求的协调的解决方案；比年幼的幼儿更好地解读社交信号。 • 比年幼的幼儿更好地评价一种策略的有效性；通过融入他人加入社会群体（观察他人在做什么、复制小组成员的行为、做出积极的评论、加入社会小组）。 6 岁
攻击性行为：身体上——打、推搡、踢；语言上——叫名字、取笑、贬低；工具上——争夺玩具、地盘或注意力；敌对的——旨在伤害他人。 注意观察项：攻击性行为的类型；行为的模式（对谁、何时表现出攻击性行为）；攻击性行为的原因。	男孩和女孩的极端攻击性行为都具有高度稳定的特性（很可能在 10 岁时具有很高的攻击性，与同龄人的拒绝、低成就水平、辍学和过失行为相关）。有高攻击性的幼儿可能会错误解读社交信号并将大多数社会互动（中立或友好的）解读为有攻击性的目的。 2—3 岁 • 主要表现出身体上和工具上的攻击性行为；对他们正在互动的幼儿表现出攻击性。男孩比女孩发起和遭受更多的攻击性行为。 • 表现出一些语言上和身体上的攻击性行为；表现出更少的工具上的攻击性行为。一些幼儿表现出敌对的攻击性行为。

（续表）

需注意的事项实例	发展连续体
	• 比年幼的幼儿表现出更少的攻击性行为；在语言上更加有攻击性（取笑、叫名字、嘲弄）；表现出一些敌对的攻击性行为。 6岁
在学习小组中的作用： 注意观察项：一般社交技能和形成合作性小组的能力；坚持在小组中为其他人贡献想法；对其他人想法的支持和接受（使用称赞，不对个人进行批评）；为不使用某些想法给出委婉的原因；忍住不主导小组或完成其他人的任务；在小组动机低落时，激励小组；制定时间限制或让大家注意时间限制；总结想法（寻求准确性、要求详细阐述、讨论论证过程）。	对于此领域，没有已知的发展模式。但是，很多行为都与此前描述的高水平的换位思考、共情、同伴关系和社会问题解决相关。另外，幼儿的认知水平和语言水平也对幼儿在合作性小组中的学习能力有所影响。幼儿园里的合作性学习质量与小学中的大不相同。年幼的幼儿会需要更多的指导，例如如何表达批评，因为他们可能并不知道如何以可接受的方式对自己的意见进行措辞。
社会表演游戏：表演出日常和想象的角色。 注意观察项：角色的数量和种类；表现出的行为的数量和种类；使用物体的数量和种类（用一个物体代表另一个——用积木代表飞机；想象游戏——假装用扫把扫地）；对游戏的讨论（进行陈述、描述行为、讲故事、提示行为、提出进行假装）；演出情感（表演禁止的行为，令人不快的场景、行为或后果——伤害人，然后进监狱）；在游戏中使用规则（在追人游戏中使用规则）。	2—3岁 • 在游戏中不扮演角色；按物体本身的属性进行游戏（在地毯上移动玩具车，并说"呜呜"；探索玩具）。 • 扮演短暂且重复的角色（一遍又一遍地洗盘子，一遍又一遍地切菜）。 • 提前计划扮演一个角色；选择适合该角色的道具；尝试与其他幼儿一起游戏，但不会提前讨论他们要做什么。 • 与其他幼儿一起扮演计划好的角色；每个角色有特定的规则；在其他人不坚持自己的角色时纠正他们；使用"角色表达"（像该角色的成人一样说话）；意识到角色之间的社会关系。 • 同时扮演多个角色（多个角色同时来回交换——扮演妈妈和婴儿）；计划一个会发展的场景（复杂的一系列行动——去外面、寻找浆果、回来、做晚饭）；使用象征的道具（用积木代替手机）；有关于情境的复杂的讨论（讲故事——"我们住在另一个时间里，就是未来。他们不用车"）；提前计划一系列的行为和情境（"比如说，你是好人，你有一个最好的朋友，那就是我"）；参与有情感变化的交流（更多禁止的、令人不快的情境和行为——因果关系——"她偷珠宝是因为她很坏，然后她被警察抓住了"）。 • 进行基于规则的游戏。 6岁

来源：改编自 Arends, 2014; Asher & Renshaw, 1981; Barnett & Zucker, 1990; Berndt & Ladd, 1989; Berk, 2012; Bodrova & Leong, 2007; Christie & Roskos, 2007; Damon, 1978; Damon & Eisenberg, 2006; Dunn, 2004; Elkonin, 1978, 2005; Frost, Wortham, & Reifel, 2011; Howes, 1980, 1988; Hyson, 2008; Johnson, Christie, & Yawkey, 1998; Johnson, Johnson, & Holubec, 2009; Kostelnik, Whiren, Soderman, & Gregory, 2008; Ladd, 1990; Lightfoot, Cole, & Cole, 2012; Masten, 1989; Parke & Gauvain, 2008; Rogers & Sawyers, 1988; Rubin, Bukowski, & Laursen, 2011; Samuels, 1977; Slavin, 2011; Smilansky & Shefatya, 1990; Trawick-Smith, 2013; Wittmer & Petersen, 2014.

附录 B 3—5 岁幼儿的发展红旗项

什么是红旗项？

红旗项是提醒教师要停下、观察并思考的行为。之后，教师可以决定究竟是没有什么可担心的，还是一系列行为预示了一个可能的问题。以下指南能够帮助教师更为有效地指出红旗项。

- 有时候，行为描述会在不同发展领域中进行重复。对幼儿的行为进行分类是困难的。教师的工作是注意到并描述他们看到的令他们忧虑的行为。不要试图决定该行为适合的类别。
- 寻找红旗项的群体或模式。如果只有孤立的一个或几个红旗项，那么它们可能并不重要。
- 在不同环境下对幼儿进行观察，以寻找令人忧虑的行为。
- 将幼儿的行为与"常模"比较，常模中应包括比幼儿年幼 6 个月和比幼儿年长 6 个月的幼儿，也包括同龄幼儿。
- 注意幼儿在过去 3~6 个月的成长方式。如果幼儿看起来没有进步，那么教师应感到忧虑。
- 了解成长和发展的典型模式。某一年龄的红旗项可能对于另一年龄来说是完全正常的行为。
- 记住幼儿的发展受其个性、气质、家庭结构和动态、文化、经验、身体特征及幼儿和家庭与教师的教育项目之间的匹配的影响。

咨询和转介

没有人了解关于幼儿成长和发展的所有内容。教师应该使用领域中的所有资源来帮助他们对幼儿进行思考。

- 教师应该详细描述他们看到的令其忧虑的行为。不要试图对其含义下结论或给其贴标签。描述而不是结论对家长、咨询者和幼儿要有用得多。
- 与幼儿的家长谈话。
- 如果幼儿的成长在过去的 3~6 个月中被观察到，那么等待并观察一阵。如果在相关领域中没有可描述的成长，那么是时候寻求帮助了。
- 如果教师已经建议对问题进行进一步评价且那些忧虑已经被证实，那么教师就已经开始帮助幼儿和家庭解决问题了。

注：以下类别旨在指导教师对 3—5 岁幼儿进行观察。对于更年长的幼儿，教师应该查询州或学区指南。

主要发展领域

社会情感发展

- 关系
- 注意力
- 焦虑水平
- 分离
- 情感（情绪）
- 冲动控制
- 参与
- 自我形象
- 过渡

红旗项

如果一名幼儿和同龄幼儿及年长或年幼 6 个月的幼儿相比，表现出以下行为，那么请注意。

- 无法将自己识别为一个独立的人，或者在提到自己时不使用"我"。
- 与家长分离时有极大的困难或过于容易。

- 焦虑、紧张、不安、有强迫倾向，不能接受脏或乱，很恐惧，表现出过度的自我刺激。
- 看起来处于自己的内心世界中；对话没有意义。
- 很少或根本不控制冲动；第一反应是打人或咬人；不能遵守课堂常规。
- 不恰当地表达情绪（伤心时笑，拒绝情感）；面部表情与情感不匹配。
- 不能在活动中集中注意力（注意力持续时间很短，无法完成任何事，在玩具和玩具之间游走）。
- 只与成人相处；不能分享成人的关注，持续地挑起权力争斗或对成人进行身体伤害。
- 持续地回避人群，更喜欢独自待着；没有深度关系；不寻求或接受喜爱或触摸。
- 像对待物体一样对待人；对其他幼儿没有共情；不能按照其他幼儿的方式游戏。
- 表现出持续的攻击性，经常故意伤害其他人；对伤害其他人没有表现出懊悔或欺骗他人。

如何筛查

- 观察幼儿
    - 观察总体行为。幼儿一整天都做了些什么？和谁一起？幼儿用什么进行游戏？
    - 注意问题行为发生的时间、地点和频率。
    - 根据清晰的观察对行为进行描述。不要进行诊断。
- 注意家庭历史
    - 家庭构成：谁照顾幼儿？
    - 家庭最近是否搬家、是否有亲人去世、是否有新生儿出生，或者幼儿是否与家人有长期或痛苦的分离？
    - 家庭有怎样的支持——大家庭、朋友？
- 注意幼儿自出生以来的发展历史和幼儿的性情
    - 活动水平

- 幼儿常规的规律性——睡觉、吃饭
- 容易被分心的程度
- 幼儿回应的强度
- 坚持不懈或注意力持续时间
- 积极或消极情绪
- 对于常规中变化的适应性
- 对于噪声、光、触摸的敏感程度

运动发展——小肌肉（精细）动作、大肌肉（粗大）动作和感知动作

- 运动的质量
- 感觉整合
- 发展水平

红旗项

对有以下行为的幼儿多加注意。

- 动作特别不协调的幼儿，及
    - 经常出意外的幼儿
    - 绊倒或撞上东西的幼儿
    - 起身或坐下、爬、跳跃、在玩具和人周围行走时笨拙的幼儿
    - 在结构性运动任务中与小组格格不入的幼儿——行走、爬楼梯、跳跃、单脚站立
    - 逃避更多体育游戏的幼儿
- 在很大程度上依赖观看自己或其他人的运动以完成运动的幼儿，及
    - 可能经常错误判断距离的幼儿
    - 可能在闭上眼睛时特别不协调或不平衡的幼儿
- 与同龄人相比，使用更多身体部分完成任务的幼儿（即便任务不需要使用这些身体部分），及
    - 冲向球［好像要掩盖他（她）无法协调反应的事实］的幼儿

- ○ 过度使用舌头、脚或其他身体部分帮助涂色、剪切、追踪，或完成其他需要高度注意力的任务的幼儿
- ○ 着色极深的幼儿
- ○ 在全神贯注地完成精细动作任务时靠着桌子的幼儿
- ○ 在玩手推车游戏时，膝盖和脚一直在身体下方，或臀部向上拱的幼儿
- 进行无关和下意识运动的幼儿
    - ○ 在用一只手绘画时，另一只手举在空中或挥舞
    - ○ 长期使用脚趾走路
    - ○ 表现出旋转或摇摆行为
    - ○ 摆手或用手指敲击
- 下意识地对触摸感到不适的幼儿，及
    - ○ 在被触摸或拥抱时退缩或感到紧张的幼儿
    - ○ 逃避需要触摸或近距离接触的活动的幼儿
    - ○ 可能对躺下感到不适的幼儿（特别是平躺）
    - ○ 在受到预期外的撞击时就像受到攻击一样的幼儿
    - ○ 即便在试图接球时也仍然眨眼并保护自己的幼儿
- 强迫地想要被触摸或拥抱的幼儿，或几乎下意识地要触摸物体以理解它们的更为年长的幼儿，两者都可能会
    - ○ 经常紧握教师不放或轻轻地触摸教师
    - ○ 在圆圈活动中经常与其他幼儿坐得很近或触摸其他幼儿
    - ○ 对感觉经验有很强的依赖，例如依赖毯子、软玩具、水、泥土、沙子、胶水或将手放进食物中
- 幼儿对使用小肌肉（精细）动作材料已经有一定的经验，但他的技能并未成比例增长，例如
    - ○ 一名年长的幼儿仍只能用剪刀快速地剪或他的剪切极度不连贯
    - ○ 在一项简单任务中，一名年长的幼儿仍无法在线内涂色
    - ○ 一名年长的幼儿仍经常变换使用蜡笔、剪刀或颜料刷的手

- ○ 一名有经验的幼儿仍将胶水、颜料、沙子和水弄得到处都是
- ○ 一名幼儿在使用小型可操作材料时十分笨拙，或长期逃避小型可操作材料
- 对于全新却简单的拼图、涂色、结构性艺术项目及人像画有很大困难的幼儿，及
    - ○ 可能花更多时间完成任务的幼儿，即便他们很努力地尝试，但产出的最终作品与同龄人的作品相比仍不够精致
    - ○ 在尝试完成拼图时表现出很多试错行为的幼儿
    - ○ 在复制一个模型的简单项目中混淆上、下，左、右，前、后的幼儿
    - ○ 使用积木或小型立方体重复地建造然后推倒塔状结构，且看起来对推倒行为表现出着迷和由衷的开心的幼儿（年长的幼儿）
    - ○ 热衷于乱涂乱画的幼儿（年长的幼儿）

如何筛查

注意幼儿与同组中其他幼儿相比的发展水平和质量。

讲话和语言发展

- 清晰发音（发出声音）
- 语言障碍（过多的口吃——偶尔的口吃可能会在早期发生且是正常的）
- 声音
- 语言（使用和理解单词的能力）

红旗项

- 清晰发音。注意有以下表现的幼儿：
    - ○ 与同龄人相比，讲话很难理解
    - ○ 错误地发音
    - ○ 嘴部看起来不正常（过度的反颌或覆咬合；吞咽困难；牙齿不整齐）

- 在用适当顺序排列单词和声音方面有困难
- 不能在受到鼓励后发出与其年龄相适宜的声音
- 有耳朵感染或中耳病症史

  注：大多数幼儿会按照年龄正确发出以下声音（不要担心错误地发 t 音的 3 岁幼儿）。

  2 岁——所有元音

  3 岁——p、b、m、w、h

  4 岁——t、d、n、k、h、ng

  5 岁——f、j、sh

  6 岁——ch、v、r、l

  7 岁——s、z、无声或有声的 th

- 语言障碍（口吃）。注意与其他同龄人相比有以下表现的幼儿：
  - 表现出过度的以下行为：

    重复声音和单词（m-m-m-；I-I-I-）

    声音的延长（mmmmmmmmmmmmmmm）

    在讲话时的犹豫或长时间语塞，通常伴随紧张或挣扎行为

    加入额外的单词（um、uh、well）
  - 在说话时表现出两个以上的以下行为：

    握紧手

    眨眼

    身体摇晃

    手指搓丸动作

    无眼神接触

    身体紧张或挣扎

    不规则呼吸

    颤抖

    声调升高

    沮丧

    逃避讲话

- 家长说他们有口吃
- 知道他（她）的语言障碍

● 声音。注意有以下表现的幼儿：
- 语速过快或过慢
- 声音带呼吸声或嘶哑
- 声音非常大或非常小
- 声音非常高或非常低
- 声音带有很重的鼻音

● 语言（使用和理解单词的能力）。注意有以下表现的幼儿：
- 尽管听力正常，但在他人说话时无法理解
- 无法遵循一步或两步的指导
- 通过指点、做手势交流
- 不尝试通过语言交流
- 相对于所处年龄，词汇量很小
- 鹦鹉学舌（模仿其他人说的内容）
- 将单词组成句子有困难
- 无法准确地使用单词
- 在以下技能上表现出三个或三个以上的困难：

  将单词变为复数形式

  改变动词时态

  使用代词

  使用所有格

  说出常见物体的名称

  说出常见物体的功能

  使用介词

  注：大部分2岁幼儿可使用名词及少量动词。3岁幼儿可使用名词、动词和一些副词、形容词和介词。4岁幼儿可使用所有词性。

如何筛查

- 观察幼儿。注意问题发生的时间、地点、频率及和谁在一起时发生问题。
- 检查发展历史——遗传和环境都是语言发展中的重要部分。
- 检查运动发展，它与语言紧密相关。
- 检查社会情感状态，它会对讲话和语言有所影响。
- 写下或对语言样本进行录音。
- 检查听力状态。
- 注意语言中声音的数量或语言的使用。

听力

即便是轻微的或暂时的听力丧失也会影响幼儿讲话。如果下列红旗项中多于一项行为被观察到，那就很可能存在问题。

红旗项

- 讲话和语言。注意有以下表现的幼儿：
    - 讲话无法被家庭以外的人轻易理解
    - 与同龄人相比，语法较为不准确
    - 与同龄人相比，讲话较少
    - 声音不寻常（嘶哑、沉闷、缺乏音调变化或声音经常过大或过小）
- 社会行为（在家里或学校里）。注意有以下表现的幼儿：
    - 在回答问题或加入对话时害羞或犹豫
    - 错误理解问题或指导；经常说"啊？"或"什么？"作为对问题的回应
    - 忽略讲话；只听"他想听到的内容"
    - 不寻常地留意讲话者的脸，或不寻常地不留意讲话者，或将一只耳朵转向讲话者
    - 在关于听的活动中有困难（例如故事时间或遵循指导）
    - 注意力持续时间很短

- ○ 很容易分心和不安；倾向于很快地从一个活动转换到下一个
- ○ 在大多数日常活动中昏昏欲睡或不感兴趣
- ○ 被认为有行为问题——过于活跃或有攻击性，或者过于安静和孤僻
- 医学指标。注意有以下表现的幼儿：
  - ○ 经常或持续有上呼吸道感染、与过敏有关的充血，或长达几周或几个月感冒
  - ○ 经常有耳痛、耳朵感染、咽喉感染或中耳疾病
  - ○ 用嘴呼吸并打呼噜
  - ○ 通常昏昏欲睡；肤色不好

如何筛查

- 观察与讲话和听力相关的最新行为。
- 查询行为和医药历史。
- 咨询听力专家或交流障碍专家。

视觉

- 技能
- 疾病
- 敏锐（在指定距离看到的能力）

红旗项

- 眼睛
  - ○ 流泪
  - ○ 有流出物
  - ○ 双眼直视时缺乏协调性
  - ○ 红
  - ○ 对光敏感
  - ○ 对眼或眼神游离（特别是在幼儿疲劳时）

- 眼皮
    - 眼皮上或睫毛间有硬壳
    - 红
    - 有反复发生的睑腺炎或发肿
- 行为和抱怨
    - 过度揉眼睛
    - 在近距离工作时感到晕眩、头痛、恶心
    - 尝试消除视觉模糊
    - 眼睛痒、火辣、刺痛
    - 在看远距离物体时脸部或身体扭曲，或头向前伸；挤眼睛或睁大眼睛
    - 过度眨眼；拿书过近或过远；在执行视觉任务时不注意
    - 闭上或盖住一只眼睛；歪头

如何筛查

- 幼儿是否进行过眼部检查？如果没有，要推荐他进行一次检查。
- 使用适合年幼幼儿的筛查工具进行筛查，例如使用史奈伦E视力表，或破损轮胎卡片。

专业词汇表

适应性调整（Accommodation）：评价过程中的一种调整。这种调整允许儿童参与评价，但并不改变评价方式或评价的可比性。适应性调整经常用于传统评价方式无法反映其学习和发展的儿童身上（例如有特殊需要的儿童或双语学习儿童）。适应性调整的例子有：给予儿童额外时间来完成测验，或在没有干扰的场所对儿童进行评价。

学业问责制（Accountability）：对某事负责，例如学校、管理层及教师对学生的成就负责。

匹配（Alignment）：预期学习成果（标准、目标）、课程与评价之间的一致性。这一术语同样用于说明从一个教育等级到另一个教育等级之间预期的连贯性。

替代性评价（Alternative Assessment）：任何有别于传统标准化测验、检核清单及工具的评价方法。

扩展（Amplification）：协助幼儿最近发展区内行为与理解的产生，而非加速推动幼儿超越其理解与表现能力。

评价（Assessment）：该术语泛指任何对幼儿的评价方式。在狭义上，它指将来自多种指标及来源的信息经过综合、整合、解读及评估进行评价的过程。

评价工具（Assessment Instrument or Assessment Tools）：检核表、检核清单、结构性观察指南、等级量表和其他用于收集与记录幼儿信息的系统化手段。

评价程序（Assessment Procedures）：评价过程中使用的方法和技术，如观察、访谈、工作样本、幼儿作品收集与分析和各种测验。

真实、直接和表现性评价（Authentic, Direct, and Performance Assessment）：一种使用尽可能地接近真实生活中的时间与智力挑战的任务进行评价的方式。表现性评价适用于对学生的回应进行评价。如果运动协调是评价内容，那么幼儿会表现出某种适宜的动作；如果写作是评价内容，那么幼儿会进行写作。

钟形曲线或正态分布曲线（Bell Curve or Normal Curve）：在对测验结果的

统计分析中，正态分布曲线是分数以类似钟形或驼峰形等特殊形态分布的概念。大部分分数集中于平均值（平均分数）周围，少量分数分布在趋于极端的两端。以智商为例，大多数人有着接近于平均值的智商，极高或极低的智商值是很少见的。

基准（Benchmark）：测量与评价中的一个参考点，特别用于与内容标准相关的评价。例如，一个基准以以下形式描述——"二年级（或四年级、八年级）结束时，幼儿应该能够……"

偏见（Bias）：评价中的偏见指测验、评价过程、评价步骤、评价结果、结果的使用或评价中任何方面以不公平的方式歧视个人或集体，而有利于其他个人或集体。

课堂评价（Classroom Assessments）：由教师开发并每日在课堂上使用的评价方式。

合作性团队（Collaborative Team）：一群一起工作、为有特殊需要的幼儿提供评价与教育服务的人。

州共同核心学习标准（Common Core State Standards）：一组K—12标准，它详细说明了学生在每一年级结束时应该了解的知识与其他能力。这些标准由各州领导人（包括来自48个州、2个领地和哥伦比亚特区的州长和教育委员）通过参与国家州长协会最佳实践中心和州首席教育官员理事会研发。选择使用这些标准的州保持统一。迄今为止，数学标准和英语语言艺术标准已经研发完毕，科学标准仍在研发中。

内容标准（Content Standards）：参见"标准"。

持续性评价（Continuous Assessment）：一种嵌入日常教学过程的评价，以使得对孩子反应和行为的评价——及随后对课程和教学的调整——是持续的。

标准参照标准化测验（Criterion-Referenced Standardized Tests）：个人分数与标准相比较的标准化测验，标准为一个关于可接受的表现的特定水平或有界限的分数。

标准参照（Criterion Referencing）：一种确定幼儿个体相对于一项标准或表现标准而不是与其他幼儿个体相比较处于何处的方法。

基于课程的评价（Curriculum-Based Assessment）：一种标准参照评价，将课

程目标作为评价幼儿表现的标准。

嵌入课程的评价（Curriculum-Embedded Assessment）：一种作为课程不可缺少的部分的评价过程，与测验或在日常教学以外进行的评价相反。

发展成就（Developmental Accomplishment）：对一名幼儿已经达到或获得的知识或技能的描述。

发展连续体（Developmental Continuum）：一个可预测但不死板的发展成就顺序。

诊断评价（Diagnostic Assessment or Evaluation）：由专业人士对一名幼儿进行的深度评价，通常在幼儿通过筛查程序或教师鉴定后进行。

差异化教学（Differentiated Instruction）：调整内容、过程、作品或学习环境，以适应幼儿的学习需求（例如先前知识、兴趣、技能水平、情感需求和其他变量）。

直接评价（Direct Assessment）：对学生行为或工作作品的评价。

文档记录（Documentation）：在一段时间内对关于不同学习形态的课堂观察和记录进行收集以追踪幼儿学习的过程。

双语学习者（Dual-Language Learners）：同时学习两种或更多语言的幼儿，或在发展母语的同时学习第二种语言的幼儿。这一术语包含了其他术语（例如第二语言学习者、英语学习者，及除英语外还说其他语言的幼儿）。

动态评价（Dynamic Assessment）：在该类评价中，成人给出线索、引导和提示，提出问题以查看被评价的人能够在有协助和无协助的情况下做到什么。它根据维果茨基和认知心理学家的理论建立关于幼儿学习的概念。

评估（Evaluation）：建立特定的价值，并使用该价值判断考量内容。

公平（Fairness）：评价中的公平指的是为所有幼儿提供展现所评价技能和知识的平等机会。它在评价残疾幼儿、需要挑战的幼儿和在语言、社会、文化背景方面与主流文化有差异的幼儿时尤其重要。

正式评价（Formal Assessment）：这种评价通常使用书面文件（例如测验、小测验）和规定的计划（例如每四周、在学习单元结束时），以相同方式针对所有幼儿，并以数字分数（例如分数或百分比）展现结果。

形成性评价（Formative Assessment）：提供必要信息以帮助幼儿朝着识别出

的成果进步的评价。它涉及特定学生的学习及课程对幼儿需求的响应能力。

高风险评价（High-Stake Assessment）：对幼儿的教育机会有潜在影响的评价，例如在特殊项目中的位置、能力分组或留级。

全纳（Inclusion）：将有残疾或发展延迟的幼儿包括在如果他们没有残疾和延迟会处于的教育环境中。

非正式评价（Informal Assessment）：使用非标准化程序、灵活安排，并不用于确定学生等级的评价。非正式评价比正式评价更随意，非正式评价可能包括观察、成长档案袋评价、量规、检核清单、同伴和自我评价等。它主要用于做出关于教学内容的决定。

平均数（Mean）：一项分布中的平均分数。

测量（Measurement）：某种形式的量化。

中位数（Median）：一项分布中位于中间的分数或数值。

众数（Mode）：一项分布中最常出现的分数。

调整（Modification）：评价过程中的改变。它会改变评价的测量内容和结果的可比性。调整的例子可以是，一名有学习障碍的幼儿在阅读初级读本时被评价，而她的同班同学在阅读章节时被评价。

常模参照标准化测验（Norm-Referenced Standardized Tests）：个人分数与其他人的分数相比较的标准化测验。

常模参照（Norm-Referencing）：在同一尺度上确定幼儿个体与其他参与幼儿的表现的方法。分数的含义在于与构成常模样本的幼儿群组相比较。

观测（Observational Measurement）：观察和评估行为的过程，以产生对个人、小组及环境的描述和定量测量。

表现性评价（Performance Assessment）：通过评价幼儿在旨在直接揭示信息的任务中的表现，确定幼儿知道哪些内容和具备哪些技能的评价。参见"真实性评价"。

表现标准（Performance Standards）：参见"标准"。

成长档案袋（Portfolio）：在一段时间内的幼儿工作和其他学习指标的有目的的集合。它向该学生和其他人展现了在特定发展或主题领域中该学生的努力、进步和成就。

成长档案袋评价（Portfolio Assessment）：该类评价根据教师和幼儿为成长档案袋选择和汇编的证据对幼儿的表现进行评价。

进展监测（Progress Monitoring）：用于确定幼儿在课堂教学中的受益程度的评价步骤。

信度（Reliability）：任何评价技术在一段时间内产生准确和连续结果的程度。

对干预/指导的反应[Response to Intervention/Instruction（RTI）]：对有学业失败风险的幼儿进行筛查、评价、识别、计划并提供干预（指导）的过程。它包括对幼儿进展的系统化监控和根据结果对教学进行的调整。

量规（Rubric）：展现了标准清晰的规则或指南，可以用于判断复杂表现。

支架（Scaffolding）：为学习提供外部支持，然后逐渐将其移除。

评分量规（Scoring Rubric）：一个固定的量表和一系列描述量表上每一点表现的特征。通常，量规上的一个等级被认为是表现的可接受水平。

筛查（Screening）：为快速评估大量幼儿，找出哪些幼儿需要进一步评估，设计简单、相对便宜、标准化的程序。

社会环境（Social Context）：环境中所有受到文化直接或间接影响的事物，包括人（家长、教师、同伴）和材料（书籍、学习材料和物资、工具）。

标准差（Standard Deviation）：对于分布中所有分数围绕平均数的分散程度的测量。对于有大致相同的平均分的分布来说，标准差越大，分数分散得越广。

标准测量误差[（Standard Error of Measurement（SEM）]：一个描述在给定的测验分数中测量平均误差的心理测量学术语。它在个人测验分数周围形成了一个置信区间。

标准化成就测验（Standardized Achievement Tests）：旨在测量幼儿在学校里学习到了什么内容的标准化测验，它测量了一般学习及阅读或数学等特定领域。

标准化才能测验（Standardized Aptitude Tests）：旨在预测在指定训练领域或职业中的未来表现或成功的标准化测验。

标准化筛查和诊断测验（Standardized Screening and Diagnostic Tests）：用于识别或诊断有潜在学习困难的幼儿的标准化测验。

标准化测验（Standardized Test）：有以下特定特征的测验——①根据 APA/

AERA 指南研发且具有高信度和高效度；②规定了进行测验、计分和保证安全的方法；③计分系统基于与其他人的比较或与特定标准的比较。

标准（Standards）：详细描述幼儿在学校学习的不同时间点上应该了解的知识和具备的技能的成果陈述。一些对于标准的陈述也描述了态度、价值和学习倾向。在幼儿评价中，标准经常被用于表达关于意图和成果的预期。内容标准描述了在数学或英语语言艺术等特定内容领域中所有幼儿都应该了解的知识和具备的技能。表现标准描述了幼儿应该怎样展现知识和技能。它们测量了幼儿达到内容标准的程度。

终结性评价（Summative or Summary Assessment）：在学习单元、课程或学校教育单元结束时进行的评价，确定了幼儿达到目标的程度。结果通常用于向其他人进行报告。

测验（Tests）：观察一个人的行为并使用数字量表或固定类别进行描述的系统程序。

效度（Validity）：评价技术达到预期目的的程度。

最近发展区［Zone of Proximal Development（ZPD）］：来自维果茨基幼儿发展和学习理论的概念。最近发展区包括正在萌发的发展领域。最近发展区中较低的水平是幼儿能够独自完成任务的水平；较高的水平是幼儿在最大限度的协助下能够完成任务的水平。

参考文献[1]

Abbot, C. F., & Gold, S. (1991). Conferring with parents when you're concerned that their child needs special services. *Young Children, 46*(4), 10–14.

Aber, L., Jones, S., & Cohen, J. (1999). The impact of poverty on the mental health and development of very young children. In C. H. Zeanah Jr. (Ed.), *Handbook of infant mental health* (pp. 113–128). New York, NY: Guilford.

Abraham, W., Hartwell, L., & Marston, R. A. (1985). Early identification of the preschool child: A study of parent and teacher effectiveness. *Gifted Education International, 3*(2), 127–129.

Adams, M. J. (1990). *Beginning to read: Thinking and learning about print.* Cambridge, MA: MIT Press.

Adger, C. T., Snow, C. E., & Christian, D. (2002). *What teachers need to know about language.* McHenry, Chicago, IL: Delta Systems.

Administration for Children, Youth and Families (1986). *Easing the transition from preschool to kindergarten: A guide for early childhood teachers and administrators.* Washington, DC: U.S. Department of Health and Human Services.

Almy, M., & Genishi, C. (1979). *Ways of studying children.* New York, NY: Teachers College Press.

Alper, S., Ryndak, D. L., & Schloss, C. N. (Eds.). (2001). *Alternate assessment of students with disabilities in inclusive settings.* Boston, MA: Allyn and Bacon.

American Association for the Advancement of Science. (2009). *Benchmarks for science literacy.* Washington, DC: Author.

American Educational Research Association. (2000). *AERA position statement concerning high-stakes testing in preK–12 education.* Washington, DC: Author.

American Educational Research Association, American Psychological Association, and National Council on Measurement in Education. (2014). *Standards for educational and psychological testing.* Washington, DC: American Educational Research Association.

---

[1] 为了环保，也为了节省您的购书开支，本书参考文献不在此一一列出。如果您需要完整的参考文献，请通过电子邮箱 1012305542@qq.com 联系下载，或者登录 www.wqedu.com 下载。您在下载中遇到问题，可拨打 010-65181109 咨询。

American Federation of Teachers, National Council on Measurement in Education, and National Education Association. (1990). *Standards for teacher competence in education assessment of students.* Washington, DC: American Federation of Teachers.

Anastasi, A., & Urbina, S. (2009). *Psychological testing* (7th ed.). Upper Saddle River, NJ: Prentice-Hall.

Applebee, A. N. (1978). *The child's concept of story.* Chicago, IL: University of IL Press.

Arends, R. (2014). *Learning to teach* (10th ed.). New York, NY: McGraw-Hill.

Armstrong, T. (1995). *The myth of the A.D.D. child: 50 ways to improve your child's behavior and attention span without drugs, labels, or coercion.* New York, NY: Dutton.

Arter, J., & McTighe, J. (2001). *Scoring rubrics in the classroom: Using performance criteria for assessing and improving student performance.* Thousand Oaks, San Francisco, CA Corwin.

Arter, J. A. (1990). *Using portfolios in instruction and assessment.* Portland, OR: Northwest Regional Educational Laboratory.

Arter, J. A., & Paulson, P. (1991). *Composite portfolio work group summaries.* Portland, OR: Northwest Regional Educational Laboratory.

Arter, J. A., & Spandel, V. (1992). Using portfolios of student work in instruction and assessment. *Educational Measurement: Issues and Practice, 11*(1), 36–44.

Asher, R. S., & Renshaw, P. D. (1981). Children without friends: Social knowledge and social skill training. In S. R. Asher & J. M. Gottman (Eds.), *The development of children's friendships* (pp. 273–296). Cambridge, UK: Cambridge University Press.

Ashton-Lilo, J. (1987). *Pencil grasp developmental sequence checklist.* Unpublished manuscript.

Athey, I. (1990). The construct of emergent literacy: Putting it all together. In L. M. Morrow & J. H. Smith (Eds.), *Assessment instruction in early literacy.* Englewood Cliffs, NJ: Prentice-Hall.

Au, K. H. (1997). *Literacy instruction in multicultural settings.* Chicago, IL: Harcourt Brace.

Bagnato, S. J. (2007). *Authentic assessment for early childhood intervention: Best practices.* New York, NY: Guilford.

Baker, C. (2007). *A parents' and teachers' guide to bilingualism.* Buffalo, New York, NY: Clevedon.